高等院校通识教育
新形态系列教材

职场关键能力

第3版

陈仲华◎主编

皇甫峰 张炼 任龙生◎副主编

人民邮电出版社

北京

图书在版编目（CIP）数据

职场关键能力 / 陈仲华主编. -- 3 版. -- 北京：
人民邮电出版社，2024.8 --（高等院校通识教育新形态
系列教材）. -- ISBN 978-7-115-64791-7

Ⅰ. C913.2

中国国家版本馆 CIP 数据核字第 202459SQ94 号

内 容 提 要

　　本书是一本为大学生量身打造的职场关键能力培养教材。这是本书的第二次修订，编者不断跟进职场变化，进一步强化了实践性和可操作性。本书针对当前大学生职场能力缺失的问题，从职场准备、职场能力和职场心态三个角度展开讨论，旨在帮助大学生全面提升职场关键能力。全书具体内容分为九章，涵盖了职业规划、自我营销、有效沟通、团队建设、自我管理、职场素养、职场礼仪及职场蜕变等方面。通过学习本书，大学生能够掌握在职场中必备的关键能力，为职业发展打下坚实的基础。

　　本书具有较强的实用性和针对性，可以作为高等院校职场关键能力、大学生就业指导等课程的教材。同时，本书也可以作为大学生职场读物，对大学生提升自己的职场能力、增强职业竞争力具有重要的指导意义。

　　◆　主　　编　陈仲华
　　　　副 主 编　皇甫峰　张炼　任龙生
　　　　责任编辑　方　菲
　　　　责任印制　胡　南

　　◆　人民邮电出版社出版发行　　北京市丰台区成寿寺路 11 号
　　　　邮编　100164　　电子邮件　315@ptpress.com.cn
　　　　网址　https://www.ptpress.com.cn
　　　　北京隆昌伟业印刷有限公司印刷

　　◆　开本：787×1092　1/16
　　　　印张：12　　　　　　　　　　　2024 年 8 月第 3 版
　　　　字数：305 千字　　　　　　　　2025 年 8 月北京第 6 次印刷

定价：46.00 元

读者服务热线：(010)81055256　印装质量热线：(010)81055316
反盗版热线：(010)81055315

编委会

主　　编　　陈仲华

副主编　　皇甫峰　张炼　任龙生

委　　员　　胡肖潇　陈江会　王欣　殷少华　李勇　麻娟

近年来，随着高校毕业生数量逐年增长，就业总量压力和结构性矛盾日益突出，高校毕业生就业面临一系列挑战。根据权威机构的调查数据，当前大学生在求职方面依然存在着期望值过高、缺乏求职技巧、缺乏就业培训等问题。

为使大学生在学好专业知识的同时具备职场关键能力，实现人才培养与市场需求的无缝对接，重庆移通学院、晋中信息学院和泰山科技学院全面引进"双体系"教育模式（双体实训），成立了双体软件精英产业学院，招聘具有丰富经验的职场精英担任全职导师，对学生实行全企业化的管理与培养。

双体实训是中国大学生软件实训的经典品牌，双体软件精英产业学院是我校（重庆移通学院）与美国 JP LAS Consulting Inc.、香港 New Business School Education Group (HK) Limited、海南新商科教育科技有限公司及重庆翔美教育投资有限公司深度产教融合，联合创办的新型产业学院，以"软件技术实战"+"职场关键能力"两套体系并行的双体系沉浸教育模式培育软件人才。双体系最早创立于 2006 年，是由中国科学院计算机专家、中关村 IT 专业人士协会项目管理分会主席吕永生秉持"精技术、有经验、明职场"的培养理念，结合"软件技术实战"和"职场关键能力"，创造性研发的全新软件人才培养模式。双体实训通过采用全企业化管理模式，打造企业真实环境，配套企业优秀师资，引入企业真实项目，培养技术一流、高情商的软件开发人才。双体实训教授前沿的主流软件开发技术，通过真实项目让学生从软件系统的需求分析开始一直到系统测试，体验真实、完整的项目过程；同时通过开设职场关键能力课程，将职场规则、系统思维、有效沟通、团结协作、执行力等企业对员工能力要求的内容融入人才培养全过程，促进大学生的高质量就业。

大学生职场能力缺失一方面使得企业难以招聘到合适的员工，另一方面使得大学生自己难以寻找到合适的岗位。本书针对职场关键能力展开讨论，有助于大学生有效地学习、掌握、提升职场能力，可用作高等院校职场关键能力、大学生就业指导等课程的教材，同时也可作为大学生职场读物。

本书第一版于 2012 年出版，经过四年，编者于 2016 年对本书进行了修订，出版了第二版。面对职场日新月异的变化，为了使大学生能更好地与职场对接，编者本着强化"实践性"和"可操作性"的原则再次修订了本书。此次修订版共九章，分别从职场准备、职场能力和职场心态三个角度来介绍在职场中必须具备的关键能力。其中职场准备角度包括第一章"走进职场"、第二章"职业规划"和第三章"自我营销"；职场能力角度包括第四章"有效沟通"、第五章"团队建设"和第八章"职场礼仪"；职场心态角度包括第六章"自我管理"、第七章"职场素养"和第九章"职场蜕变"。为更好地落实立德树人这一根本任务，编者在深入学习党的二十大报告后，在第二版的基础上加入了当下职场对员工素质能力的新要求，使得全书内容更贴近职场要求，对大学生的指导性更强、实用性更突出。

希望本书能够成为广大大学生成长道路上的良师益友，帮助大学生在学好专业技术知识的同时掌握职场关键能力，打造就业核心竞争力和未来职场可持续发展能力，真正成为"精技术、有经验、明职场"的现代职业人士，为国家经济建设和社会发展贡献力量。

双体实训商标及其知识产权体系的著作权人为重庆翔美教育投资有限公司。

编者

2024 年 5 月

第一章
走进职场

近几年，伴随着应届毕业生数量的增加，应届毕业生求职就业与职业发展问题逐渐成了社会关注的焦点。每年都有一定数量的应届毕业生找不到合适的工作，也有不少企业招不到心仪的员工，究其原因，主要是当代应届毕业生职业化素养较弱。应届毕业生需要明白企业究竟需要什么样的员工，自身为什么要具备良好的职业化素养和较为系统的职场关键能力。本章介绍了当前应届毕业生职业发展的现状，并着重阐述了职业化与职场关键能力的含义、影响职业化的心态、实现职业化的有效方法等与职场关键能力相关的内容。

第一节　初识职场

一、职场的定义和职场新人需要的四个本领

职场，可以从狭义和广义两个方面来理解。狭义的职场是指工作的场所；广义的职场是指与工作相关的环境、场所、人和事，还包括与工作、职业相关的社会生活活动、人际关系等。职业化即指在合适的时间、合适的地点，用合适的方式说合适的话、做合适的事，使知识、技能、观念、思维、态度、心理等都符合职业规范和标准，与此同时，职业化要求人们很好地履行社会或组织交代的岗位职责，准确扮演好自己的工作角色。

这是一个资源与资本丰富的时代，也是一个优化与整合的时代，还是一个团队合作与创新的时代，这就意味着我们在职场中拥有更多和更大的机遇与风险、竞争与挑战、压力与突破。同时，职场对个人的综合素质和职业素养也提出了更高的要求和标准。埋头苦干、个人英雄主义和权威强权等理念，已经不能完全和高效地满足这个时代的职场发展与职业晋升需要。因此，个人需要从以下几个方面着手和突破，这样才有可能为自己的职场发展与职业晋升，进行快速和高效的赋能。当代职场新人需要掌握的四个本领具体如下。

（一）提升综合素质和职业素养

职场新人应通过学习和实践，持续提升综合素质和职业素养。首先，要明确职场发展和职业晋升的方向；其次，要制订改善和提高综合素质与职业素养的行动规划；最后，要坚持与贯彻自己制订的行动规划。

（二）建立信任关系

职场新人要建立和打造信任关系，不断夯实自己的职场发展与职业晋升基础。同时，要根据自己的职场情况，及时提升和扩大自己的信任关系的高度与范畴。其中主要包括团队信任、领导信任、下属信任、客户信任、关联部门信任等。

（三）唤醒职业意识

职业意识是人们对职业劳动的认识、评价、情感和态度等心理的综合反映，它是人们全部职业行为的源头，主要包含创新意识、合作意识、集体荣辱感等方面。职场新人需努力实现团队和上下级之间的优势互补，远离和防范个人主义与团队内耗。在团队中明确自己的优势，用自己的优势补齐伙伴的短板。只有消除团队中的短板，才能造就一支优秀团队，个人才能进步。

（四）树立双赢理念

无论是团队成员之间的合作，还是员工与领导之间的互动，唯有具备双赢理念，才能愉快、高效、稳健和持续地合作，从而实现双边价值的最大化。

二、职场的特点

现代化职场具有时代性、竞争性、规范性、未知性等显著特点。

（一）时代性

时代更迭造成了职场的变化，职场环境的变化则意味着职场对人的要求也在变化。例如，冷兵器时代需要更多的士兵，工业时代需要更多的工人，而现代职场则需要更多复合型的人才。

（二）竞争性

在职场中，人与人之间存在竞争。同级之间存在竞争，上下级之间存在竞争，企业之间存在竞争，行业之间也存在竞争，可以说竞争遍布各个角落。工作带给人的好处越多，竞争就越激烈。培养自我的核心竞争力成了在职场中生存的关键。

（三）规范性

人生下来便处在各种规章制度中，行业有行业的规范，企业有企业的制度，职场也有相应的规范。职场礼仪规范、职场行为规范等规范虽不是强制的，却潜移默化地影响职场中人们的生活。

（四）未知性

职场中充满了未知，作为大学生，我们对未来充满迷茫；作为职场新人，我们很容易迷失方向。不管是职场外还是职场内，未知始终存在。

三、职业化素养

职业化素养（也称职业素养）是职场人应该具备的综合素质，包括对待工作认真负责、对人真诚友好，以及对待难题迎难而上的态度。具体而言，职业化素养指在开展工作的过程中，不断形成的知识体系、个人素质、个人道德修养、行为规范等。

职业化的根本内容是职业化素养，职业化素养的重要内容包括职业道德、自我约束力、做事的章法、胜任能力和通用管理能力。职业化素养是整个职业化的核心。

（一）职业道德

《北京晨报》曾报道：一位公共汽车司机在行车途中突发心脏病，他忍着剧痛用力踩住了刹车，保证了车上二十多个人的安全。他的举动，反映了他心中时刻挂念着乘客的安危，坚持对乘客的安全负责，拥有高尚的品德和极高的职业素养。

职业道德，是指所有从业人员在职业活动中应该遵循的行为准则。随着现代社会明确的分工和专业化要求的提升，在市场竞争日趋激烈的情况下，整个社会对从业人员的职业理念、职业态度、职业技能、职业纪律和职业作风的要求越来越高，所以提升职业道德尤为重要。

（二）自我约束力

自我约束力指人们在主观意识支配下，约束或控制自己的能力。企业只能运用企业文化对员工的职业化素养和企业价值观进行引导，帮助员工在良好的氛围下逐渐形成良好的职业化素养和企业价值观。

有些企业只注重价值，不注重价值观，忽略了一个本质性的问题：企业制度和员工行为习惯会受企业价值观影响。企业制度对员工行为具有一定的约束力，企业内部已有习惯会逐步影响员工行为，员工行为最终会影响企业形象和业绩。

职业化行为规范更多体现在遵守行业和企业行为规范上，职业化行为规范包含职业化思想、职业化语言、职业化动作三个方面的内容。行业有行业的行为规范，企业有企业的制度规则，一个职业化程度高的员工，在进入新行业及企业时，能在较短时间内严格按照行为规范来要求自己，使自己的思想、语言、动作符合自己的身份。

（三）做事的章法

职业化行为规范也体现在做事的章法上，这些章法的来源包括长期工作经验、企业规章制度要求或者通过培训、学习形成的习惯。我们进入一家公司，首先会观察公司员工的行为模式，从而形成对公司的初步判断。通常，企业通过监督、激励、培训、示范来形成企业统一的员工行为规范。

（四）胜任能力

哈佛大学教授戴维·麦克利兰（David McClelland）于1973年提出了"胜任力"这个概念。胜任力是指能将在工作中有卓越成就者与普通者区分开的一种个人深层次特征，它形式多样，可以是动机、特质、自我形象、态度或价值观、某领域知识、认知或行为技能等任何可以被可靠测量或计数，并且能显著区分优秀者与普通人的个体特征。

职业化技能通俗地讲就是支撑你完成工作任务的能力，即企业员工对工作的一种胜任能力。职业化技能大致包括两个方面的内容，一是职业资质，学历是最基础的职业资质，如专科、本科、研究生等学历，学历在有些时候是进入某个行业或晋升到某个级别的基础要求；二是资格证书，资格认证是对某种专业化知识的一种专业认证，如要进入会计行业，就必须拥有会计专业技术资格，从事精算工作，则要拥有精算师证书。

以上都是有证书的认证，在现实中，还有一种没有证书的认证，就是社会认证。社会认证通常是指人在社会中的地位，如闫某是某个行业著名的专家学者，那么其即便没有这个行业的相关证书，也会被社会广泛认可，这种认可就代表着他在该领域的资质，这种认证被称为头衔认证。

（五）通用管理能力

通用管理能力的概念在全球范围内提出的时间并不长，尽管各国在通用管理能力的内涵、范围、种类与影响等一系列问题上的研究与实践各有侧重，但普遍认可它是企业职业经理人与管理者需具备的基础能力。

每一个人在企业中都不是独立的个体，必须与上司、下属、同事进行交往，形成一系列的关系链。在这些关系链中，向上级的工作汇报、向下级的任务分配，以及与同事之间的沟通、协作与配合必然会产生。在维持关系链的同时，个体必须管理时间、管理情绪等，因此需要具备通用管理能力。

这些通用管理能力，是生活和工作中必备的能力。通用管理能力与胜任能力互为补充，最终形成员工的实际工作能力。一个胜任能力和通用管理能力都比较强的员工，整体工作能力也很强。

应届毕业生职业发展现状

近十年来，中国普通高校应届毕业生人数呈逐年上升趋势，企业能够为应届毕业生提供的岗位数量虽有所增长，但与逐年增加的应届毕业生人数相比，增速缓慢，就业压力越来越大。在巨大的就业压力下，不少应届毕业生在求职或进入职场后由于缺乏足够的职场能力，职业发展之路一波三折。下面通过几个案例来看看目前应届毕业生在职业发展中的一些现状。

案例一：专业对口不是唯一途径

张华在大学学的是财会专业，在一场招聘会上，他看中了一家国内著名的太阳能热水器代理公司提供的职位——营销员，但公司要求应聘者是市场营销专业毕业生。张华决定碰碰运气，他问该公司的招聘人员公司为何只招聘市场营销专业的学生。招聘人员告诉他，公司要扩大业务，需要有市场开拓能力的学生。张华随即表示自己具备市场开拓能力，并列举了自己在某电动车厂实习时，曾参与开拓市场工作并取得不俗成绩的经历。张华的自我介绍和专业水准使招聘人员对他很满意。最后他顺利通过了面试，谋到了这个理想的职位。

案例二：业余爱好也许是求职成功的关键

某大学经济管理学院毕业生黎明非常喜欢乒乓球运动，是大学校队的主力队员，曾多次代表学校参加比赛，获得多项殊荣。令黎明没想到的是，自己在体育方面的爱好和优势竟然是求职成功的关键。在一场招聘会上，黎明看到某高校后勤集团"经理助理"一职，便投递了一份简历。公司经过面试，很快与他签订了就业意向书。原来该公司各部门每年都要举行一次乒乓球比赛，成绩作为各部门年终考核的一部分，而后勤集团多年来总是无缘进入决赛，于是领导让人事处在当年的招聘活动中优先考虑擅长打乒乓球者。因此，黎明在诸多求职者中脱颖而出，受到公司的青睐。

案例三：期望值过高，自我定位不准确

20××届毕业生小王来自云南罗平，直到毕业那一年3月他还未落实工作单位。他的老师去参加国家药品监督管理局的供需见面协调会，顺便将他的应聘材料带去以便引荐他。刚好罗平有一家制药厂招人，专业对口，工作地点又在家乡，然而，小王的择业意向却是：单位地点必须在昆明，至于在昆明的什么单位、具体做什么工作都无关紧要，除此以外，什么单位都不考虑。在这种心态下，结果自然难以如愿。

大家都在说应届毕业生就业难，却鲜有人认真思考应届毕业生为什么就业难，是社会上提供的岗位数量不足还是当前应届毕业生本身存在着一定的问题。从上述的案例可以看出，当前有部分应届毕业生在学习期间没有明确的目标、无所事事，等到找工作的时候才发现自己没有学到任何有用的技能，只能盲目地四处求职，好不容易找到工作却因各种理由频繁跳槽，在求职过程中，他们根本不清楚企业需要什么样的人才，也不清楚在职场中应该具备怎样的能力，更不清楚自己的职业生涯应该如何规划与发展。究其原因，是职业化素养与职业化能力缺失。作为即将进入职场的新人，及时了解和掌握职业化的相关知识很有必要。

第二节　职场心态

一、角色认知

（一）什么是角色认知

角色认知是指个体对自己的社会地位、作用及行为规范的认知和对社会其他角色关系的认识的综合。

（二）角色认知的先决条件及主要内容

1. 先决条件

想要明确自己在社会、组织中的角色，首先要对自己的角色有清晰的定位。角色定位是角色认知的先决条件，一个人能否很好地履行自己的社会职能，取决于对角色定位的明确程度、对角色规范的认知程度、对角色评价的认知程度。

2. 主要内容

在职场中，角色认知的主要内容如下。

（1）对自身职责、任务的准确认知。

（2）对工作质量、数量的准确认知。

（3）对完成任务的首选方法的定夺。

（4）对与同事如何保持有效互动的系统思维。

二、职业化心态

（一）摒弃不良心态

要做到职业化，就必须在不断提高自身能力的同时摒弃一些不良心态。具体来讲，有七个影响人们实现职业化的消极心态。

1. 浮躁心态

"非淡泊无以明志，非宁静无以致远。"浮躁心态必定会对一个人的职业生涯产生严重的不良后果。急功近利的心态会导致心理紧张、烦恼、易怒，降低注意力、思维能力；浮而不实使知识与工作技能无法提高，仅局限于表面，以至于业绩平庸或者无法有效地履行职业责任。因此，人们必须拒绝"想不到""坐不住""长不了"。

2. 消极抱怨心态

成功者与失败者的最大差别是：成功者会将不好的结果归因于个人能力、经验的不足，他们乐意向好的方向不断改进发展；失败者则怪罪机遇不来、环境不公，不断抱怨外在、不可控的因素，总在等待与放弃。

3. 斤斤计较心态

美国心理学家威廉·詹姆斯（William James）通过多年的研究，用事实证明，对物质利益太算计的人，实际上都是很不幸的人，甚至是多病和短命的，他们大多数都患有心理疾病。这些人感觉痛苦的时间和感受到的程度比不善于算计的人多了许多倍。换句话说，他们虽然会算计，但没有好日子过。斤斤计较的人，心胸常被堵塞，每天生活在具体的事物中不能自拔，习惯看眼前而不顾长远。斤斤计较的人，计较了眼前，失去了长远；计较了现在，失去了未来；计较了薪酬，失去了能力；计较了自己，失去了别人。斤斤计较的一生，反而是一无所获的一生。

4. 投机取巧心态

投机取巧是指拟运用小聪明获得成功。投机取巧的人希望取得卓越的绩效，却不愿付出相应的努力；憧憬收获辉煌，却不愿历经艰难；渴望取得最终的胜利，却不愿做出适时的牺牲。

依靠投机取巧获得成功是小概率事件，且风险极大。勤奋是通往荣誉的必经之路，那些试图绕过勤奋，依靠投机取巧寻找荣誉的人，总是被排斥在荣誉的大门之外。

5. 好高骛远心态

拿破仑（Napoleon）有句话："一个不想当元帅的士兵不是一个好士兵。"这句话有一定的道理。拥有雄心壮志是士兵成为元帅的首要条件。但是在当下，很多人在职业化的道路上，自我期望太高，有的甚至严重偏离实际，出现眼高手低、好高骛远的情况。目标远大，却不愿意一步一个脚印，付出努力，因而很难把事情高质量地完成。这样的人对自己缺乏明确的认知，整天琢磨着要一鸣惊人，结果往往是高不成低不就，一事无成。

6. 打工心态

打工心态的心理起点是把自己定位成一个"受害者"角色，把企业和领导当成剥削者，把自己当成受害者。打工心态很可能会造成员工个人、员工家庭、员工所在企业皆输的结果。

7. 冷漠麻木心态

拥有冷漠麻木心态的人时常表现出冷淡、不在乎、无所谓的情绪和态度。这种冷漠麻木心态对职业发展有着极大的危害。

冷漠麻木的人除了自身利益以外，对其他都不看重，对其他都不感兴趣。冷漠麻木心态仿佛一种可怕的毒素，会使人变成对什么事情都不关心的庸人，而这样的人所遵循的是"事不关己，高高挂起"的信条。冷漠麻木心态只能把一个人塑造成玩世不恭的自怜者。

（二）保持良好心态

要真正实现职业化，不光要摒弃不良心态，还需要做到以下六点。

1. 保持对上级的尊重

在任何组织中，上级在一定程度上都是决定你职业发展的人。要想得到上级的认可，我们首先要学会的就是尊重自己的上级。上级越成功，下级的发展空间越大。应该及时丢掉那种等着上级犯错甚至引导上级出错，以便自己能够取而代之的心态，没有任何组织会认可拥有这种心态的员工。同样，失败的团队里没有成功的个人，上级在一定程度上代表团队，下级尊重上级就是尊重团队，支持上级就是支持团队。

2. 全力以赴完成工作任务

既然选择了工作，就要对自己的选择负责，做到干一行爱一行。上级交办的工作，无论难易程度如何，都应该全力以赴地完成，给上级最好的工作结果。上级把工作交给信任的人，这份信任值得下级全力以赴地完成工作。面对上级的信任，不仅要把工作一丝不苟地做好，还要尽量做到最好，让上级放心、省心，这样你自身也会得到更多机会。

3. 包容性格不同的同事

每个人性格不同，处世的方法也不同。在工作中，你可能会遇到一些做事方法不符合自己喜好的同事。我们不能拿自己的标准去要求别人，更不能因为对方未按照自己的标准去做事而厌恶对方，甚至怀恨在心，要学会宽容和包容，让自己融入团队。

4. 尽力帮助他人

完成自己的工作后，我们应主动关心和帮助同事，工作是提升个人能力的重要途径，工作做得少，锻炼的机会就少，能力提升得就慢。帮助他人也是与他人交往，努力总是会有回报的。赠人玫瑰手有余香，多帮助他人，他人也愿意多帮助你。

5. 向优秀的人学习

每个人都有优点和不足。在与人相处时，我们往往容易发现对方的不足而忽视了对方的优点，总觉得别人比不上自己。不要总觉得自己非常优秀，没有缺点，要善于向身边优秀的人学习，以谦虚的心态寻找自己的不足之处，不断完善自我，提高自我核心竞争力。

6. 积极显示自己的才能

一个人价值的大小更多取决于他为组织或社会创造了多大的价值，创造的价值越大，自身的价值也就越大。

个人创造价值需要两个条件：能力和机会。能力是创造价值的基础，一无是处的人是很难为组织或社会创造价值的。但光有能力是不够的，抓住机会也同样重要。因此，我们要勇于表现自己的才能，不断提高自己的技能，这样才会不断获得机会来展示自己的能力，才能充分体现自己的价值。

三、心态的转换

（一）树立职场心态

职业化是指工作状态的标准化、规范化、制度化，即在合适的时间、合适的地点，用合适的方式说合适的话、做合适的事。树立职场心态的措施包括以下六个方面。

1. 保持积极心态

职场新人面对工作任务，保持积极心态，多寻找问题的解决方法，对工作任务进行细化分解，把与工作相关的人和事进行透彻的分析，多思考不同的方案，以便随时应对可能出现的变动。

2. 每日有进步

职业化程度高的人喜欢学习和思考，职场新人也应该养成读书的习惯，多接触新鲜事物，热衷思考，慢慢养成习惯，把每天的思考内容写下来促使自己进步。

3. 培养"老板思维"

所谓老板思维，是指不管任务是什么，都从全局的角度出发，首先搞清楚组织目标，然后把自己的工作和组织目标关联起来的一种思维方式。

4. 敢于承担责任，不推诿责任

责任意识是养成职业化心态的重要推动剂。有了强烈的责任意识，职场新人就有强烈的工作荣辱感，对自己就有了较高的要求，就能高标准地完成工作。

5. 培养服从意识

职场新人应培养服从意识，服从上级的要求，服从任务标准的要求，服从客户的需求，服从大局。

6. 树立共赢的观念

每个人在职场中都不是独立存在的个体，在人与人形成的集体中，没有人是独立存在的，每个人都生活在错综复杂的关系网中。因此，职场新人要树立共赢的观念，能够主动发现团队协作的价值，做到与他人互补，协作共赢。

（二）情绪管理

情绪管理的本质是在包容理解自我情绪的同时，理性地思考和控制自我行动。谈到情绪管理，人们往往有两个很深的误解。第一，情绪管理基本只是负面情绪的管理，人们只有在产生焦虑、愤怒、躁狂等情绪时才会想到需要管理自己的情绪，实际上高兴与愤怒是情绪的两种表达方式，你要管理的是自身情绪这一整体，你如果控制不了自己的狂喜，同样也控制不了自己的狂怒。第二，有不少人将情绪管理与"情绪压制"画上了等号，情绪不会无理由出现，自然不可能凭空消失。你试图压制它来让它消失的做法是无用的，你只能包容和接纳它。

个人情绪管理方法如下。

1. 体察情绪

体察情绪即随时注意自己的情绪，对自己现在的情绪有明确的判断。人一定会有情绪，压抑情绪反而会带来不好的结果，学着体察自己的情绪，是情绪管理的第一步。

2. 表达情绪

在人际交往中，表达自我情绪时要用合适的方法，方法不对，可能会影响人际关系甚至会让别人厌恶自己。适当表达情绪，是一门艺术，需要用心体会、揣摩。

3. 纾解情绪

纾解情绪的方法有很多，如找朋友倾诉、逛街、听音乐、跑步等，比较糟糕的方式是借酒消愁、飙车。纾解情绪的目的在于给自己一个冷静的机会，理性处事，让自己更有动力去面对未来。如果只是为了麻痹自己，那么清醒后需承受更多的痛苦，这是不合适的方式。我们要尽力控制情绪，而不是让情绪来控制你。以下列出了一些纾解情绪的方式。

（1）保证充足的睡眠。人生充满了不确定，谁也不知道下一秒会发生什么，所以我们要随时准备好充沛的精力。睡眠不足会导致精力不足，进而会造成工作没有效率，更容易出现沮丧、烦躁、不耐烦的情绪。

（2）运动。运动能够调节情绪，不开心的时候可以选择运动，体力消耗后心情会平静很多。

（3）思考。随着科技的发展，越来越多的人沦为"低头族"，把大把的时间浪费在娱乐消遣上。"学而不思则罔"，长时间不学习，会感觉到空虚及不努力带来的焦虑。在繁忙的生活中，我们也许会面对信息轰炸，我们可以偶尔停下来思考一下生活或者人生，这样焦躁的情绪就会得到缓解。

（4）和充满正能量的人在一起。和充满正能量的人在一起，你会受他感染，你身上的负能量也会被赶走。

管理好自己的情绪，不要让坏情绪招致失败。在享受成功的喜悦的同时，也能坦然接受失败，失败是成功之母，只有不断总结失败的教训，我们最终才能登上成功的王座。成功的路是坎坷的，但只要管理好情绪、不断自我激励、不断进步，我们就能永远走在向成功进发的路上。

（三）好习惯的养成

美国心理学家威廉·詹姆斯有一段对习惯的经典注释："种下一个行动，收获一种行为；种下一种行为，收获一种习惯；种下一种习惯，收获一种性格；种下一种性格，收获一种命运。"

习惯是长期形成的处事方式与思维框架。习惯往往是在不经意间形成的，每个人都有自己独特的习惯，这些习惯有好有坏，但无一例外，都会对人的一生产生重要的影响。

一般来说，习惯可以在有目的、有计划的训练中形成，也可以在无意识状态中形成。不良习惯容易在不经意间形成，而好习惯往往要经过有意识、有目的的训练才能养成，这是好习惯与不良习惯的根本区别。相对于好习惯，不良习惯形成以后，要改变它是十分困难的。虽然很困难，但也不是绝对无法改变的。当然，任何一个好习惯的养成也不是轻而易举的。

（四）持续学习

社会在不断发展，知识更新的速度也越来越快，一个人如果不能持续学习，就没办法跟上社会发展速度，甚至可能会被激烈的竞争所淘汰，相反，如果持续学习，则可以收获很多。

（1）静心。当代社会人们容易被繁杂的工作与人际关系搞得异常浮躁，静下来的时间变少了，我们应该坚持学习，让自己浮躁的心平静下来，在嘈杂的世界中开辟自我的小世界，在书籍中寻找存在的意义。

（2）陶冶情操。读书可以提升修养，陶冶情操，有助于修身养性，"腹有诗书气自华"读书可以提升自己的气质和丰富自己的内涵。

（3）避免孤独。学习就是为了更好地交流，坚持学习能找到更多志同道合的朋友，从而在某些事情上能得到认同，避免产生不被理解的孤独感。

（4）提高文化素养。在高速发展的信息化时代，每个人都需要不断提升，只有持续学习，才能够有效地加强个人的文化素养。

（5）开阔眼界。正所谓"读万卷书，行万里路"，生活中，光靠已有的知识是走不远的，我们只有坚持学习，才能在生活中取得更高的成就，才能走得更远，看到更多风景。

（6）自我完善。学的东西越多，知道的东西越多，懂的就越多。你知道的越多，才能发现自己身上的缺陷，从而不断完善自我，树立更多的良好品质。

书籍是人类进步的阶梯。不是只有在学校才能学习，社会是一个更大的学习场所，企业是课堂，同事是同学。只要想学习，我们在哪里都可以学习到知识。我们要学会随时随地学习，向周围优秀的人学习，持续地学习，这样才能不断地进步，才不会被时代甩下。机会永远留给有准备的人。

（五）全力以赴

对工作要竭尽全力、全力以赴，切忌三心二意、一心两用。虽然边聊天边工作一样可以把事情做好，但一定不如全心全意工作的效果好，也就是说，要超出别人的期望就要全力以赴，做到最好。

美国学者格兰特纳（Grantner）说过这样的话："如果你有自己系鞋带的能力，你就有上天摘星星的机会。"取得成功不在于有多聪明、有多高的学历、多优越的背景，而在于全力以赴地工作。

有一位年轻人即将去一线城市闯荡，临行之前，他向一位老者讨教应该如何做才能在大城市立足并取得一定的成就，老者简单地告诉他："全力以赴地工作，去吧！20年后你再回来找我。"年轻人带着老者的话上路了，他一直按照老者的指点，全力以赴地工作，在经历了起伏跌宕、高峰低谷后，事业颇有成就。20年后，他如约回去再次向老者讨教，老者还是简单地告诉他："尽力而为地工作，去吧！10年之后你再回来找我。"年轻人又继续尽力地工作，又经历了很多大风大浪，经过10年的努力，他取得了很大的成就。10年之后，他又如约去拜见老者。见到年轻人前来，老者道："看来你真的已经很成功了。在我年轻的时候，别人都告诉我，尽力而为，所以我在年轻的时候碌碌无为、一事无成；当我步入中年的时候，别人告诉我应全力以赴，可是我发现自己已经精力不足了，所以我就想，要是把这个顺序调换过来，会不会有不一样的结果。因此当你第一次来见我的时候，我就告诉你年轻的时候一定要全力以赴，看来你真的成功了。"工作态度体现你的生活态度，秉持不同态度的人会有不同的人生。

很多对工作不负责任的人，总是为自己的失败找借口，结果总是与成功失之交臂。

成功属于那些全力以赴的人，只有不怕险阻的人，才能攀登上巅峰；只有不怕困难的人，才能最大限度地实现自我价值。

上述五种方法能够帮助你完成心态转换，而大学生要成功转型为合格的职业人还要更注重对自身职场关键能力的培养（具体内容将在本章第三节中讲述）。

海尔集团的人才观

一、"人人是人才，赛马不相马"——你能够翻多大跟头，我们就给你搭建多大的舞台

现在缺的不是人才，而是出人才的机制。管理者的责任就是通过搭建"赛马场"为每个员工营造创新的空间，使每个员工成为自主经营的战略业务单位（Strategic Business Unit，SBU）。简单来说就是，每个事业部、每个人都是一个SBU，集团战略落实到每一位员工身上，而每一位员工的策略创新又会保证集团战略的实现。

海尔集团的赛马机制有三条原则：一是公平竞争，任人唯贤；二是职适其能，人尽其才；三是合理流动，动态管理。在用工制度上，海尔集团实行一套优秀员工、合格员工、试用员工"三工并存，动态转换"的机制。在干部制度上，海尔集团对中层干部分类考核。每一位中层干部的职位都不是固定的，届满轮换。集团人力资源开发和管理的要义是，充分发挥每个人的潜在能力，让每个人每天都能感到来自集团内部和市场的竞争压力，使其能够将压力转换成竞争的动力，这便是公司持续发展的秘诀。

在海尔集团，最让人感动的是，很多普普通通在平凡工作岗位上的员工，都能够用心去创造、去发明，把自己的工作做好。管理者明白，每个人都希望得到别人的尊重，都希望自己的价值得到公司的承认。只要员工为客户创造了价值，公司就肯定他的价值，这便是管理的核心。

二、授权与监督相结合——充分的授权必须与监督相结合

海尔集团制订了三条规定：在位要受控，升迁靠竞争，届满要轮岗。

"在位要受控"有三个含义：一是干部主观上要能够自我控制、自我约束，有自律意识；二是集团要建立控制体系，控制工作方向、工作目标，避免犯方向性错误；三是控制财务，避免违法违纪。

"升迁靠竞争"是指有关职能部门应建立一个更为明确的竞争体系，让优秀的人才能够通过这个体系获得职位晋升，让每个人既感到有压力，又能够尽情施展才华，不至于埋没人才。

"届满要轮岗"是指主要干部在一个部门的时间应有限期，届满之后轮换到其他部门。这样做是防止干部长期在一个部门工作，思路僵化，缺乏创造力与活力，使部门工作难以打开新局面。年轻的干部在届满轮岗后，可以有更多的锻炼机会，这有助于他们成为多方面的人才，也能为企业未来的发展培养更多的人才资源。

第三节 职场关键能力

一、含义与内容

职场关键能力，是指在职业生涯过程中，除了专业技能外，影响个体发展的其他综合能力，如明晰职场相关规则，具备职场所需要的语言表达能力、交流沟通能力、时间管理能力，具有乐观的工作心态和团队荣辱感等。

人们常说，职场是一部现实伦理剧，每个人都是演员，会被赋予一个明确的角色。由于每个人的家庭背景、学历、专业、个人素质等因素的不同，不同的人会有不同的角色差异，其表现也是不同的，而职场关键能力则是影响职场表现的重要因素。职场关键能力的内容主要体现在以下两个层面。

（一）精神层面

精神层面主要包括诚信、正直、忠诚、敬业等职业品质和自信、宽容、团结等积极乐观的心态。大多数企业在招聘时，对应聘者精神层面尤为看重，对其的重视程度有时甚至超过了职业技能。

（二）能力层面

能力层面主要包括执行能力、思维能力、沟通能力、组织管理能力、语言表达能力、社交活动能力、公关谈判能力等，这些是每个现代职业人士都需要具备的能力。

二、负表现与正表现

（一）负表现

1. 忘乎所以型

有的人从小就比周围的小伙伴强一些，他们往往性格外向、经历丰富、交际能力强，所以在职业发展初期能够快速地取得一些成绩。但他们也不是完美的，顺利的成长经历或多或少地造就了他们心理承受能力差、容易忘乎所以等问题。职场是瞬息万变的，计划永远赶不上变化，我们应使自己具备较强的心理承受能力。

张明大学毕业后到某贸易公司任销售主管助理。实习期间，张明沉稳踏实、做事干练、待人友善，深得领导及同事的赞赏。10个月后，由于工作突出，张明凭借着连续9个月销售量排名第一的业绩晋升为销售主管。在职位得到晋升之后，张明的心态发生了很大的变化，他认为自己的能力远远强于同事，甚至强于他的领导。因而，在工作中，张明拒绝别人的合理意见，同时，不再向直属领导积极汇报工作进展。终于，在一次业务中，他的独断专行导致公司发生了重大损失。张明不得不引咎辞职。

由此可见，兢兢业业做好本职工作，不骄不躁，谦虚谨慎，才是明智的做法。

2. 自以为是型

有的人自认为能力很强，别人都要围绕着他转，每天梦想着成为职场主角，却从未想过大部分主角都是由配角成长起来的。他们不甘于做一些基础性工作，希望自己能够在一个组织中快速发展。这类人不停地幻想、寻找，却始终转不出自己思想的迷宫，从未想过自己是否已经具备了扮演主角的能力，最终的结果只能是思想一日千里，能力还停留在原点。

林安半年前到公司实习，任销售代表一职。刚大学毕业的林安满腹经纶，谈起专业知识更是滔滔不绝，在走访市场及开展销售业务中，林安经常提出一些自己的看法和建议，但上级从未采纳。领导认为林安资历浅、历练少，其建议过于理想化，难以在实际工作中执行。这让林安很恼怒；明明自己的建议对公司好，为什么领导不采纳呢？他便认为领导在故意为难他，在一次销售会议上，上级领导以月销量下滑为由，要求大家寻找原因，林安立即表态："如果按照我的方法实施根本不会这样，责任在于领导你。"领导很难堪，又不好发作，会议最后不欢而散。

林安的做法无疑是不合适的，给众人留下了不尊重领导的印象。

3. 毫无主见型

人要有主见，要有自己的想法，不要让别人牵着鼻子走。当对同一事物得出不同的结论时，请保留自己独到的见解并将其表述出来，或许这一见解还很有价值。主见犹如夜晚里的灯塔，照亮着人们前进的道路，希望每一个人都有自己的主见。

小王到某公司已经3年多了，其管辖区域的月销售额一直在10万元左右。作为公司年度重点开发的区域，销售额一直无法增长。上级区域经理心里很着急，曾多次找小王谈话，又是批评又是培训，可销售额一直原地踏步。对于领导的指教，小王虚心接受，每日按照领导的要求去做，对客户更是极力妥协。客户看小王如此没有主见，便去买了别家产品，这样销售额自然不会高到哪里去。最后，和小王同期进单位的几位同事都因销售额有提升而得到了升职的机会，只有小王一直在原岗位没有升职。

（二）正表现

负表现的出现，主要原因是自身心态未调节好，而自我调节心态的能力是职场关键能力中非常重要的一部分。新人从进入职场到成熟是一个长远的过程，优秀的职场关键能力表现在以下方面。

1. 工作态度

工作态度体现在方方面面，工作积极的人，不管是接受领导安排的工作还是向领导汇报工作结果，都会表现出积极态度。

2. 为人处世

在职场中，我们要学会为人处世，要树立自己的职场标签，待人的态度不能随着人员的变化而变化。假如某个员工见到领导时非常热情，见到同事时就没了热情，这样只会给别人留下人品有问题的印象。

3. 才能表现

表现才能很重要。在公司举办活动的时候，我们要积极参加，有唱歌的才能就唱歌，有跳舞的才能就跳舞，抓住每一个机会，积极展现自我才能。有时候业余爱好会让同事对你的看法发生根本性变化。

4. 工作耐心

我们在遇到事情的时候不要太急，遇到不公平事情的时候，要耐心处理，这样能锻炼自身的性格，久而久之，在职场上就能游刃有余。

三、作用

毕业时学历背景、工作能力等各方面条件都差不多的人，在职场中工作几年就很有可能会拉开差距，有的几年如一日，而有的却能用最短的时间翻开新的篇章、拓展新的人际关系、取得新的成绩。这都是因为职场关键能力在悄然起作用。职场关键能力不是看几本职场方面的书就能马上拥有的，它需要每个人不断地去实践、去摸索、去总结，把各种理论知识转化为熟练的职场技能。具备职场关键能力的作用如下。

（一）有利于自身素养的不断提高

具备职场关键能力的人知道当前社会竞争日益激烈，如果不提升自己只是原地踏步，迟早会被社会所淘汰，所以他们会不断学习，通过各种方式与途径提升自己各方面的能力，自身的综合素养也在这个过程中得到了提高。

以下是一些提升职业素养的方法。

（1）保持乐观的心态。要拥有乐观的心态，不要把不好的情绪带到工作当中。努力提升自身的素养，从而体现自己的价值。

（2）保持学习的心态。这是亘古不变的话题，我们在任何时间任何地点都要有学习之心，努力提升自己的专业知识，更好地提升自身的职业素养。

（3）保持诚信的品质。对公司、对别人都要诚实守信。诚信是职业人必备的职业素养。

（4）保持负责的心态。遇到事情一定要负责到底，该负责的时候一定不要推诿。

（5）保持积极进取的心态。保持积极进取的心态有利于提升自己的职业素养。公平竞争、积极进取，会使自己获得成长，让自身的职业素养得到提升。

（6）保持乐于适应的心态。进入一个新的办公环境，一定要乐于适应，让自己保持一种乐于适应的心态，从而更快更好地融入这个新环境。

（7）保持职业化心态。职业化心态是必须具备的，只有拥有一种职业化的心态，自身的职业素养才能够得到提升。应给自己制订有条理的职业规划，让自身的职业素养也随着职业规划不断提升。

（二）有利于良好人际关系的形成

职场关键能力所涉及的内容较多，包括精神层面、能力层面等，但不论是哪个层面的能力，都要求人们能够将理论联系实际，通过具体的实践将相应的能力体现出来，让他人能够感知到。具备较强职场关键能力的人，往往具有较好的职场展现力，在任何场所都能够将自己的想法、观点等合理地表达出来；他们通常掌握了有效沟通的技能、技巧，有较强的语言表达能力，懂得职场商务礼仪，知道如何与不同的人员打交道，而这些都有利于良好人际关系的形成。

在职场中，我们在拥有较强工作能力的同时也要做到谨言慎行，这样才能形成良好的人际关系，在职场中如愿站稳脚跟。

人无信不立，诚实守信是人们安身立命的基础。在职场中缺乏诚信的人举步维艰，一旦缺少了诚信，就会被职场淘汰。

在职场中，难免与同事或上级出现分歧，这时我们需要就事论事，平和地表达自己的观点，做到己所不欲，勿施于人。我们要尊重周围的人，不管他们是自己的上级还是下级，同样一件事情，因为立场与思考的角度不同，解决办法亦不同，我们要尊重他们的决定与选择。

（三）有利于更好地完成工作

具备职场关键能力的人深谙结果的重要性，懂得采取合适的方法与途径了解上级的意图，善于调动各种资源为负责的工作提供支持，能想尽方法解决工作中存在的问题，力争把工作做得更好，最终超出上级的预期。

（四）有利于得到上级更多的赏识

具备职场关键能力的人在职场中能够遵守基本的职场伦理，明白在职场中上级的认可与赏识对自身职业发展至关重要，然而要得到上级的赏识不是那么容易的事情。尊重上级，在合适的时机与场所展现能力，竭尽所能地将工作做到完美，让上级放心，这样的人往往更容易得到上级更多的赏识。

（五）增加走向成功的机会

具备职场关键能力的人往往具有较强的职业技能与良好的职场习惯，既具有扎实的专业知识，又拥有积极主动、自我学习的优良习惯。他们不满足于现有的成绩，而是不断进取，力争上游，通过不懈地努力，创造更多的机会，最终实现人生价值。

👁 **案例分析**

彤彤（代名）是晋中信息学院20××级产品设计专业学生，双体软件精英产业学院首期中科软定制班学员，现就职于中科软科技股份有限公司，任项目经理一职。

从学校毕业后顺利被中科软科技股份有限公司录用，彤彤最初作为非专业对口职场新人，面对从未接触的运维工作，对未来的职业规划比较迷茫，在学校老师和公司同事的耐心指点和引导下，她逐渐找到了自己的方向。转正后她独立负责一个模块的工作，并开始组建团队，能够从循规蹈矩、按部就班地完成领导下发的任务，到主动发现问题并设计出有效的可执行的解决方案，其现在主要负责风险整改的管理和运维自动化监控体系的设计。

工作中，同事的帮助使她迅速成长了起来，她对运维工作也有了自己的想法与理解。虽然入职时同事的优秀给她带来了不小的压力，但得益于较为系统而成熟的职场心态与为人处世的方法，她最终化压力为动力，充分发挥了个人特长。在工作期间，彤彤通过了PMP（项目管理专业资格）的认证，持续在个人职业规划上发力。她有了清晰的自我认知，从而能扬长避短，在工作中做到游刃有余。

• **本章小结**

1. 广义的职场是指与工作相关的环境、场所、与工作和职业相关的社会生活活动、人际关系等。职业化是一种工作状态的标准化、规范化和制度化，即在合适的时间、合适的地点，用合适的方式说合适的话、做合适的事，使知识、技能、观念、思维、态度、心理等都符合职业规范和标准。

2. 实现心态转换的具体方法为：树立职场心态、情绪管理、好习惯养成、持续学习、全力以赴。

3. 职场关键能力是指在职业生涯中，除了专业技能外，对个体发展的其他综合能力，如明晰职场相关规则，具备职场所需要的语言表达能力、交流沟通能力、时间管理能力等。

课后练习

1. 请结合本章内容，谈谈你是怎么理解职业化的。
2. 在工作中面临压力和陷入困境的时候，你会如何调整自己的心态？
3. 请谈谈职场关键能力对在校大学生的重要性。

附：扩展文件

职场那些事

第二章 职业规划

职业规划在个人的职业发展中有着极其重要的作用，成功的职业规划将指引职业人逐步实现职业阶段目标，最终实现职业终极目标，实现自我价值。职业规划应该分阶段进行，随着职业阶段目标的实现，职业人应根据客观环境、行业发展及个人价值观的变化调整职业规划。本章着重对职业规划进行概述，阐述职业规划的方法，并以案例分析的方式，指引大学生正确做好职业规划。

第一节　职业规划概述

一、认识职业规划

职业是指参与社会分工，用专业的技能和知识创造物质或精神财富，并获得合理的报酬，从而丰富物质生活或精神生活的一项工作，它体现为人们在社会中所从事的作为谋生手段的工作。从社会角度看，职业是劳动者获得的社会角色，劳动者为社会履行和承担一定的义务和责任，并获得相应的报酬；从国民经济活动所需要的人力资源角度来看，职业是指不同性质、不同内容、不同形式、不同操作的专门劳动岗位。

中国职业规划师协会对职业的定义是：职业是行业与职能的交集点，一种职业应该包括行业和职能两个维度。根据《中华人民共和国职业分类大典（2022年版）》的分类标准，我国的职业归为8个大类、79个中类，如表2.1所示。

表2.1　职业分类

类　别	中　类	小　类	细类（职业）
第一大类 党的机关、国家机关、群众团体和社会组织、企事业单位负责人	6	16	25
第二大类 专业技术人员	11	125	492
第三大类 办事人员和有关人员	4	12	36
第四大类 社会生产服务和生活服务人员	15	96	356
第五大类 农、林、牧、渔业生产及辅助人员	6	24	54
第六大类 生产制造及有关人员	32	172	671
第七大类 军队人员	4	4	4
第八大类 不便分类的其他从业人员	1	1	1

因人们的衣食住行等各种需要，许多年轻人梦想中的旅游、买房、买车等，几乎都要通过工作来实现。从毕业后开始工作到退休的几十年中，几乎每天都要和自己的工作打交道，因此，自己从事的工作，自己是否喜欢、是否适合、是否觉得这份工作有意义，对自己非常重要。一位总裁曾经说过："在我看来，世界上最大的悲剧莫过于，有太多年轻人从来没有发现自己真正想做什么。想想看，一个人在工作中只能赚到薪水，其他的一无所获，这是一件多么可悲的事情。"

所以，每个人在选择自己的未来职业时，都应该慎重对待。中国的古话"男怕入错行"，在某种程度上也反映了职业对每个人的重要性。

职业生涯既是一个人一生中所有与职业相联系的行为、活动，以及相关的态度、价值观、愿望等连续变化的过程，也是一个人一生中职业、职位的变迁及工作理想的实现过程。简而言之，职业生涯就是一个人终身的工作经历。职业生涯开始于任职前的职业学习和培训，一直到退休而终止。选择什么职业，对每个职业人的重要性都是不言而喻的。

职业规划是指个人和组织相结合，在对一个人职业生涯的主客观条件进行测定、分析、总结研究的基础上，对自己的兴趣爱好、能力、特长、经历及不足等各方面进行综合分析与权衡，结合时代特点，根据自己的职业倾向，确定最佳的职业奋斗目标，并为实现这一目标做出行之有效的安排。个体职业规划并不是一个单纯的概念，它和个体所处的家庭、组织及社会发展阶段存在着密切的联系。随着个体价值观、家庭环境、工作环境和社会环境的变化，每个人的职业期望都将发生变化，因此职业规划是一个动态变化的过程。

对职业人个体来说，职业规划的好坏将影响职业人的整个生命历程。人们常说的成功与失败，是指职业人设定的目标能否实现，所以，目标是决定成败的关键。职业人个体的人生目标是多样的，个体职业发展目标、人际关系与生活目标相互影响、相互交织，职业发展目标在职业人个体各种目标中是十分重要的。根据马斯洛需求层次（见图2.1）理论，现代职业人在满足前四层需求后，会迅速将职业目标与自我实现的终极目标联系在一起，这个终极目标能否实现，会引起职业人不同的心理感受，职业生涯实现的过程与情感因素紧密联系，其中包括实现职业目标的成就感，也包括未按预期实现职业目标的挫折感。

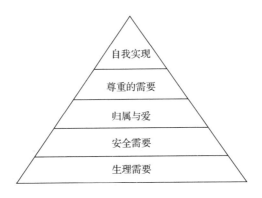

图2.1　马斯洛需求层次

二、职业规划的意义

绝大多数人对职业发展长期处于迷茫状态，即职业规划是模糊的，常常是走一步看一步，而一个人一生中有三个时期对职业规划起着决定性的作用：少年求学期、进入社会期和中年转型期。由于个人的经历有限，对社会及职业定位不明确，人们常常难以回答"自己究竟要做什么？适合做什么？怎样才能做好？"等问题，通常都是工作了一段时间后发现自己不合适而中途放弃，而这很有可能导致进入恶性循环。

在小张18岁的时候，班级中有些同学已经开始为生活四处奔波了，而他考上了一所大学，准备迎接大学生活。他和同学们每隔两三年见一次面。每一次同学们都喜欢问他同一个问题：你将来的目标或人生方向是什么？

小张给出的答案总是不相同。下面是小张每次谈及目标的原话。

18岁，高中毕业典礼上：我发誓要当中国首富！

20岁，春节老同学聚会上：我想创立自己的公司，30岁时拥有2 000万元资产。

23岁，在某工厂当技术员，第二职业是炒股：我正在为离开这家工厂而奋斗，因为在这里工作太没前途了。我将全力炒股，3年内将5万元炒到300万元。

25岁，炒股失败而情场得意，开始准备结婚：我希望1年后能有10万元，让我风风光光地结婚。

26岁，不太风光的结婚典礼上：我想有一个小孩，不久的将来当个车间主任就行，别的不想了。

28岁，所在的工厂效益下滑，偏偏正是妻子即将分娩的时候：我希望这次下岗名单里千万不要有我的名字。

从这些回答中可以看出，小张显然没有对自己的人生进行合理的规划，刚开始的时候当技术员，但他没有专心研究技术，而是去炒股，想赚到300万元，后来炒股失败又想当车间主任，最后可能因为对技术不是很精通，担心下岗名单中有他的名字。没有规划的人生，显然是很容易失败的。

实际上，一个追求成功的职业人首先应该确定合理的职业定位和职业目标，并且把目标进行分解，然后画出合理的职业规划图，并且付诸行动，经过不断努力和调整，直到最后实现职业发展目标，获得人生的成功。

美国演说家安东尼·罗宾斯（Anthony Robbins）提出过一个有关成功的公式：成功＝明确目标＋详细计划＋马上行动＋检查修正＋坚持到底。从这个公式中可以看出，一个人要想成功，首先要制订可以实现的目标与计划。这一公式同样适用于职业生涯领域，要求职业人要选择一个适合自身发展的行业和工作，然后确定目标，同时对整个职业生涯进行规划并付诸行动。而在随后执行规划的过程中要经常对自己的目标与计划进行一定的检查修正，朝着既定的大目标努力，这样方能获得成功。

职业规划是针对决定个人职业选择的主观因素和客观因素进行分析和测定，确定个人的奋斗目标和职业目标，并对自己的职业生涯进行合理规划的过程。

职业规划要求个人根据职业兴趣、性格特点、专业知识技能等自身因素及各种外界因素，经过综合权衡考虑，把自己定位在一个最能发挥自己长处的位置，最大限度地实现自我价值。职业目标与生活目标一致的人是幸福的，职业规划实质上是追求最佳职业生涯的过程。

哈佛大学的爱德华·班菲德（Edward Banfield）博士研究了美国社会进步动力，发现那些成功的人往往都是有时间观念的人。他们在做日、周、月工作规划时，都会长远考虑，他们会做未来5年、10年，甚至20年的规划。他们分配资源或做决策基于他们预期自己在几年后的地位。这一研究成果，对刚刚跨入社会的职场人士有着重要的启示。

例如，重庆某高校的毕业生小何，在大学期间各门功课优秀，毕业后的五六年时间里，从事过医药、空调、摩托车等产品的销售、品质管理等工作，换了六七个工作，但是没有机械方面的工作经历。在重庆市的一次大型招聘会上，小何向重庆一家汽车公司申请机械工程师的岗位。招聘者看了他的简历后认为，他如果毕业后稳定从事机械方面的工作，就会是公司需要的人，但是因为他没有这方面的工作经验，公司无法录用他。

小何的例子说明了大学生盲目就业给自己带来的危害。由于没有长远打算，很多大学生只是随意地找份工作，到了30多岁还没有职业定位。在这种情况之下，职业发展受限，重新进行职业定位又要费很大力气，于是陷入一种两难的境地。

职业规划的作用在于帮助人们树立明确的目标，运用科学有效的方法，采取切实可行的措施，发挥个人的专长，开发个人的潜能，克服职业发展困阻，避免陷入陷阱。我们只有不断修正前进的方向，才更能获得事业成功并实现自我价值。

有效的职业规划能带来的好处如下。

（1）有效的职业规划能让人们认识到自身的优势和特点，重新认识自身的价值并让这种价值持续增值。做好职业规划，是自我评估不可缺少的环节（这一点在后面将详细叙述）。在自我评估过程中，人们通常过高地估计了自身的优势而盲目自信，也通常过多看到自己的缺点而盲目悲观。只有极少数人能客观公正地看待自身，充分结合自身个性做好职业生涯规划。

（2）有效的职业规划能引导人们对自己的综合优势与劣势进行分析，并以此为基础确立职业发展目标及职业理想。客观量化分析可让人们在职业规划过程中保持高度理性，对自身兴趣、专业特长、职业需求等方面有更清晰的认识。在职业规划实务操作中可使用SWOT分析法对优势、劣势、机会、威胁进行有效分析，帮助判断职业规划是否合理。

（3）有效的职业规划能帮助人们掌握个人目标与现状之间的距离，做好预期与实际职位定位，明确新的或有潜力的职业机会。当初步确定好职业发展方向后，可以参照任职要求找到差距，从而弥补差距以达到任职要求，这样可以帮助我们避免浪费时间。

（4）有效的职业规划能让人们学会使用科学的方法，采取切实可行的步骤和措施，不断增强个人职业竞争力，实现自己的职业目标与理想，将个人、事业与家庭联系起来。

三、职业规划理论

职业规划理论有特质-因素理论、明尼苏达工作适应论、职业锚理论等。

（一）帕森斯的特质-因素理论

特质-因素理论是美国职业指导专家弗兰克·帕森斯（Frank Parsons）提出的，是最早的职业辅导理论，也是广泛用于职业选择与职业指导的经典理论之一。

1908年帕森斯在波士顿创办了职业指导局，这可以说是职业指导发展的起点。1909年帕森斯出版了《选择职业》一书，第一次系统阐述了特质-因素理论。特质就是人的生理、心理特质（亦总称为人格特质），因素是指客观工作标准对人的要求。

特质-因素理论主要以个性心理学和差异心理学为基础，承认人的个性结构存在客观差异，强调心理因素在职业选择中的匹配作用，重视心理测量技术的运用和问题的诊断，认为职业选择就是使职业兴趣、职业能力与职业所需要的素质相匹配。

特质-因素理论的核心是人与职业的匹配，前提是每个人都有一系列特质，并且可以客观而有效地进行测量；为了取得成功，不同职业需要配备不同特质的人员；个人特质与工作要求之间配合得越紧密，职业成功的可能性越大。

根据特质-因素理论，职业选择分以下几步：第一步，分析个人的特质，即评价个人的生理和心理特征；第二步，分析各种职业对人的要求；第三步，人职匹配，个人在了解自己的特点和职业要求的基础上，选择一项既适合自己特点又有可能获得的职业。

帕森斯认为职业与人的匹配，分为两种类型。①条件匹配，如所需专门技术和专业知识的职业与掌握该种特殊技术和专业知识的择业者相匹配；或者脏、累、险等劳动条件很差的职业与吃苦耐劳、体格健壮的劳动者匹配。②特长匹配，即某些职业要求从业者具有一定的特长，如具有易动感情、不守常规、独创性、个性强、理想主义等人格特性的人，宜从事艺术创作类职业。

特质-因素理论经久不衰，但该理论也有其局限性。第一，按照特质-因素理论的观点，社会上不同的职业要求工作人员具有一定的个人特质。在长期的实践中，人们发现尽管一些职业的录用标准得以确定，心理测量的工具日臻完善，技术水平不断提高，但因职业种类繁多，并且职业发展迅速，难以确定各种职业所需要的个人特质。第二，心理测量工具的信度和效度也不能尽如人意，受多种因素的影响，以心理测量结果为基准的人职匹配过于客观化，而对态度、期望、人格、价值观等择业主体的主观因素重视不够，这样的人职匹配是粗糙的，尤其是对于应届毕业生在择业环节完全实现人职匹配更是难上加难。第三，理论中的静态观点和现代社会的职业变动规律不吻合，它只是强调了具有什么样特质的个人适合做什么工作，却忽视了社会因素对职业设计的影响。

该理论尽管存在着以上局限，但在职业选择过程中的指导作用是不可否认的。我们在职业选择过程中，要充分分析自己的特质，并充分了解职业的各种要求，在全面了解自我、了解职业的情况下努力做到个人与职业匹配。

（二）明尼苏达工作适应论

美国明尼苏达大学的罗圭斯特和戴维斯（Lofquist, Dawis）及其同事们将特质-因素理论发展为工作适应理论。该理论不仅关注职业的选择，还关注人与工作、人与工作环境之间的关系，即个人的发展问题，也就是进入工作岗位之后的适应问题。该理论认为，每个职业人都追求符合环境，当工作环境能满足个人的需求，个人又能顺利完成工作时，符合程度提高。不过个人与工作之间存在互动的关系，符合与否是互动过程的产物，因个人的需求会变，工作的要求也会随时间或社会发展而调整，若个人能努力维持其与工作环境间的较高的契合度，则说明个人在这个行业领域会待得较久。

事实上，工作适应论仍属于特质-因素理论的范畴，只不过该理论将重点放在个人在工作情境中的适应问题上，强调就业后个人需要的满足，同时考虑能否达成工作要求。

明尼苏达工作适应论如同天平，追求平衡、匹配和适应。天平的一边是个人的能力及对工作的需求和欲望，天平的另一边是工作的能力要求及工作所能够给予个人的发展。

在一个组织（环境）中，想要有稳定的发展，就需要达到个人满意度和组织满意度之间的平衡。个人满意度影响着个人是否留在组织中。个人留在组织中，组织需要满足个人的需求，从马斯洛需求层次理论来看，从低到高，要满足的需求有生理需要、安全需要、归属与爱、尊重的需要、自我实现。因此，组织给个人支付工资，提供各项福利，评奖评优，提供发展的空间等，从而满足个人的需要，这些被称为增强系统。如果组织提供的增强系统可满足个人的需求，那么个人将会在这个组织中继续发展；反之，若增强系统不能满足个人需求，那么个人会选择离开这个组织。图2.2所示为个人满意度适配流程。

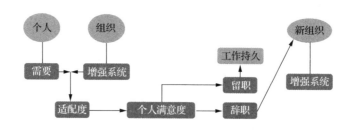

图2.2　个人满意度适配流程

组织对个人提出要求，也就是对个人技能提出要求。技能对应的是工作要求，技能高于工作要求，则组织满意度较高；反之，组织满意度低。高的组织满意度，可以让个人在组织中得到稳定长久的发展，如留任、升迁；低的组织满意度则有可能导致个人被解雇。图2.3所示为组织满意度适配流程。

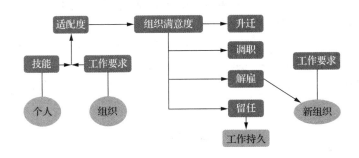

图2.3　组织满意度适配流程

（三）沙因的职业锚理论

职业锚，又称职业系留点。锚，是使船只停泊定位用的铁制器具。职业锚，实际就是人们选择和发展自己的职业时所围绕的中心，是指当一个人不得不做出选择的时候，他无论如何都不会放弃的职业中的那种至关重要的东西或价值观。

职业锚理论产生于职业规划领域中美国职业指导专家埃德加·H.沙因（Edgar H.Schein）教授领导的专门研究小组，是在对麻省理工学院斯隆管理学院毕业生的职业生涯研究中演绎成的一套理论。斯隆管理学院的44名MBA毕业生，自愿形成一个小组接受沙因教授领导的专门研究小组长达12年的职业生涯研究，其中包括面谈、跟踪调查、公司调查、人才测评、问卷调查等多种方式，该小组最终总结出了职业锚理论。

职业锚包括8种类型：技术/职能型职业锚、管理型职业锚、创造/创业型职业锚、自由独立型职业锚、安全/稳定型职业锚、挑战型职业锚、服务/奉献型职业锚、生活型职业锚，如图2.4所示。

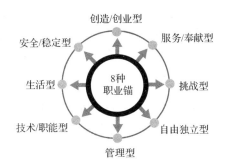

图2.4　8种职业锚

个人在职业中应具备3种技能：概念技能、技术技能、人际技能。不同的员工对这3种技能的需求程度不同。技术/职能型人员需要有较高的技术技能、少量的概念技能和人际技能；基层管理型人员需要较高的技术技能和人际技能、少量的概念技能；高层管理型人员需要较高的概念技能和人际技能，对技术技能则不做过多要求；创造/创业型人员需要极高的概念技能和较高的技术技能，对人际技能则不做过多要求；自由独立型人员需要极高的概念技能和技术技能，对人际技能的要求也较高；安全/稳定型人员只需要有一般的技术技能和人际技能，对概念技能则不做要求。

个人在做职业规划时一定要考虑上述3种技能，如果个人不擅长某项技能而且在这方面不可能有长足的进步，就要回避需要这种技能的职业。各管理者在因岗用人时也要充分考虑员工对各项技能的掌握程度，要发挥员工的优势。表2.2所示为职业生涯的8种发展方向及其特点。

表2.2　职业生涯的8种发展方向及其特点

职业生涯发展方向	特　点
技术/职能型	较高的技术技能、少量的概念技能、少量的人际技能
管理型	基层管理型人员：较高的技术技能、较高的人际技能、少量的概念技能；高层管理型人员：较高的概念技能、较高的人际技能
创造/创业型	极高的概念技能、较高的技术技能
自由独立型	极高的概念技能、极高的技术技能、较高的人际技能
安全/稳定型	一般的技术技能、一般的人际技能
挑战型	极高的概念技能、极高的人际技能
服务/奉献型	一般的概念技能、较高的人际技能
生活型	一般的概念技能、一般的人际技能

1. 技术/职能型

持有技术/职能型职业定位的职业人出于自身个性与爱好考虑，往往不愿意从事管理工作，而是愿意在自己所处的专业技术领域发展（如高级软件工程师、专家、教授等）。当技术拔尖的科技人员被提拔到领导岗位时，他们往往并不喜欢该岗位，更希望能继续研究自己的专业，走向管理岗位后反而不能发挥其专业优势。

2. 管理型

有些职业人表现出想成为管理人员的强烈动机，他们的职业经历使得他们相信自己具备从事一般管理性职位所需要的各种必要能力及相关的价值倾向。成为高级管理人员是这类人的最终目标。当追问他们为什么相信自己具备从事这些职位所必需的技能的时候，许多人回答，他们之所以认为自己有资格从事管理职位，是因为他们认为自己具备以下三个方面的能力。

（1）分析能力：在信息不充分或情况不确定时，分析问题的能力。

（2）人际能力：影响、监督、领导、应对各级人员的能力。

（3）情绪控制力：在面对危急事件时，不沮丧、不气馁，并且有能力承担重大的责任，而不被其压垮。

3. 创造/创业型

创造/创业型职业人追求通过自己的努力建立完全属于自己的东西，或者以自己名字命名的产品或工艺，或者自己的公司，或者能反映个人成就的带有标志性的私人财产。他们对新生事物和市场需求比较敏感，认为只有把实实在在的事物创造出来才能体现自己的专业技术才干。

4. 自由独立型

自由独立型职业人较为随性，不喜欢受约束，更喜欢独来独往，希望可以随心所欲地安排自己的工作方式、工作习惯和生活方式。很多有这种职业定位的人同时也有相当高的技术/职能型职业定位。但是他们不同于那些单纯技术/职能型职业定位的人，他们并不愿意在组织中发展，而是宁愿做一名咨询人员，或者独立从业，或者与他人合伙开业。其他自由独立型职业人往往会成为自由撰稿人，或者开一家小的零售店。

5. 安全/稳定型

安全/稳定型职业人极为重视长期的职业稳定和工作的保障，他们似乎比较愿意去从事这样一类职业：有保障、体面的工作，能够提供较高收入及可靠的未来生活。这种可靠的未来生活通常是由良好的退休计划和较高的退休金来保证的。对那些对安全保障更感兴趣的人来说，如果追求更为优越的职业，意味着将要在他们的生活中注入一种不稳定或保障较差的地域因素——迫使他们举家搬迁到其他城市，那么他们会觉得在一个熟悉的环境中维持一种稳定的、有保障的职业是更为重要的。对追求安全/稳定型职业锚的人来说，安全则意味着所依托的组织的安全性。他们可能优先选择到政府机关或国有企业工作。这些人显然更愿意让他们的雇主来决定他们从事何种职业。

6. 挑战型

挑战型的职业人喜欢解决难题，如战胜强大的对手等。对他们而言，参加工作的原因是工作允许他们去战胜各种不可能。追求新奇、应对变化和克服困难是他们的终极目标。如果事情非常容易，他们则会马上对其产生兴趣。

7. 服务/奉献型

服务/奉献型的职业人一直追求他们自身认可的核心价值，如帮助他人、保障人们的安全、消除疾病等。他们一直追寻这些核心价值，且不会接受不允许他们实现这种价值的工作变动或工作提升。

8. 生活型

生活型的职业人喜欢允许他们平衡个人的需要、家庭的需要和职业的需要的工作环境。他们希望将生活的主要方面整合为一个整体。正因为如此，他们可以牺牲他们职业的一些方面，如晋升。他们将成功定义得比职业成功更广泛。

需要说明的是，这8种职业生涯发展方向不是独立的，个人需要综合各种因素，并根据自己的实际情况，确定自己的职业生涯发展方向。

拓展阅读

职业生涯管理理论发展

职业生涯管理理论源于20世纪初美国职业指导运动的兴起。从学科历史发展角度看，职业生涯管理理论的演进，经历了从静态研究到动态研究的历程。在我国，职业生涯管理理论也经历了不同的发展过程。特别是改革开放以后，我国经济飞速发展，对各种专业型人才的需求日益旺盛，但同时又存在着"结构性失业"状况。为解决这一问题，对不同的群体进行科学合理的职业导引，职业生涯管理理论的研究于是在我国迅速发展起来。

1908年，"职业辅导之父"——美国波士顿大学教授帕森斯创办了职业指导局，从事职业指导工作，这也成为人们公认的职业指导工作的滥觞。1909年，帕森斯出版了《选择职业》，该书第一次运用了"职业辅导"这一专门术语，建构了帮助青少年了解自己、了解职业，以及人职相配的职业指导模式，是职业指导活动的历史性开端。帕森斯的这一理论包含了"知己、知彼与决策"三重含义，成为职业指导理论的基石。

1939年，美国学者威廉森（Williamson）出版了《怎样咨询学生》一书，其拓展了帕森斯的特质-因素理论。他将职业指导分为分析、整理、诊断、预测、咨询（处理）、追踪6个步骤，形成了一套独特的指导方法。该理论在二十世纪三四十年代占据了职业指导的主导地位。1942

年罗杰斯（Rogers）所著的《心理咨询和心理疗法》一书出版，书中提出应以当事人为中心，尊重个人自我选择的能力及自由发展的权利。同时，罗杰斯以"人性善"和"人的本质潜能的可信赖性"为依据，创立了"当事人中心"的非指导学派。

1951年，金斯伯格（Ginsburg）等人出版了《职业选择》一书，通过对不同家庭背景的大学生职业选择过程及其间所遇到的问题进行研究，提出了"职业发展是一个与人身心发展相一致的过程"，由此向动态的职业生涯管理理论迈出了一步。1953年，休珀（Super）提出了生涯发展阶段理论，重在对个人的职业倾向和职业选择过程本身进行研究。他以差异心理学和现象学作为解释职业选择的理论基础，提出了个体职业生涯发展中成长、探索、建立、维持及衰退5个阶段，以及不同阶段的任务。这一理论把职业指导上升到更高的层面，不仅以个人的发展为着眼点，也兼顾社会的需要和利益，从个体发展和整体生活的高度来考察个人与职业、个人与社会的关系。休珀生涯发展阶段理论的提出被认为是职业生涯管理理论形成的标志。

20世纪60年代至今，职业生涯管理理论得到了继续发展，具有代表性的为约翰·霍兰（John Holland）的类型论与吉列特等的生涯决定论。霍兰把人和环境区分为实际型、研究型、艺术型、社会型、企业型及传统型六大类型，以此为依据，把人的特质和这种特质所适合的工作联系起来。吉列特等的生涯决定理论则以"个体职业生涯发展过程是不断面临生涯决策的过程"为逻辑起点，提出了职业生涯管理中的预测系统、价值系统及决策系统。这些理论在一定程度上标志着职业生涯管理理论又向前迈出了一大步。

职业生涯管理理论在我国的发展，经历了初步引进、停滞与恢复发展的历程。

我国对职业生涯管理理论的引进始于民国时期。该理论的引入，与辛亥革命以后至20世纪30年代我国民族资本主义工商业的兴衰密切相关，也深刻反映了当时我国教育发展的内在逻辑。大量新式人才的紧缺和大批学校毕业生"毕业即失业"的现实，成为职业生涯管理理论被引入我国的直接动因。

1916年，中华职业教育社主办的刊物《教育与职业》第15期专门刊出《职业指导》专号，进行宣传和推介。同年，清华学校校长周寄梅为了指导学生择业，发起了择业演讲活动，聘请名人、专家进校演讲，指导学生填写工作志愿，以预测就业趋势，并为确定职业指导学科提供依据，此次活动可谓开创了我国职业指导的先河。

此后，在20世纪二三十年代，一系列有关职业指导的著作不断出版。早在1923年，在国外关于职业指导的理论研究起步时，邹恩润就编译了《职业指导》一书。该书通过对职业指导范围的界定，指出了职业指导的效用和方法，该书是我国首次系统论述职业指导的著作。其后，喻鉴清和陈重寅的《中小学升学及职业指导》、江恒源的《如何办理职业指导》、何清儒的《职业指导学》、潘文安的《职业指导》等，对我国职业指导理论和实践的研究，都具有一定的理论价值。此后，欧美和日本的职业生涯管理理论又相应地被介绍到中国来。由中华职业教育社主办的《教育与职业》杂志，几乎每期都要涉及职业指导问题。而黄炎培、蔡元培、胡适等当时的教育界名流积极投身对职业指导和职业教育的讨论中去，这使得职业生涯管理理论十分流行，对20世纪20年代的学制改革、教育改革实践活动和教育理论的丰富发展产生了重要影响。但由于当时的局势动乱，职业生涯管理理论并没有真正普遍地应用到实践中去。

20世纪30年代中期开始，随着民族危机的加剧，职业生涯管理理论也逐步退出了我国的历史舞台。

中华人民共和国成立以后的相当长时间内，各行各业建设人才奇缺，但当时实行计划经济体制，国家对各级各类的人才在配置方式上长期使用"统包统分"的政策，使得职业生涯管理理论没有用武之地。

改革开放以后，社会主义市场经济体制逐步形成和发展，促使国家就业政策也逐步向"自主择业"的方向演变，经过30多年的发展，我国职业生涯管理理论已经得到了长足的发展。

一方面，职业生涯管理理论的宏观研究蔚为大观。在职业生涯管理理论研究的初步阶段，具有代表性的有1996年出版的朱启臻的《职业指导理论与方法》、俞文钊主编的《职业心理与职业指导》等。朱启臻主要从职业指导的学科类型、职业指导的功能和原则、职业指导和其他学科的关系，以及职业指导的基本途径和研究方法等方面，对职业指导理论进行了研究和梳理，该书对改革开放以后我国职业指导理论的启动和发展具有巨大影响。俞文钊主编的《职业心理与职业指导》，则以心理学为基础，全面介绍并评价了职业心理和职业指导的各种理论，以及国外各种职业指导和职业咨询的情况，旨在帮助求职者获得具体的方法和技能，以及适应未来职业的发展等。从出版时间上看，这些著作是随着我国就业政策向"自主择业"政策的转变而产生的。其后至今，一大批关于大学生职业生涯管理理论的宏观论著也相继出版，为当今就业政策和实践提供了坚实的理论支持。

另一方面，具体到大学生职业指导方面的研究成果也相继面世。尚志平针对中等职业学校学生主编的《职业指导与创业教育》从就业政策与法规、职业素质及养成方法、就业途径、创业意识与创业教育等方面，阐释了促使中等职业学校学生掌握职业指导和创业教育的内容和掌握实现自身人生价值的技巧。鉴于在双向选择、自主择业的情况下，一些高校毕业生对这种形式无所适从，熊志梅主编了《大学生职业指导教程》一书。她把多种学说运用到该书中，厘清了学生择业、就业及创业方面的若干问题，具有较强的教育性、针对性和可操作性。此外，关于大学生职业指导和职业道德关系的一些专题性论著也相继出版，力图从职业价值取向角度指导学生职业生涯规划工作。

总体上说，改革开放以后职业生涯管理理论论著的相继出版，对推进中国社会主义市场经济体制下自主择业政策的进一步深化和落实，以及帮助缓解当今各类求职人员和大学毕业生就业困难的局面，都具有重要的理论和现实意义。

——摘自《中国人力资源开发》（有改动）

第二节　职业规划方法

一、制订职业目标法

（一）制订目标的重要性

古语说："凡事预则立，不预则废。"无论做什么事，事先有个计划或者准备，才能取得成功，不然很容易失败。研究成功者的职业发展轨迹，能发现他们大都有着明确目标。美国作家拿破仑·希尔（Napoleon Hill）在《一年致富》中有这样一句名言：一切成就的起点是渴望。一个人追求的目标越高，他的才能发展得就越快。一心向着自己目标前进的人，整个世界都给他让路。希尔认为，要走向成功，必须先确立一个明确的目标，当对目标的追求变成一种执着时，就会发现所有的行动都会带领职业人朝着这个目标迈进。目标就是力量，奋斗才会成功。

古今中外凡在事业上有所成就的人，无不有着明确而坚定的目标。英国前首相本杰明·迪斯雷利（Benjamin Disraeli）原本是一名并不成功的作家，出版了数部作品却无一能给人留下深刻印象。后来迪斯雷利涉足政坛，决心成为英国首相。他克服重重阻力，先后当选议员、下议院主席、高等法院首席法官，直至1868年实现了既定目标，成为英国首相。对于自己的成功，他在一次简短的演说中总结："成功的秘诀在于坚持目标。"

明确而坚定的目标是赢得成功、有所作为的前提，因为坚定目标的意义，不仅在于面对种种挫折与困难时能百折不挠，抓住成功的契机，让梦想一步步变为现实，更重要的是在身处逆境时，能使个人潜力最大限度地释放。

1. 关于目标对人生影响的调查

哈佛大学有一个非常著名的关于目标对人生影响的跟踪调查。调查的对象是一群智力、学历、成长环境等都差不多的大学毕业生。图2.5所示为调查对象目标分布。

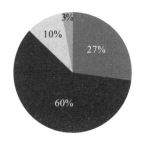

- ■ 27%的人，没有目标
- ■ 60%的人，目标模糊
- ■ 10%的人，有清晰的短期目标
- ■ 3%的人，有清晰的长远目标

图2.5　调查对象目标分布

25年后，研究组再次对这群学生进行了跟踪调查，结果如表2.3所示。

表2.3　调查结果

25年前	25年后
3%的人，有清晰的长远目标	一直朝着同一个方向努力，成为社会各界的顶尖成功人士，不乏白手创业者、行业领袖、社会精英
10%的人，有清晰的短期目标	处在社会的上层，他们的短期目标不断达成，成为行业专业人士，有体面的工作，多是医生、律师、公司高管等
60%的人，目标模糊	处在社会的中层或下层，尽管能够安稳地生活，但没有取得什么成绩
27%的人，没有目标	处在社会底层，生活得不如意，不断抱怨社会和他人，经常失业

25年的时间里，不同的人有不同的境遇，但其实他们之间的一个主要差别在于25年前，他们中的一些人知道自己到底要什么，而另一些人则不清楚或不十分清楚。

2. 目标和方向对职业发展的意义

下面这个故事同样说明了清晰的目标和方向对职业发展成功的重要意义。

比塞尔是西撒哈拉沙漠中的一个小村庄，它位于一块1.5平方千米的绿洲旁，可是在肯·莱文（Ken Levine）于1926年发现它之前，这儿的人没有一个走出过沙漠。肯·莱文作为英国皇家学院的院士，当然不相信这一说法。他向这儿的人问原因，结果每个人的回答都一样：从这儿无论向哪个方向走，最后还是要转到这个地方来。为了验证这种说法的真伪，他做了一次实验，从比塞尔向北走，结果3天半就走了出来。

比塞尔人为什么走不出来呢？肯·莱文非常纳闷，最后他只得雇一个比塞尔人，让他带路，看看原因到底是什么。他们带了半个月的用水，牵上两匹骆驼，肯·莱文收起指南针等设备，只拄一根木棍在后面。10天过去了，他们走了数百英里，第11天的早晨，一块绿洲出现在眼前。他们果然又回到了比塞尔。这一次肯·莱文终于明白了，比塞尔人之所以走不出沙漠，是因为他们根本不认识北斗星。

在一望无际的沙漠里，一个人如果只凭着感觉往前走，他会走出许许多多、大小不一的圆圈。比塞尔处在浩瀚的沙漠中间，方圆上千里没有一点参照物，若不认识北斗星又没有指南针，想走出沙漠，确实是不可能的。

肯·莱文在离开比塞尔时，带了一位叫阿古特尔的青年，这个青年就是上次和他合作的人，他告诉这位小伙子，只要白天休息，夜晚朝北面那颗最亮的星走，就能走出沙漠。阿古特尔跟着肯·莱文行走，3天之后果然来到了沙漠的边缘。

现在比塞尔已是西撒哈拉沙漠中的一颗明珠，每年有数以万计的旅游者来到这儿，阿古特尔作为走出比塞尔的第一个比塞尔人，他的铜像被竖在小城中央。铜像的底座上刻着一行字：新生活是从选定方向开始的。

从以上案例可以看出：成功，需要明确的目标和方向。有无目标是成功者与平庸者的最大区别。一个人如果不能找到自己的目标，就会在浩瀚沙漠中完全凭着感觉走，漫无目的，曲折前行，最终发现自己回到了原点，或者经过多年的辛勤努力，却一无所获。真正的人生之旅，是从设定目标开始的。如果没有目标，过日子只不过是在绕圈子。在任何一个领域取得成功的人，他们的行为几乎都指向自己设定的目标。有了目标，才会找到方向，漫无目标地飘荡终会迷路。

3. 成功的职业规划从制订合适的目标开始

当一个人下定决心之后，往往没有什么困难能阻止他们成功。一旦有了成功的渴望，内心就会产生强烈的责任感与使命感并为之努力拼搏。西方有句谚语：你想要的尽管拿去，只要付出相应的代价就行。有位哲人说："决心攀登高峰的人，总能找到道路。"强烈的动机可以让人战胜诸多的困难，无须扬鞭自奋蹄。如果至今仍不清楚自己未来发展的方向，那么请把目标写下来，矢志不渝地向着这一目标拼搏进取，如此便会敏锐地捕捉到成功的契机，顺利抵达理想的境地。

当然，除了每个人的自身条件外，影响成功的还有许多外界的因素，所以，确定一个合理的目标也非常重要。当长期从事一件事情，却看不到一点进步、一点成功的希望时，此时也许就该反思了。结合自身的兴趣爱好、能力、条件、天赋、特长，看看自己是否走错了路。如果走错了路，不要紧，那就慎重地寻找另外一条。

无论如何，不能没有目标，尽管曾经确定的目标有误，但在重新调整之后，仍会有成功的希望，只不过迟了一点。而如果人们一直没有目标，那么成功的希望，就只能用"渺茫"二字来形容了。

（二）制订目标的原则

"目标管理"的概念是管理专家彼得·德鲁克（Peter Drucker）于1954年在其名著《管理实践》中最先提出的，其后他又提出了"目标管理和自我控制"的主张。德鲁克认为，并不是有了工作才有目标，而是有了目标才能确定每个人的工作。"企业的使命和任务，必须转化为目标"。因此管理者应该通过目标对下级进行管理，当组织最高层管理者确定了组织目标后，必须对其进行有效分解，使之转变成每个部门及每个部门成员的分目标，管理者按照各目标的完成情况对下级进行考核、评价和奖惩。

制订目标看似是一件很简单的事情，但其实是很难的，制订目标必须遵循SMART原则。S、M、A、R、T是5个英文单词的大写首字母，分别代表不同的含义，如表2.4所示。

表2.4　SMART的含义

英文字母	代表词语	含 义
S	Specific	具体、明确
M	Measurable	可衡量
A	Attainable	可实现
R	Relevant	相关性
T	Time-bound	时限性

1. 具体、明确（Specific）

所谓具体、明确，是指要用具体的语言清楚地说明要达成的行为标准。目标明确是所有成功人士的一致特点。目标定得模棱两可是很多人不成功的重要原因之一，说明其没有将明确的目标有效地传达给自己。

例如，"增强客户服务意识"。这个目标的描述就不明确，因为增强客户服务意识有很多具体做法，如降低客户投诉率，去年客户投诉率是3%，今年把它降低到1.5%或者1%；提升客户服务的速度、使用规范的礼仪服务客户、制订规范的服务流程等都是增强客户服务意识的做法。所以建议这样修改，例如，一定要在今年把客户投诉率降低到1%。

2. 可衡量（Measurable）

可衡量，是指目标应该是明确的而不是模糊的。应该有一组明确的数据，作为衡量是否达成目标的依据。

如果制订的目标没有办法衡量，我们就无法判断这个目标是否实现。但并不是所有的目标都可以衡量，有时也会有例外。

例如"为所有老员工安排进一步的管理培训"。"进一步"是一个既不明确也不容易衡量的概念，"进一步"到底指什么？是不是只要安排了这个培训，不管谁授课，也不管效果好坏都叫"进一步"？建议改为"在什么时间完成对所有老员工关于某个主题的培训，并且在这个课程结束后，学员的评分要在85分及以上，低于85分就认为效果不理想，高于或等于85分就达到了所期待的结果"。这样目标就变得可以衡量了。

制订目标时遵循"能量化的量化，不能量化的质化"的原则。大家即使有一个统一的、标准的、清晰的、可度量的标尺，也要杜绝在目标设置中使用形容词等概念模糊、无法衡量的描述。要实现目标的可衡量，应该首先着眼于数量、质量、成本、时间、上级或客户的满意程度5个方面，如果仍不能衡量，其次可考虑将目标细化，细化成分目标后再从以上5个方面衡量，如果仍不能衡量，最后可以将完成目标的工作进行流程化，从而使目标可衡量。

3. 可实现（Attainable）

目标，一定要是可以实现的、达到的，不能是不可能达成的目标。例如，你让一个没有英语基础的小学生，在一年内达到大学英语六级水平，这个目标就不可能实现，这样的目标没有任何意义；但是你让他在一年内学会500个单词，就有达成的可能性。通过努力能够达成目标，才是制订目标的意义所在。

在制订目标的时候，可以制订跳起来"摘桃"的目标，不能制订跳起来"摘星星"的目标。

4. 相关性（Relevant）

目标的相关性是指实现此目标与其他目标的关联情况。如果实现了某个目标，但该目标与其他目标完全不相关，或者相关度很低，那这个目标即使被达到了，也没有任何意义。

因为工作目标的设定，是要和个人岗位职责相关联的。例如，对于公司的司机，让他学点英语以便接待外宾，这时候学习英语和接待外宾的服务质量有关联。若让他通过雅思、托福的考试，就完全没有必要了。

5. 时限性（Time-bound）

目标的时限性是指目标是有时间限制的。目标一定要有时间限制，否则，时间一长，新鲜感一过，目标就很难实现了。例如，小张在2021年10月31日之前完成某事，2021年10月31日就是一个明确的时间限制。目标如果没有时间时限，将直接导致上下级对完成目标的认识程度不同，其结果是上级急得跳脚，下级则无所适从、倍感委屈，因此，没有明确时间限定的目标，极易造成管理混乱、考核不公正，进而伤害工作关系，伤害下级的工作热情。

目标要具有时间限制。我们可以根据工作任务的权重、事情的轻重缓急，拟定完成目标项目的时限，定期检查目标项目的完成进度，及时掌握目标项目进展情况，以方便对下级进行及时的工作指导，同时根据工作计划在实际工作中的执行情况，及时地加以完善和调整。

总之，实现目标需要很多条件。我们除了遵循以上几个原则，还需要注意以下几点。

（1）清晰化。能够一句话说清楚自己的目标，并且尽量把所要的结果图像化，这样能够帮助你在实现目标的过程中区分一些事物对目标的影响，即哪些是重要的，哪些是不重要的。

（2）定期检视。定期检视自己要实现的目标与当前的进度，及时对实现目标过程中所做的事情进行复盘，找到做得好和做得不好的地方。要认识到实现目标的过程不是一帆风顺的，是曲折的，在低谷时不要灰心，积极的心态有助于我们走出低谷。

（3）奖励。一定要在自己实现目标后设定一个奖励。

（三）制订目标的方法（5W分析法）

制订目标时通常使用5W分析法。5W分析法是用5个"W"来思考职业规划，具体来说就是要解决职业生涯规划的5个具体问题。如果你能够成功回答这5个问题，并找到共同点，你就有了职业生涯目标。表2.5所示为5W的含义。

表2.5 5W的含义

Who are you	你是谁
What do you want	你想干什么
What can you do	你能干什么
What can support you	环境支持或允许你干什么
What you can be in the end	最终的职业目标是什么

一个人若回答了这5个问题，找到了它们的共同点，就可以说有了自己的职业生涯目

标。该方法尤其适合即将毕业的大学生。

1. Who are you

职业人应该对自己进行一次深刻的反思，有一个比较清醒的自我认识，把自己拥有的资源、性格特点、优点和缺点等一一列出来。

2. What do you want

这是职业人对自己职业发展的心理趋向的检查，同时也是对自己人生观、价值观的分析。

3. What can you do

这是职业人对自己能力与潜力的全面总结，一个人的职业定位最根本的是依据他的能力，而其职业发展空间的大小则取决于他的潜力。一个人的能力和潜力包括智商、情商、逆商，以及学习能力、知识迁移能力、交际沟通能力等。

4. What can support you

环境一方面指的是就业地域和行业、企业的大环境，主要包括经济发展、人事政策、企业制度、职业发展空间等，另一方面指的是家庭和个人的小环境，主要包括家庭经济情况、父母及其他亲属的人际交往关系、朋友的影响等。

5. What you can be in the end

这要求职业人确立自己的最终职业目标。当然，对这个问题的回答是建立在对前4个问题回答的基础之上的。

二、SWOT 分析法

SWOT分析法，又称为态势分析法，来自美国麦肯锡咨询公司。在企业或营业单位战略规划报告里，SWOT分析法是一个常用的工具。SWOT分析（见图2.6）即分析优势（Strength）、劣势（Weakness）、机会（Opportunity）和威胁（Threat）。因此，SWOT分析法实际上是对内外部条件进行综合分析，进而分析优劣势、面临的机会和威胁的一种方法。随着时代的变迁，SWOT分析法也被广泛运用于职业规划中，也就是职业人总结自己的优势、劣势、机会和挑战，然后结合这四个方面进行深入分析。

图2.6　SWOT 分析

（一）优势分析

在职业规划中，如果能够根据自身优势选择职业，并将自己的优势发挥得淋漓尽致，就能做到事半功倍，如鱼得水。如果选择了与自身爱好、兴趣、特长不符的职业，即使耗尽九牛二虎之力，也会事倍功半。在职业规划优势分析中，最重要的是知道自身的优势是什么，根据自己的优势，再结合自己的生活、工作和事业发展情况进行分析。具体来说，首先，需要弄清楚自己学会了什么，拥有哪些知识或技能，如在大学的学习生活中，从学校开设的课程中学到了什么有价值的知识，通过社会实践活动学会和提高了哪些知识和技能。其次，弄清楚在校期间曾做过什么，在校期间担任了哪些职务，参加过哪些社会实践活动，实习工作经验积累的程度如何等。在分析优势时，还应有针对性地选择与职业目标相一致的工作内容，坚持不懈地努力工作，这样才能使自身的工作经历具备较强的说服力。最后，需要弄清楚学习和工作经历中最成功或引以为豪的是什么。对自己成功的经历进行分析，可以发现自己的长处，如坚强的意志、创新精神、学习能力等，以此作为个人的闪光点，形成对职业规划的有力支撑。

（二）劣势分析

劣势分析通常被忽略，大多数人认为职业规划只与优势相关，然而，客观分析自身劣势对职业规划有重大的意义。做劣势分析，能够知道自己的劣势及自己不喜欢做的工作，不知道自己的劣势在哪里就会盲目自信，总觉得自己可以做好许多工作，从而长期沉浸在觉得自我很优秀的幻想里，像井底之蛙，不知道天有多高。例如，一个人不喜欢接触陌生人却选择以直销工作为起点，一个人性格强势却说自己喜欢从事客服工作，等等。找到自身的短处，可以努力改正自己常犯的错误，提高自己的技能，放弃那些对自身不擅长的技能要求很高的职业。进行劣势分析时应首先弄清楚自身性格的弱点，因为人天生有弱点，这些弱点甚至与生俱来，无法避免。经常与周围的朋友或同事沟通，了解别人眼中的自己是什么样的，与自我认知进行对比，找出其中的偏差，这有助于自我提高。其次，还应了解自身经验或经历中所欠缺的部分。最后，应通过劣势分析了解自己最失败的经历，分析失败的结果是如何造成的，以避免再次失败。

（三）机会分析

我们要正确分析目前所面临的环境，了解职业规划中面临的各种条件。在职业定位后，还必须充分结合所属行业的发展情况，这是因为社会快速变化，知识爆炸时代及科技的突飞猛进都使环境分析更加复杂。市场竞争不断加剧，对个人职业发展产生了巨大的影响，个人如果能很好地利用外部环境，将非常有助于自身的发展。目前，职业人面临着各种各样的机遇，如经济快速发展提供了更多职业，移动互联网进入日常生活让社会格局发生了巨变，创造了许多新兴的产业和行业，提供了无数机会。因此，保持与时代同步，时常了解与自己职业发展相关的行业变化趋势，掌握行业发展信息，能使职业人在职业生涯规划中抢占先机。另外，就目前我国的情形来看，城市发展的不平衡也造就了机会的地区差异，如东部沿海地区的新兴行业成长速度更快等。

（四）威胁分析

除了前面叙述的机会，在社会发展中，职业发展也面临着对应的威胁。这些通常是人无法控制的外部因素，但常常会给职业发展造成不利影响。对威胁进行客观分析可削弱这些不利因素的影响。对职业生涯规划带来外部挑战的通常包括大学期间所学专业与社会发展不同步、随着时间推移竞争加剧等。

SWOT分析法是检查职业人能力、职业、喜好和职业契合度的有力工具，通过对优势、劣势、机会及威胁进行分析，将4个方面的内容绘制在一个四象限图里并分项列出，再对其进行客观对比分析，能让人们迅速锁定职业目标，找准差距，迅速采取应对措施。

三、职业规划六步法

职业规划是一个周而复始的连续过程，包括自我评估、环境评估、职业目标确定、选择职业发展路线、制订行动计划与措施、评估与修订六个基本步骤。

（一）自我评估

自我评估包括对自己性格、兴趣、特长的了解，也包括对自己的学识、技能、智商、情商的测试，以及对自己道德水准、思维方法、思维方式的评价，等等。自我评估的目的是认识自己、了解自己，从而对自己拟从事的职业和职业目标做出合理的抉择。

许多学生毕业找工作的时候，经常出现的情况是：找工作时只考虑工作与专业对不对口，至于自己所学的专业和要从事的工作是否适合自己，从来就不曾考虑过；或者不分企业、不分行业、不分工作，盲目发送求职简历；或者在求职简历的求职意向一栏，写着技术、销售、部门经理等许多职位，而对自己没有一个明确的定位；也有的同学在就业压力下，只要有一个单位愿意录用自己，则不管该行业和该工作是不是适合自己，就赶紧签了就业意向书。

当然，在先就业后择业的观念下以上做法无可厚非。但同时应看到，以上做法都带有一定的盲目性，没有很全面并且站在一个长远角度来考虑就业问题。如果找工作之前没有经过详细分析就盲目地进行了选择，那么三五年之后，很可能发现自己仍然面临着选择的困境：继续做现在的工作，又觉得该工作不太适合自己，甚至感觉工作的每一天都很沉闷或痛苦，工作了几年也没做出太大的成绩；如果辞职重新选择别的行业或职业，则意味着放弃现在积累的一些专业知识、行业背景和人际关系，不得不付出极高的机会成本。

而实际上，比较科学理性的做法是：在找工作前，对自身的情况进行全面了解和详细分析。从自身的角度讲，了解和分析的主要因素如下。

（1）我喜欢做什么（主要包括职业兴趣、职业价值观等）。

（2）我适合做什么（主要包括职业性格、气质、天赋、才干、智商、情商等）。

（3）我能够做什么（主要包括自己掌握的专业知识、技能和工作经验等）。

（4）我擅长做什么（主要包括职业能力倾向，如言语表达、逻辑推理、数字运算等）。

（二）环境评估

职场中每个人都处于一定的社会环境之中，或多或少地与各种各样的组织有着关联。因此，职业规划离不开对这些环境因素的了解、分析和评估。所谓环境评估，一是分析和评估自己职业发展的宏观环境及其发展趋势，二是分析和评估各种环境因素对自己职业发展的影响。环境评估的主要目的是通过对环境特点及其发展趋势的分析，评估自己职业发展的机会，分析内容包括自己与环境的关系、自己在这个环境中的地位、环境对自己提出的要求及环境对自己有利的条件与不利的影响等。只有对这些情况有了充分了解，才能做到在复杂的环境中趋利避害，使自己的职业规划具有实际意义。

具体来讲，环境评估可从以下七个方面进行。

（1）经济因素。在选择职业的时候，必然会涉及对就业区域的考虑。就业区域的经济发展状况会对个人职业发展产生很大的影响。在经济发展水平高的地区，企业相对集中，优秀企业比较多，个人进行职业选择的机会也就比较多，因而有利于个人的职业发展。

（2）文化因素。文化因素包括拟就业区域的社会文化水平、教育设施和条件等。在良好的社会文化环境中，个人会受到良好的教育和熏陶，从而有利于个人职业的发展。

（3）价值观念。生活在社会环境中的人，会受到价值观念的影响，包括社会主体职业价值观的影响。价值观念、职业价值取向，通过影响个人的职业价值观进而影响个人的职业选择。

（4）人才需求情况。要调查分析社会各行业对人才的需求情况，包括社会各行业对相关方面人才的需求数量、具体要求如何，自己目前所具备的知识和技能是否为社会所需要、是否能达到社会的要求，自己在哪些方面学习和提高才能满足社会的需求，等等。

（5）人才供给情况。人才供给情况即指社会中各种就业人才的数量、技能水平等，人才供给情况分析实际是在分析人才竞争的状况，以使自己了解竞争对手的情况，与他人相比自己的优势和不足在哪里，如何才能在竞争中取得优势，等等。

（6）行业环境。行业发展前景和现状对企业未来的发展有直接的影响，进而影响个人的职业生涯发展。个人选择有发展前景的行业和职业，有助于个人职业目标更好地实现。

（7）企业内部环境。个人的发展与所在企业的发展息息相关，企业内部环境对个人的职业生涯有直接的影响。对企业内部环境进行分析，可以了解企业的实际发展状况及前景，把个体的发展与企业的发展联系在一起，并融入企业。这有利于个人做出合适的职业规划。

（三）职业目标确定

俗话说："志不立，天下无可成之事。"志向反映一个人的理想、胸怀、情趣和价值观。在准确地对自己和环境做出了评估之后，我们就可以确定适合自己、有实现可能的职业目标。在确定职业目标时要注意自己性格、兴趣、特长与选定职业是否匹配，更重要的是考察自己所处的内外环境与职业目标是否适应，不能妄自菲薄，也不能好高骛远。合理、可行的职业目标决定了职业发展中的行为和结果，是制订职业规划的关键。

（四）选择职业发展路线

在确定职业目标后，确定职业发展路线也是非常重要的。例如，是走技术路线，还是走管理路线；是走"技术＋管理"路线，即技术管理路线，还是先走技术路线再走管理路线等。职业发展路线不同，对职业发展的要求也不同。因此，在职业规划中，必须对职业发展路线做出抉择，以便及时调整自己的学习、工作，使各种行动措施沿着预定的路线前进。

（五）制订行动计划与措施

在确定了职业规划的终极目标并选定职业发展路线后，行动便成了关键。这里所指的行动，是指落实目标的具体措施，主要包括工作、培训、教育、轮岗等方面的措施。我们根据自己的行动计划可将职业目标进行分解，即分解为短期目标、中期目标和长期目标。其中短期目标可分为日目标、周目标、月目标、年目标，中期目标一般为3～5年的目标；长期目标为6～10年的目标。分解目标有利于跟踪检查，同时便于根据环境变化制订和调整短期行动计划，并针对具体目标采取有效措施。职业生涯中的措施主要指为达成既定目标，在提高工作效率、学习知识、掌握技能、开发潜能等方面选用的方法。行动计划要对应相关的措施，要层层分解、具体落实，细致的计划与措施便于进行定时检查和及时调整。

表2.6所示为一个市场营销专业大学毕业生的行动计划表。

表2.6　行动计划表

职业目标：2029年成为一家中小型公司的市场部经理

阶段	开始时间	终止时间	职业	所需掌握的知识	所需掌握的技能	能力和经验的积累
1	2021年7月	2024年6月	销售代表	销售知识、产品知识	销售技巧	如何拓展客户
2	2024年7月	2027年6月	所在公司的销售主管	领导下属的艺术	如何激励下属	团队领导能力
3	2027年7月	2029年6月	所在公司市场部经理	市场营销方面的知识	如何制订市场营销目标计划	如何把一个地区的业务迅速做大

（六）评估与修订

评估与修订是指在职业规划制订之后根据实际需要在小范围内对其进行评估和相应的调整，使其更加符合现实情况和自己的实际情况。

职业规划的科学性基于对自身及所处外部环境的科学分析。随着时间的推移，个体在自身条件和外部环境发生改变时，就需要及时修正所设定的发展路线，甚至调整职业目标。因此，职业规划不是一劳永逸的，它在个体的职业发展过程中需要不断调整和完善。成功的职业规划需要个体时时审视内外环境的变化，不断对自己的设计进行评估和修订并调整自己的前进步伐，这样才能适应社会和环境的发展变化，真正做到与时俱进。

职业规划的修订可以是对职业类型和职业发展路线的重新选择，也可以是对人生目标或某个阶段性目标及其实施路径的修正，也可以是实施措施与计划的变更，等等。只要是合理的、实际需要的，都可以调整。但是，一般情况下，方法可以更改，目标不宜轻易变化。成功的人总是在不断地变换和尝试新的方法，以实现自己的目标；而失败的人总想轻易地实现目标，当不能轻易实现时会轻易地改变目标，而这是没有意义的。

图2.7所示为职业规划六步法。

图2.7　职业规划六步法

第三节　大学生职业规划

一、职业规划中的误区

大学生在进行职业规划的过程中，由于对社会职业了解甚少，自身掌握的信息不足，再加之常缺乏有效的指导，因而容易陷入以下一些常见的误区。

（一）认为职业规划是大四时才需要思考的问题

一些刚上大学的学生常会错误地认为：经历了高考，大学应该是轻松的，找工作是大四时才会面临的问题，因此自身的职业规划等到大四时再来思考就可以了。但其实从跨入大学的那一刻开始，每一名学生就已经开始为自己的职业发展之路打各种基础了。

大学生在大学生活开始时要做学业规划，而学业规划是职业规划的基础。学业规划要求大学生在实际的专业学习和探索中选择自己喜欢、适合的专业来学习，所选定的专业不一定是自己所学的专业，因为学业规划的根本出发点是在理论和实际的探索中使大学生找到适合的、喜欢的专业，然后去深入学习这个专业。很多人因高考报专业时的轻率导致大学所学专业与兴趣有巨大错位，但这是可以更正的。

（二）认为职业规划等同于寻找高薪资待遇的工作

陷入这种误区的人主要不明白职业规划的作用。职业规划是通过对与自身职业发展相关的各个因素进行分析，从而找到适合自己、能发挥自身价值的职业发展路径的过程，而并非一个寻找高薪资待遇工作的简单过程。

职业规划的目标首先是适合，其次才是待遇好。但其实只要找到了适合的职业，薪资待遇的提高就只是时间问题，因为在自己适合的领域工作，人们会把自己的主动性和创造性淋漓尽致地发挥出来，使业绩提升，而业绩提升必然带来薪资的增长。而不适合自己的高薪资工作，会使人们在拿着高薪资的无聊中磨灭自己的创造性，从而导致不胜任或懈怠，最终业绩下滑，薪资跳水。所以说，从事适合的工作可能会因为暂时不胜任而拿低薪资，但从长远的职业发展角度看，只要能够坚持努力，一定会收获令自己满意的薪资待遇。

（三）把职业规划和日常生活割裂开来

大多数在校大学生及在职场中工作多年的人士都认为工作和生活是两码事，是不相关的，对于他们来说工作就是工作，生活就是生活；工作时不谈生活，生活时不说工作。但事实上两者是有关系的，而且有很紧密的关系。人们安身立命的根本是工作，衣食无忧的保证是工作，甚至自我价值实现都要依赖工作。从这个角度来说，职业影响生活，职业是生活的一部分。不同的职业会有不同的工作方式、思维方式、行为方式及休闲方式，人生要想取得平衡，那必须保证工作、生活的平衡，缺失任何一个方面的人生都是失衡的、不快乐的。

职业影响生活，所选择的职业会直接导致生活方式的不同。教师有寒暑假，而其他职业没有；营销工作者要在推销自我中赢得客户的认可并售出公司的产品，而从事管理工作追求的是在组织平衡中谋得最大效益。职业会影响生活，所以当选择职业时，要充分考虑这个职业能否给予自己所想要的生活。

从大的层面说，职业也是生活的一部分，做什么工作、怎么做、什么时间做等都是个人在生活中对工作的一种安排。当职业也是生活时，就得做到在一定程度上喜欢上工作，把职业融入生活的人也会把生活当作工作来经营，职业与生活本身的一些理念是相通的。

二、职业规划的制订

制订职业规划具有深远的意义，大学生应该在走出校门之前就对未来进行长期的规划。在制订职业规划时，主要的两个目的分别是找到适合自己的工作及寻求职业发展。一方面，每份工作都有长处和短处，每个人都有优势和劣势。分析、定位是职业规划的首要环节，决定着个人职业的发展方向，也决定着职业规划的成败。另一方面，制订职业规划的目的之一是寻求职业的发展，确定今后各个阶段所依赖的发展平台，并且拿出计划和措施，然后在老师的帮助下进行针对性规划。

很多人在一个工作岗位上待得久，在逐渐熟悉掌握工作流程过后，慢慢地会进入一个舒适区。但是过于舒适，会让人失去向上的动力，所以走出舒适区是迈向成功的关键一步。因此无论是自身还是管理者都应该坚决地为自己或员工设立目标，迎接更多的挑战，走出舒适区。但走出舒适区的前提应该是，将基础工作做好。下面说说制订职业规划时的几个关键点。

（一）定向

方向定错了，只会距离自己的目标越来越远。现在部分学校的专业与岗位匹配度低，一部分学生初入社会到一个新的岗位需要重新学习，因此很多学生会选择与所学专业不对口的行业。

在这种情况下，学生实际上更需要认真考虑，选择适合自己的工作岗位。方向明确了，后面的道路才会清晰。

（二）定点

所谓的定点，就是指职业发展的地点。在做选择之前，我们首先要综合考虑多方面因素。例如，是否适应当地的气候和水土，是否需要关注竞争激烈程度、观念差异等问题。选准一个方向，就能在一个地方，围绕一个职业长期稳定地发展，这对自己的资历和经验增长都有助益。

（三）定位

在工作的过程中，我们同样需要对自己本身有一个清晰的认识。要从自己的能力、薪酬期望等方面全面考量，给自己一个更为精准的定位，不可过于骄傲，也不可妄自菲薄，应选择一个更加契合自己的岗位。

每个职场人士都要清楚自己"干什么""何处干""怎么干"，把自己的职业规划做得更详细，目标更明确，这样才能从中受益，获得更长远的发展。

三、职业规划的实施

大学期间虽然短暂，但它在整个人生规划中占有重要地位，它是职业规划的起点，同时也是职业发展的准备期。大学生在校期间学习了专业知识，塑造了价值观、人生观，培养了能力，拓展了素质。根据每一年大学生的学习重点与心理特征，结合职业规划的步骤，按照自然年限划分，可将大学期间分为适应探索期、定向准备期、实践提升期和冲刺收获期4个阶段。

（一）适应探索期

大学一年级为适应探索期，这一时期的目标为：适应大学生活与自我探索。

具体实施方案为：实现由高中生到大学生的角色转变，适应大学学习特点，掌握专业基础知识，加强英语学习；开始接触职业和职业生涯的概念，特别要重点了解自己未来所希望从事的职业或与自己所学专业对口的职业，进行初步的职业生涯设计。在职业探知方面可以向高年级学生，尤其是大四的学生询问就业情况；熟悉环境，建立新的人际关系，提高交际沟通能力；如果有必要，为转专业、获得双学位、留学计划做好资料收集及课程准备，为将来的就业选择打下良好的基础；运用测评工具，了解自己的性格、兴趣、价值观、能力。

（二）定向准备期

大学二年级为定向准备期，这一时期的目标为：初步确定毕业方向及培养相应的能力与素质。

具体实施方案为：为自己选定职业发展路线，确定发展方向——找工作、考研、留学、考公务员或自主创业等；清楚不同发展方向所需基本素质和能力，通过参加学生会或社团等组织，培养和锻炼自己相应的能力。例如，打算创业的同学可加入创业学院的团队；可以尝试兼职、社会实践活动，最好能在课余时间从事与自己未来职业或本专业有关的工作，增强自己的责任感、主动性和受挫能力，并从不断总结分析中积累职业经验；增强英语口语能力，通过大学英语四、六级考试，并有选择地辅修其他专业的知识充实自己。

（三）实践提升期

大学三年级为实践提升期，这一时期的目标为：根据不同的发展方向，进行不同的实践活动，提升自身能力。

具体实施方案为：如毕业后直接工作，可以考取与目标职业有关的职业资格证书或通过相应的职业技能认证；如毕业后准备考研，可提前学习专业知识；如毕业后准备留学，可多接触留学顾问，参与留学系列活动，准备托福、雅思的考试，注意留学信息等；如毕业后准备考公务员，可参加公务员考试培训；如毕业后准备自己创业，可参加大学生创业大赛，了解大学生创业的相关优惠政策。

（四）冲刺收获期

大学四年级为冲刺收获期，这一时期的目标为：努力，实现梦想。

具体实施方案为：毕业后直接工作的要开始准备简历，学习求职技巧，进行模拟面试等训练，搜集就业信息，积极参与招聘活动等；毕业后准备考研、留学或考公务员的需要参加相应考试，并做好面试准备；毕业后准备自主创业的需要撰写创业计划书，筹集资金等。

◎ **案例分析**

以重庆某普通民办院校计算机科学与技术专业2018届大二女生小郭为例，看看她的职业规划及职业发展轨迹。

小郭在大二时，就给自己做了职业规划，采用了本章所述的职业规划六步法，具体如下。

一、自我评估

性格：亲和力强，稳重踏实，有极强的责任心，擅长与人交流沟通，注重团队协作。

兴趣：喜欢用自己所学知识编写各种小程序，同时也喜欢管理方面的工作，此外还对跑步、篮球等运动充满兴趣。

能力：能熟练掌握 HTML、DIV+CSS 页面布局，熟练使用 PS、AE、PR 等软件，可以用 JavaScript 编写简单的程序；担任过学生干部，具备一定的组织能力、良好的环境适应能力和学习能力。

二、环境评估

行业和社会环境：21 世纪是一个充满知识、信息、机遇和挑战的时代，更是一个信息科学与技术飞速发展的时代。目前就业市场上火爆的专业当属与 IT 行业相关的计算机、通信、电子、网络信息科学类专业。但 IT 行业就业竞争非常激烈，除了每年毕业的研究生、本科生、专科生等毕业生，还有大批 IT 培训机构推向市场的从业人员。

家庭环境：父母为个体户，月收入不高但较稳定，身体健康，在 5 年之内家庭不会出现大的变故。由于自己将从事 IT 行业，家人无法提供相应支持。

学校环境：学校在计算机专业领域拥有高水准的师资队伍，能够对自己所学的专业进行有效的指导，帮助自己不断提升在计算机方面的专业能力。同时学校有丰富的实践活动，能帮助自己提升综合能力。此外，学校为学生的毕业求职提供了大量的机会，能有效获得各类就业信息。

三、职业目标确定

职业目标是毕业后能进入一家大型的软件开发公司担任软件工程师；毕业后 10 年内成为一家大型软件开发公司的项目经理。

四、选择职业发展路线

基于以上分析，小郭选择的职业发展路线是："技术+管理"路线。毕业后直接参加工作，职业生涯初期侧重技术方向的发展，后期侧重管理方向发展。

五、制订行动计划与措施

为了能顺利实现职业目标，结合实际情况，制订短期、中期、长期的目标及行动计划，具体如下。

（一）短期目标及行动计划

在大学阶段，通过大一至大三的学习，掌握扎实的专业技能，不断提升自己的综合素质，最终进入大型软件开发公司担任软件工程师。表 2.7 所示为具体行动计划示例。

表2.7　行动计划示例

计划名称	时间	目标	实施策略
专业知识学习计划	大学期间	打牢基础、拓展知识领域	大一主动适应大学生活；大二多学习计算机知识，熟悉各种软件开发技术；大三深入钻研专业知识，熟练掌握几项专业技能；大四多参加实践活动，将知识灵活运用
英语学习计划	大学期间	通过大学英语六级考试，能用英语流利对话	大一通过大学英语四级考试，大二通过大学英语六级考试，大三、大四练口语，能用英语流利对话

续表

计划名称	时间	目标	实施策略
辅修专业计划	大学期间	获得第二学位	利用业余时间系统学习管理学课程，为将来走向管理岗位打下理论基础
社会工作计划	大二、大三	锻炼组织、协调、沟通能力，培养团队合作精神	大一进入学生会，同时担任班级干部，大二争取进入更大的学生工作平台，大三担任学生会主要职务，组织一些有影响力的活动
实习生计划	大三暑期	体验职场生活，积累工作经验	大三下学期，联系实习单位，暑假到实习单位实习，了解各部门运营情况，熟悉岗位工作职责及工作流程
求职面试计划	大四毕业前	成功就业	搜集就业信息，准备简历及求职信，参加面试技巧培训，参加招聘会

（二）中期目标及行动计划

2018—2023年，目标是成为前端开发类项目主管。中期目标的行动计划如下。

（1）按照公司的安排，做好各项本职工作，主动融入工作环境。

（2）结合公司的业务需求，不断地深入学习相关的专业知识，随时给自己充电，努力提升自己。

（3）与同事建立良好的人际关系，建立自己的人际关系网络，进一步提升自己的人际交往能力。

（4）以出色的业绩来证明自己的能力，争取获得晋升为前端开发类项目主管的机会。

（三）长期目标及行动计划

2023—2033年，目标是成为公司的项目经理。长期目标的行动计划如下。

（1）根据工作的各类需要，继续加强对各类专业技术的学习，增强自己在专业领域的话语权。

（2）在工作之余自学管理相关知识，不断提高自身的管理能力。

（3）积极参加各类培训与实践，提升自己的工作能力，继续积累自身的人际资源。

（4）通过努力，争取晋升为公司的项目经理。

六、评估与修订

事物总是发展变化的，因此职业规划也具有许多的不确定性。要使职业规划行之有效，就必须在实践中定期对规划的执行情况及目标的实现情况进行不断的评估，同时根据评估结果进行相应的调整。

此外，结合自身的实际情况，在未能实现担任软件工程师这一目标时，可以发挥自己在影视后期制作方面的特长，在毕业时寻找与影视后期制作相关的工作，在积累了足够的经验与资金后，成立自己的工作室。

通过以上规划，我们可以看出，小郭大学四年的目标是毕业后进入大型的软件开发公司担任软件工程师，最终成为公司的项目经理。小郭在大四上学期间便踏上了求职路。

在校期间，投递了很多简历，但都没有好的结果，很怕自己找不到工作。她通过调研发现，在重庆地区，IT类公司竞争比较激烈，于是在投递简历的时候倾向于北上广深等城市。通过多轮的面试，最终，小郭成功获得了深圳塔塔信息技术（中国）股份有限公司（以下简称"塔塔公司"）的录用通知书。

在实习期间，由于刚进入项目组，好多业务都不了解，大部分同事都很优秀，同时又担心不能顺利转正，所以小郭每天都提前一个小时到公司熟悉业务，就连中午休息的时候也还在熟悉业务，在熟悉完所有的业务之后便开始了解自动化测试框架等业务知识。实习结束后，由于良好的工作表现，小郭最终得以顺利转正，成为塔塔公司的正式员工。

成为塔塔公司的正式员工后，小郭不忘初心，保持着极强的自律性，不断积极学习软件测试专业知识，积累在此领域的工作经验。2019年5月，偶然得知武汉佰钧成技术有限责任公司招聘软件测试经理，小郭对目前的工作和未来进行全方位的评估、分析后，毅然投递了简历。经过前期的大量准备，小郭顺利通过了面试，最终拿到了该公司的录用通知书，担任测试经理，负责管理5个测试小组120余人的测试团队。

小郭能够成功，是因为其在大一的时候就对自己未来有清晰的规划。在大四找工作阶段发现问题，对自己的工作方向做了适当的调整。在成功就业后，不断钻研自己的专业领域，坚持学习，最终提前实现了自己的职业目标。

• 本章小结

1. 职业生涯是一个人一生中所有与职业相联系的行为、活动，以及相关的态度、价值观、愿望等连续变化的过程，也是一个人一生中职业、职位的变迁及工作理想的实现过程。

2. 职业生涯发展方向有技术/职能型、管理型、创造/创业型、自由独立型、安全/稳定型、挑战型、服务/奉献型、生活型8种。

3. 职业规划的6个步骤是：自我评估、环境评估、职业目标确定、选择职业发展路线、制订行动计划与措施、评估与修订。

• 课后练习

1. 请思考目标与人生的关系。
2. 用SWOT分析法分析自己的优势、劣势及面临的机会和威胁。
3. 结合本章知识，做一份详细的个人职业规划。

附：扩展文件

职业生涯规划书
范本

第三章 自我营销

　　当今社会应届毕业生就业压力越来越大，竞争也越来越激烈，怎样提高自己的核心竞争力，并且成为符合社会需求的人，成为应届毕业生立足社会的重中之重，自我营销这一概念由此应运而生。自我营销是指以个体本身为起始点，针对个人的能力和个性，采用适合自己的策略方法，有创意、独特地完成自我定位，从而确立竞争优势的过程。本章主要介绍应届毕业生在迈入职场、进行自我营销过程中的关键内容，即制作简历、掌握面试技巧及塑造个人品牌等。

第一节　制作简历

一、简历制作中的误区

任何事情都需辩证对待，简历制作也一样。一份好的简历可以为求职者带来优质的平台、更多的面试机会，是帮助求职者走向成功的必备工具；而一份失败的简历则可能成为求职者求职的障碍。因此，若精心准备的简历没有得到招聘人员认可，进而获取面试机会，就要考虑一下简历是否存在不足了。下面简单介绍一些简历制作中的误区。

（一）误区一：越多越好

"越多越好"有两层意思。第一层是"内容"越多越好，将自己的成绩单、项目经历、培训经历等像记流水账一样记录到简历里面。第二层是"纸张"越多越好，把自己所有资格资质证书、荣誉证书、获奖证书的复印件全部附上，这样一份简历就变成了厚厚的一本书。招聘人员拿着此类简历时，需一页一页地寻找所需要的重要信息，耗费大量的时间，无法快速对求职者形成准确印象，一些大企业的招聘人员会直接过滤掉这种信息过载、匹配性不强的简历。

（二）误区二：夸大经验

为了找一份比较好的工作，大学刚毕业不久或者即将毕业的同学，在简历中对工作内容的描述易出现夸大经验的问题。例如，写"负责策划过某某大型促销项目""担任某某项目总负责人"。

大学期间，只有极少数的学生会有"总负责""总策划"等全局把控型的工作经验和能力，大多数学生是没有的。经验丰富的招聘人员一眼就能看出简历中的虚假内容，夸大经验会被招聘人员反感并促使其过滤掉简历。从学生角度来看，这样的简历内容丰富，能充分体现个人能力，如果有当然可以写，但是不能夸大。

（三）误区三：过于华丽

有很多同学认为在制作简历的时候使用华丽的形容词会给自己的简历加分，示例如下。

实习企业：行业领先企业、某地区优秀的企业、某行业龙头企业。

能力方面：敏锐的洞察力、超强的抗压力、无与伦比的毅力。

任务方面："出色地完成了任务""很好地完成了任务""协助某领导很好地完成了任务"。

太多华丽的形容词会使人产生可信度不高的感觉，过于华丽的形容词是简历的负担，给招聘人员的感觉是虚假内容太多，从而无法清晰地判断你在某项工作中体现的具体能力。

（四）误区四：万用简历

做一份简历，向所有公司和所有岗位投递，这是十分致命的错误，也是常见的误区。简历的核心内容是求职意向，其他内容都应用于证明自身的能力素质符合应聘岗位的相关要求，而万用简历无法匹配每一类岗位，不具有针对性。

（五）误区五：无中生有

一些求职者在制作简历的时候，会虚构一些内容，他们认为仅罗列真实的自己的学习成绩和社会经历的简历不能引起招聘人员的注意，于是杜撰一些去"大厂"实习或工作的经历、获得知名比赛的奖项、考取的各种各样的证书、靠前的班级与院系排名等。简历中的奖项或者经历确实是加分项，但招聘人员阅人无数，会对其中的内容进行甄别，如果发现简历内容是虚构的，那么招聘人员对你的认可度将大打折扣，你会直接失去参加面试的机会。

二、制作简历中的要素

在制作简历的过程中，梳理经历、提炼要点是必不可少的工作，其中要分析个人的优势和不足、挖掘自身的潜力，发现能够证明自己拥有岗位胜任力的重要经历。在简历中需要清晰地呈现/注意以下各项具体内容。

（一）个人信息

写个人信息要把握一个基本原则——够用就好。必备个人信息有姓名、出生日期、性别、专业、学历、毕业院校、联系电话、电子邮箱等内容。

（二）求职意向

求职意向中包含求职岗位、期望薪资、目标地点、期望行业和公司性质等。求职意向是简历中核心的部分。现在，企业更愿意招聘岗位匹配度高的人才，这样的人才可以在企业长期工作，与企业一同成长。因此，求职者在求职前一定要了解自己，认识行业，了解意向岗位的需求，写出有针对性的简历。

也就是说，将求职意向分为几种类型，写不同的简历，并且列出相对应的实习、工作经验，根据不同的求职意向而改变。求职者还可以多准备几份空白简历，一旦在招聘网站上找到所需的职位，就填写并提交；也可以在招聘现场寻找不同的职位，给出相应的简历。

（三）教育背景

对于应届毕业生来说，教育背景是一个非常重要的信息，一般是根据时间先后倒序填写，主要说明教育经历。也就是说，如果你即将拿到硕士学位，先写硕士研究生阶段的教育经历，再写本科阶段的教育经历。教育经历的内容包括必要信息和可选信息，必要信息包括时间、专业、学校等，可选信息包括研究专题、研究方向、辅修课程、主修课程、活动、成绩等。高中和初中的经历通常不需要写，但是如果在此期间求职者获得了特殊奖励或经历，则这些经历可以被恰如其分地描述出来。

教育背景中的每个项目的书写要求如下。

（1）时间：清楚表达入学及毕业时间可以让招聘人员充分了解你的成长历程。

（2）学校：让招聘人员很容易就能快速知道你的受教育情况，如果你从一所知名学校毕业，那么这个学校将是你进入面试环节的敲门砖，在这种情况下，建议用粗体标出该学校。若学校的知名度不高，你可以强调实习经历、社会经验等。是否对简历中的某些内容加粗，还需根据企业的实际情况进行判断。

（3）专业：如果你申请的岗位与专业对口，专业信息最好加粗显示。如果你的主修专业与申请岗位不对口，但是拥有相关辅修课程的双学位，可强调辅修专业。例如，你主修法学，但辅修了经济学，如果你想从事保险工作，就应该淡化法学背景，强调经济学学位。如果你的专业不符合职位描述，同时也没有相关辅修经历，那就强调与工作相关的校园实践或社会实践经验。总之，应根据自己应聘的职位和过往经验做到突出优势，弱化劣势。

（4）相关课程：许多学生无论申请哪一类岗位，都会把他们在大学里学过的所有课程一一列出。这是错误的做法。正确的做法是，如果专业满足岗位要求，则不需要列出所有课程，如果你想列出，只需列出部分你熟悉且与工作高度相关的课程。如果你的专业不符合该岗位需求，但你辅修过与岗位需求一致的课程，你可以列出3～4个相关课程，如果你学习得好，可以相应地呈现你的绩点。

（5）排名情况：在简历中使用学习成绩相关数据很有说服力。如果你在班级或系里排名前5%，你可以写"排名：班级/院系的前5%"。如果你排在中间，但人数很多，应列出总人数，如"排名：100/300"，总之就是让写出的数据更加有说服力，更能吸引招聘人员的眼球。

（四）实践经历

在招聘过程中，招聘人员往往通过社会工作经历来确定求职者是否具备岗位胜任力。因此，撰写实践经历这一部分时要特别注意以下两点。

1. 使用倒叙的写法

撰写实践经历必须采用倒叙的写法，把与你意向求职岗位相关的校园实践和工作实践作为主要内容进行描述，展现你有一定的基础和能力从事该岗位，重点的经历也可以加粗显示。撰写个人简历的重要原则之一是突出优势能力和重点经历。将核心优势与工作经验、工作业绩结合起来，就可以获得更多、更优质、更大平台的面试机会。

2. 呈现匹配的经验

通常情况下，大学生社会实践经验不丰富，因此会把在学校参加的各类活动写到简历上，有些甚至与求职内容完全不匹配，只是为了显得经历很丰富，结果适得其反。求职者应当认真分析实践经历中与职位要求相匹配的经验和业绩，并进行阐述，清楚而简洁地证明自身拥有岗位胜任力。

（五）获奖状况

获奖状况在简历中也是非常重要的，获奖状况是个人学习、生活有所成就的记录单，可以证明学生在学校学习过程中的优秀。描述获奖状况一般会采用两种方式。一是通过倒叙的方式，以时间为基准倒述获奖状况，如"2018—2019学年，荣获……一等奖""2017—2018学年，荣获……比赛特等奖"。二是以所获奖项的级别为基准进行描述，这也是大多数求职者制作简历时的做法，将所获奖项按照从重到轻的顺序进行罗列，如"2017—2018学年，荣获全国……；2018—2019学年，荣获山西省……；2019—2020学年，荣获学院……"。

此外，表述获奖状况时要准确描述所获奖项的名称、级别，呈现的获奖信息必须真实，有些招聘人员可能会鉴别求职者获奖状况的真伪，如果发现你并没有这项荣誉或者奖项，那么你将会失去面试的机会。

（六）自我评价

自我评价是对自身情况的高度概括，它应当能够让招聘人员在看过后就对求职者有一个大概的认识。同时，招聘人员也会根据求职者的自我评价来了解求职者的总结能力、归纳能力和自我认知水平。在书写自我评价时应当注意以下4个方面。

1. 重点突出

撰写自我评价时首先要了解求职岗位能力需求重点和自己的特点有哪些，结合自己的优势能力和求职岗位能力需求重点进行介绍。众多简历中的"自我评价"栏罗列的都是无实质性作用的内容，没有结合岗位需要的能力及自身的优点和特长进行描述，使招聘人员看完求职者的自我评价不会产生任何触动，这样的自我评价就是失败的自我评价，严重的还有可能造成招聘人员的反感。

2. 实事求是

虚假、夸张的自我评价，会让招聘人员认为求职者是一个不着边际的人。因此在自我评价过程中，要以实事求是的态度对自己的优势进行提炼和描述。

3. 客观描述

在标准简历中，应当客观地将自己的优势介绍完整。一般情况下，自我评价内容要包括综合能力和专业技能两个方面，其中能够使用数字量化的指标应当尽可能使用数字进行量化，以增加可信度。如3年学生会干部工作经验，2年社会实践经历、实习工作经验，熟悉通信基础、简单局域网调测，熟悉项目操作各个流程及控制，具有良好的英文写作及表达能力。在这段描述中前半段是对综合能力的描述，后半段是对专业技能的描述；在描述过程中还使用了"3年""2年"这样明确的数字，具有较高的可信度。

4. 有关键词

在编写自我评价的时候，不应该一股脑地往上堆砌，而应该有关键词，有侧重点，由关键词引出后面的详细内容，这样招聘人员看着清晰明了，自己写简历的时候也可以理清楚逻辑。例如，"有很强的组织协调能力：在××公司负责并组织××人有序高效地完成了某项工作；善于表达，逻辑清晰：参加××辩论比赛获得一等奖。"采取这样的方式，可以很直观地将自己的优势向招聘人员展现出来。

（七）文稿校对

在初稿设计完毕以后，要认真校对，校对主要针对初稿内容的细节部分，检查内容是否完整、是否有错别字、标点运用是否合规、语句是否通顺、罗列信息时是否先重后轻等。采用的调整方式主要有改正、删除、增补和对调等。在校对完毕以后，要请他人评审，如果有简历制作知识丰富的老师或朋友，则请他们从招聘人员的角度帮助修正，通过不断的修正形成定稿。

（八）打印装订

一份简洁明了的简历是十分受欢迎的，简历一般1～2页。制作的简历越符合工作要求，求职者越有可能获得面试机会。

对于毕业生来说，求职时携带的简历、证明材料等有很多，这就涉及如何装订的问题。可以考虑使用抽杆夹进行装订，这种装订方式较为正规，并且便于招聘人员在搜集完简历后做二次处理，这一方式在实际应聘过程中使用较多。

同时，简历的设计也并非一定要很华丽，尤其是简历的封面应当简洁大方。

此外，在打印简历方面也需要格外注意，由于简历会被经常翻动，所以尽量选择柔韧度高的纸张进行打印。

三、简历制作中的技巧

有些人觉得自己的简历做得不错，但投了许多，没有收到回复。一个很重要的原因是简历没有引起招聘人员的注意。简历没有引起招聘人员的注意，很大程度上是因为求职者只从自己的角度制作简历，而没有从招聘人员的角度。招聘人员可能没有时间仔细筛选，求职者要清楚简要地表达重要内容，因此求职者应掌握制作技巧，以便制作出吸引招聘人员的简历，使求职者成功。

（一）用心写好实践经历

写简历是应届毕业生找工作的第一课。实践经历是简历中重要的部分，也是公司招聘人员考虑求职者时重要的因素。在书写实践经历时可使用以下两个技巧。

1. 选用关键词

关键词的选用涉及动词、数字、对象、工具、流程方法与达成效果等方面。

（1）动词的选用。

选用动词除了能展现语言艺术、增加事物的形象性以达到传神效果，最重要的是能充分体现在相关实践中求职者所起到的作用。例如，"独立负责"的使用充分体现了求职者不仅能独当一面，而且能体现求职者的责任感；如果描写实践经历时多次出现"协助配合""参与"，则达不到如此效果，甚至会让人认为求职者有待锻炼，与岗位要求还有差距。

（2）数字的选用。

选用数字会让描述的实践经历简约、明显，能达到让人一目了然的效果，且数字会让招聘人员知道求职者是否具有足够的经验，从而判定求职者是否符合岗位的要求。在实践经历描述过程中，合理选用数字具有许多积极的作用。

（3）对象的选用。

选用对象时的关键在于选用的对象最好是与求职单位相吻合的单位，范围不要太广，要具有针对性，要做到有的放矢。例如，某位求职者在应聘市场专员时，在个人简历中介绍自身社会实践经历时描述"2021年暑假，在××外语学校担任英语教师""2022年暑假，在××电视台新闻频道实习"，这种实践经历与市场专员要求的能力不具有相关性，无法吸引招聘人员。

（4）工具的选用。

选用工具的主要目的是让招聘人员了解到求职者在完成工作任务时所采用的思维模式具有创新性，为达成工作目标所采用的工作方式是有效的。对同一工作任务、同一工作目标，不同的人会采用不同的思维模式和工作方式，而往往正是采用的思维模式和工作方式最能体现一个人的工作技能和所存在的潜力，也最能体现求职者是否具备在该公司工作所应具备的专业技能。某求职者在简历中介绍自身社会实践过程时写道："制订分析模板，分析了53个企业的营运能力、偿债能力、盈利能力和获现能力。"可见，在分析企业的营运能力、偿债能力、盈利能力和获现能力时，求职者采用的工具是"分析模板"，这样的描述能让招聘人员充分认识到该求职者具有做市场专员的专业技能和潜力。

（5）流程方法的选用。

流程方法的选用可以体现求职者在做一项事情时的工作思路是否清晰、合理和科学。

（6）达成效果的选用。

达成效果主要描述求职者在实践过程中所获得的成果，选用达成效果的主要目的是肯定上述一切关键词，达成效果是在所有关键词里面最重要的部分。

2. 使用STAR原则

STAR，即Situation（情景）、Task（任务）、Action（行动）和Result（结果）4个英文单词的大写首字母组合。STAR原则是指导结构化面试的重要理论，可在进行实践经历描述时同样使用。

S指的是Situation，中文含义是情景，也就是在实践过程中要描述事件所发生的背景状况。

T指的是Task，中文含义为任务，即考察应聘者在其背景环境中所执行的任务与扮演的角色，从而考察该应聘者是否做过其描述的职位及其是否具备该岗位要求的相应能力。

A指的是Action，中文含义是行动，即考察应聘者是如何执行任务的。

R指的是Result，中文含义为结果，即执行该项任务所达到的效果。

一般来说，应聘者简历上写的都是结果，描述自己做过什么、成绩怎样，比较简单和宽泛。招聘人员在阅读这样的简历时需要了解求职者是如何做出这样的业绩的，做出这样的业绩用了什么样的方法、用了什么样的手段。通过了解这些，招聘人员可以全面了解应聘者的知识、经验、技能，以及工作风格、个性和与工作相关的其他内容。因此在进行实践经历描述时，采用STAR原则不仅能够让内容条理清晰，还能有效引起招聘人员的注意。

（二）适当体现个性色彩

市场竞争本质上是差异化竞争，其中产品、渠道、价格、促销、形象、人员、服务等竞争要素是差异化竞争的载体。个性化色彩，意指有自己的特色，创造与众不同的效果。

招聘人员不愿意看到的是那些太相似的简历，千篇一律的简历会让人产生厌倦甚至厌恶的感觉。大部分应届毕业生经常犯这样的毛病，把别人的简历拿过来，套个格式，改改内容就完成简历制作了。此类简历使招聘人员非常反感，让其看不出不同应聘者之间的差异，因此往往会批量淘汰应聘者。然而，对应届毕业生来说，简历相似也是不可避免的，因有着相似的经历，简历当然也是差不多的。但有些应届毕业生会用不同的方式写同样的东西，这就是能力的体现。

在简历的制作过程中需要进行创新，但创新需要适度，只有合适范围内的创新才能真正地体现应聘者的个性色彩，从而引起招聘人员的兴趣。在创新简历的过程中，应当重点把握以下3点。

（1）简历创新要把握方向，切不可偏离目标。制作简历的目标是获得面试的机会，能获得招聘人员欣赏并且让求职者得到面试机会的简历才算好简历。

（2）简历创新要慎重，千万不要离谱，要以招聘人员能接受的方式进行创新，否则会适得其反。

（3）简历创新应该从招聘人员的角度出发，将公司的具体情况和自身的情况有机地结合起来，使所有的创新都为求职服务。

（三）巧妙使用专业术语

用人单位关心的是应聘者的学历、经验、能力和潜力，若应聘者学会用优势弥补劣势，简历就不会石沉大海。但在1～2页的简历中，如何将自身的特点和优势体现出来，又独树一帜呢？在写简历之前，要把所有的内容都写下来，先把类似的内容组合起来，然后再分类装进篮子，再装进篮子下面的小篮子；然后在小篮子里写字，每个篮子都有一个主题；最后从头到尾，梳理几遍，从而有因有果，由浅入深，由表及里，层层相扣。

除了将自己在校期间的经验、实践、爱好、专长、获奖情况、技能水平，以简洁的语言、量化的数字表现出来，也可以将申请职位的专业特点体现出来，将其生动地展现在招聘人员的眼前。每个专业都有术语，简历中可以恰当地引用术语，以更好地展示自己对该职位的胜任力。例如，你去应聘财会岗位，可以用"财务决算""利润分析""资金平衡表""资金周转率"等；你去应聘IT岗位，可以用"Java""Web""SAP""DBA""Lotus Notes""AS400和RS6000""嵌入式程序开发""Unix后台进程的实现""MFC的多文档模板的加载""数据库SQL语句查询"等。若简历可以体现你的专业素质和专业水平，以及对申请职位的深刻理解，那么这样的简历是适当的、合格的、合理的、可取的，将有助于提高你进入面试环节的成功率。

（四）避开简历制作的禁忌

每次投出简历，我们都会期待被回复，但往往事与愿违，有时得不到一句回复，这会反复打击我们的信心。出现这种状况很可能是由于在制作简历的过程中触犯了某些禁忌。在简历制作的过程中，应当避免出现以下错误。

1. 简历有明显缺陷

简历好比求职者的"脸面"，如果出现错字、时间顺序混乱或内容错误等情况，无疑会让招聘人员觉得连自己"脸面"都收拾不好的人，工作可能也好不到哪儿去。所以，简历填写完毕后，求职者要反复查阅，核对无误。

2. 不注明应聘岗位名称

对那些每天收到数百份甚至数千份简历的招聘人员来说，删除一份不包含应聘岗位名称的简历是可能的，原因在于这类简历没有明确表达求职者的意图，而招聘人员不会猜测求职者想应聘什么岗位。

3. 简历与招聘岗位要求明显不符

若简历显示的工作经验和申请职位的要求差距太大，简历也会被招聘人员淘汰。例如，公司想招聘软件开发人员，简历却显示求职者在销售或客户开发方面具有工作经验。

4. 简历呈现"频繁跳槽"的经历

企业比较喜欢稳定的求职者，不喜欢"频繁跳槽"者，求职者频繁更换工作，很可能会被企业拒之门外，现在互联网企业一般认可的跳槽频率是5年2～3次，除非你是这个行业内少有的人才。所以求职者如果有频繁跳槽的经历，要特别注重写作技巧，但不应有所隐瞒，否则有可能造成简历不真实，也有可能弄巧成拙。

5. 简历的内容过于烦琐

一份内容完整丰富、重点突出又看起来轻松的简历，会增加求职者进入面试环节的机会。招聘人员希望可以直接清楚地看到求职者的优势和能力。这要求不管是排版还是内容，都要追求极简，简历看起来越简单越好，这样招聘人员不需要专门寻找重点内容。

第二节　成功面试

一、面试基础理论

（一）无领导小组讨论

无领导小组讨论（Leaderless Group Discussion）是采用情景模拟的方式对求职者进行集体面试的方法，是企业在面试的时候经常使用的一种测评技术。无领导小组讨论指由一定数量的求职者（通常为6～9人）组成一组，进行一小时左右的与工作有关问题的讨论，讨论过程中不指定谁是领导，也不指定求职者坐的位置，让求职者自行安排组织。评价者通过观测求职者的说服能力、组织协调能力、口头表达能力等各方面的能力和素质，来判断其是否达到拟任岗位的要求，以及其进取心、自信程度、反应速度、情绪稳定性等个性特点是否符合拟任岗位的要求，由此来综合评价求职者，选出合适的人才。

1. 无领导小组讨论考察的内容

（1）求职者在处理实际问题时的职场关键能力，主要包括问题分析能力、抓住主要矛盾的能力、推理能力、表达能力、创新力等。

（2）求职者的性格特征和行为习惯，主要包括心理动机、自我效能、思维习惯、灵活性等特点，还包括思考问题、解决问题的角度等。

（3）求职者行为礼仪，包括求职者的仪表外貌、穿着、细微动作等。

（4）求职者的习惯性行为，主要是求职者在与团队中他人互动的过程中所表现出的习惯性行为。

（5）应变能力，包括在实际情景中，解决突发性事件的能力，以及能否快速妥当地解决棘手问题。

（6）言语表达，考察求职者言语表达的逻辑性、重点内容突出性、表达流畅性和清晰性、语言的组织性和说服性。

（7）求职者与岗位的匹配性，主要包括求职者对个人事业的追求，具备的清晰的奋斗目标，展现的积极努力、兢兢业业、尽职尽责的品质特征与岗位的匹配程度。

2. 无领导小组讨论的类型

根据讨论的主题有无情境性，无领导小组讨论可分为情境性讨论和无情境性讨论。情境性讨论一般把求职者放在某个假设的情境中进行；无情境性讨论一般针对某一个开放性的问题进行。

3. 无领导小组讨论的题目形式

无领导小组讨论的问题从形式上来分，可以分为以下5种。

（1）开放式。

开放式问题，主要考察求职者的思维是否有针对性，思路是否清晰，思考是否全面，是否有新的想法和观点，答案可以非常宽、非常广。例如，你认为什么样的领导才是好的领导？针对这个问题，求职者可以从领导者的亲和力、领导者的人格魅力和个人能力、领导者的管理取向等多方面进行回答。开放式问题容易提出，但不容易用它来评估求职者，因为这类问题不容易引起求职者之间的讨论，而且考核的能力范围有限。

（2）两难式。

所谓两难式问题，就是要求求职者从两个答案中选择一个的问题，主要考察求职者的思维判断力、语言表达能力及分析能力等。例如，你认为一个以工作为导向的领导者是一个好领导者，还是一个以人为导向的领导者是一个好领导者？一方面，这类问题很容易让求职者理解，并且可以让求职者进行充分的辩论；另一方面，它们方便于评估者准备问题及有效地评估候选人。然而，值得注意的是，待选择的两个答案必须有相同程度的利弊，而不是一个答案有明显的选择性优势。

（3）排序选择式。

例如，作为产品研发人员，在选择上游供应商时，你更看重供应商的供货时间还是货品质量？

排序选择式问题主要考察求职者对各种可能方案进行选择的能力，以及求职者分析问题本质，抓住主要矛盾的能力。

（4）资源分配式。

例如，部门现在可以调动的资金只有100万元，如何在不同项目之间进行分配？

企业资源在任何情况下都不是无限的，资源分配式问题考察的是求职者的问题分析能力、逻辑思维能力、市场敏感性、说服能力等。这类问题要求求职者分析各项目的重要性、未来可能产生的效益，甚至要考虑各项目负责人的执行能力和权限。同时求职者也要在协调资源分配上与各项目负责人进行有效沟通，理性说服，争取各项目负责人的认可与支持，保证各项目顺利完成。

（5）实际操作式。

提出实际操作式问题后，面试官会给求职者分配各类所需要的材料和工具，要求求职者充分利用给定的材料和工具，完成一个或一些指定的任务目标，重点考察求职者的动手能力、团队合作能力、创造性完成任务的能力等。这类问题对求职者的语言沟通能力要求不高，但需要求职者在充分理解任务的前提下积极主动承担任务。

4. 无领导小组讨论的技巧

（1）专注于展示你的长处。在一些细节上突出自己的优点，如坚持不懈、认真、勤奋、细心、宽容等，这些都是公司非常注重的方面。

（2）在发言中遵守社会主流价值观。虽然面试官在介绍题目时会说观点并没有对错之分，但求职者不应该试图说出过于激进的言语。记住，生活在这个社会，你必须遵守社会主流价值观。

（3）一定要全面分析理解面试官发布的问题，做好记录，防止遗忘和疏漏。对不理解的地方可以要求面试官重复提示，但多次要求可能会被认为理解能力差，而认真记录会给面试官留下你很认真的印象，获得加分。

（4）集体面试中存在竞争，求职者应扮演好几个关键角色，如第一个发言者、计时者、记录者、协调者、总结发言者等，同时要在适当的时候成为倾听者，在合适的时机配合与补充，这样可以充分展现自己的团队意识，给面试官留下你情商高的良好印象。

（5）要让面试官注意到你，就要充分把握住自己发言的几分钟。在无领导小组讨论中，每一个人都会有发言的机会，这是求职者完全展示自己的时刻。求职者要做好充分的发言准备，列好提纲，将自己的观点逻辑清晰、重点突出地表达出来，这一步可能就是你通向职场的转折点。

（6）充分展现你的素养。不要做不礼貌的小动作，如四处张望、用手指人等，说话要注意语气、音量。

5. 无领导小组讨论中应注意的问题

（1）发言积极主动。

在面试开始后，第一个表达个人意见的求职者会立刻引起面试官的注意，表达意见不仅会给面试官留下深刻印象，而且还可能引导其他求职者的思想和意见，从而使自己在小组中发挥领导作用。表达自己的意见后，还要认真听别人的意见。

（2）把握讨论方向。

讨论中重要的部分就是有人能明确讨论主题，并在关键时刻纠正讨论方向。

（3）说服对方。

当别人处于焦虑不安的状态时，不要试图马上去改变他们的观点。因为当情绪激动时，感性多于理性。一个人在感到压力持续增加时可能会更坚持原来的观点，并且做出过激行为，进而导致难以接受的结果。在说服对方时，试着找到与对方的共同点，引起对方的共鸣，加强对方对你的观点的认同。此外，在说服过程中，要使用有说服力的证据，用简洁明了的语言阐明观点。

（4）避免使用敌对的语言。

反驳对方的观点时不要说敌对的语言，这样不能达到有效的反驳效果。从心理学的角度来看，敌对的语言会导致对方的抵抗，进而使对方很难倾听别人的意见。

（5）言辞真诚可信。

能够站在对方的立场上，理解对方的观点，在此基础上，找到共同点，引导对方接受自己的观点。在整个过程中你必须真诚，用更深入的分析和更充分的证据说服对方。

（6）先肯定后否定。

当对方提出一个观点，且并不同意你的观点时，可以先肯定对方的观点，然后转折一下，最后予以否认。先给予肯定，才能使对方放松，接受外部信息。肯定是手段，否定是目的。先肯定后否定，这样能顺畅地表达反对意见，且更容易使对方接受。

（7）摆事实，讲道理。

要得到面试官的认可，就要在表述自己的观点时引用客观事实、道理。

（二）结构化面试

结构化面试是一种科学严谨的甄别人才的测评方法。整个评价过程需要遵循一套标准和规范。结构化面试根据特定岗位的工作职责及对应的胜任能力要求，遵循固定的程序，采用专门的题库、评价标准和评价方法，使每一个求职者面对的问题完全相同。面试官通过与求职者面对面沟通交流等方式，来考察不同求职者对相同问题的回答是否符合岗位的实际需求，从而保证选择的公平性和公正性。结构化面试的要点主要如下。

1. 举止规范且自然

求职者从出现在面试官的视线中开始，就要注意自己的行为举止，要稳重，不左顾右盼。站定时要抬头挺胸。站定之后向面试官问好，行礼鞠躬。坐下之后，不能弯腰驼背，给人不精神的感觉。也就是说站有站相、坐有坐相，不能有多余的小动作。良好的举止会给面试官留下自信阳光的印象。

2. 声音洪亮，表达流利

面试官一天会面试好几个求职者，再加上现场一些不可控因素，非常容易疲惫，所以求职者在进行面试的时候一定要声音洪亮。表达流利也是很重要的，千万不要因纠结内容和思考措辞结巴。有求职者在面试上出现过因为表达不流利，说了几十个"嗯"，最后分数垫底的情况。

二、面试流程解析

（一）面试前的准备

智者"不打没有把握的仗"。求职者在求职道路上也应该尽力去做有把握的事情。所以从接到面试通知的那一刻开始，就应该抖擞精神进行面试前的准备。可以准备的内容如下。

1. 了解目标公司

首先要了解公司所属的行业及公司背景。背景包括企业文化、薪酬水平、发展历史、组织结构、重大事件、员工稳定性、项目、产品等。需要关注的方面有两个：当前公司的财务状况及公司未来的战略规划。这关系到求职者未来的发展空间。求职者也需要了解企业文化甚至公司创始人职业经历，对公司了解得越全面、深入，越有利于在面试中良好地发挥，提高面试成功率。

2. 了解目标职位

面试前调查研究公司和职位是获取有用信息的有效途径。求职动机是面试过程中的一个重要评价因素。面试官经常问这样的问题：如果你被雇佣了，你会怎么工作？你知道我们单位吗？你为什么申请这个职位？你了解你申请的职位吗？这些问题没有标准的答案。在面试过程中，求职者回答每一个问题都应有根据，从客观现实出发，从申请单位的实际情况和立场出发，否则所有的答案都会不切实际，面试难以成功。

为了在面试中取得成功，需要调查并理解以下4个方面。

（1）调查求职单位所处的行业、组织规模、行业排名等。

（2）调查求职单位的人员组成、年龄结构、专业需求、组织氛围、重要成员身份和关系等。

（3）调查求职岗位各方面的信息，如工作内容、主要职责、工作环境，以及对专业能力、一般能力、性格品质、职业动机等方面的特殊要求。

（4）充分关注求职单位的各种新闻及有关报道，有针对性地对岗位或行业的政策及发展动向进行分析。

3. 做好着装准备

俗话说"人靠衣装"，端庄整洁的服装体现了对面试官和面试公司的尊重，展现了一个人的精神状态和文明程度，着装也是面试过程中面试官衡量人品的标准之一。此外，面试时穿着得体可以增强你的自信心。着装既是内在情感的反映，也会给人直观的第一印象，所以求职者要注意自己的外在形象。

4. 科学安排时间

记住永远不要迟到！最好提前10～15分钟到达，这样你才能在面试前调整心态，让自己顺利、平静地进入面试室，而不是冒冒失失地闯进面试室。如果面试的公司在市区，交通比较便利，那么你需要考虑的是是否会有交通堵塞等。如果面试的公司在郊区，就需要预留更多的时间以应对路上可能出现的紧急情况。迟到会给面试官留下不好的印象。

5. 增强自信心

增强自信心主要有两个方法。一是充分了解申请公司的客观情况和业务，自信能回答好业务问题。二是模拟面试中所有可能的流程，包括着装模拟和问答模拟。要在面试前反复阅读简历，并牢记在心，那么这样在介绍自己时就可以放松下来，并在面试时不断增强自信心。如果你还不确定，那么可以在面试前参加一个模拟面试，以帮助你进一步掌握相关信息，增强自信心。在面试过程中，你需要积极应对面试官可能提出的问题，不要目无一切，也不要失去自信心。

6. 充分思考业务

面试通常分为两类，一类与业务相关，另一类与人事管理相关。大多数面试考查的重点当然是与业务有关的内容。因为招聘决策权通常掌握在业务主管手中，除非你申请的是行政工作。既然重点在业务部分，主要有两个思路：一是如何更好地维持公司目前的业务，应对竞争对手，降低运营成本，保持目前的竞争优势；二是如何拓展公司目前的业务，增加利润点，增加市场份额，增加公司的品牌优势。这是业务层面的基本思考点。无论哪个行业，思路应该都差不多。

（二）面试过程

面试过程是整个面试的重中之重，在面试过程中，我们要把握好面试要领。

1. 消除紧张感

由于面试结果与求职者的未来息息相关，求职者在面试时往往会有紧张情绪，尤其是应届毕业生，往往因过大的压力导致面试失败。在面试中紧张是很常见的，由紧张导致的慌乱、粗心大意、说东说西、言语无法表达意思的情况十分常见。那么如何克服和消除面试中的紧张情绪呢？

（1）接受紧张情绪。

面对竞争，每个人都会紧张，这是正常的。在面试中你紧张，别人也紧张，也许别人比你更紧张，我们要接受这个客观事实。同时要自我暗示，提醒自己冷静下来。常用的方法是承认自己现在比较紧张，把面试官当成熟人看待，通过倾听来消除紧张。

（2）看淡成败。

"胜败乃兵家常事"，要这样提醒自己：面试成功固然好，若这次不成功还有下次机会。而且要告知自己即使这次求职不成功，也并不意味着自己一无所获，只要认真分析面试失败的原因，总结教训，就可能在下次面试时获得成功。总之，不要纠结于面试的结果。

（3）准备充分。

实践证明，面试前准备得越充分，越不容易紧张，因为面试官提出的问题全在意料之中，自然就不会紧张了。而且在应对自如的情况下，求职者会越来越自信。除了面试的知识、技能、心理准备，求职者还要了解和熟悉求职的常识、技能、基本知识，必要时，可以模拟现场，互相指点，互相帮助，以缓解面试时的紧张。

（4）增强自信。

求职者往往要应对多个面试官的面试和提问，多个面试官自然会形成压力，这是导致求职者紧张的客观原因之一。面对这一情况，求职者要控制好自己的视线范围，适当压低声音，这样可以增强自信，减少紧张情绪，并继续努力，从而提高面试成功的概率。

2. 注意文明礼仪

（1）保持安静。

在等待面试的时候，不要到处走动，不要东张西望，与其他求职者谈话要尽量降低音量，避免影响别人，最好的办法是抓紧时间积极准备，或者带一本专业书打发等候时间，这样也可以消除紧张感。

（2）讲究礼貌。

进门时应主动打招呼："您好，我是……"如果是对方主动约你面谈，要感谢对方提供这样的机会；如果是你约对方面谈，一定要表示歉意和谢意："对不起，打扰您了，非常感谢……"面试时要真诚注视对方，表示对他的话感兴趣，不可东张西望、心不在焉、不停看时间等，否则就是对对方的不尊敬。另外，对面试官提问的反应要适度，要尽可能回答。

（3）自然得体。

表情越自然越好，在对方没有请你坐下时切勿坐下，请你坐下时，应表示感谢。在整个面试过程中，要注意自身动作，不要有挠头皮、抠鼻孔或跷二郎腿、抖腿的情况，另外各种手势也要恰当得体、自然。

3. 实现有效沟通

面试时的语言表达往往能表明一个人的成熟度和综合素养。掌握语言表达技巧对求职者来说无疑是很重要的。在面试过程中注意倾听，以及合理运用口语和肢体语言是实现有效沟通和获得目标职位的关键。

在整个面试过程中，面试问答是能否实现有效沟通的核心环节，也是求职者十分关心、十分畏惧的一个环节，因为在这场"考试"中，很多人会认为成绩的好坏仅取决于此。实际上，整个面试过程都是求职者被考核的过程，虽然并非所有的成绩都取决于此，但是面试问答仍旧有着非常重要的作用。在问答过程中，求职者应遵循诚信、自信两大基本原则，尽可能在回答问题的过程中展现自己正面、积极的一面。

（三）面试结束

面试的结束并不意味着求职过程的结束。在面试结束的同时，求职者应当积极为自己的应聘成功再做一些努力。具体可以在以下两个方面做一些尝试。

1. 面试结束后的现场询问

当面试官在规定的时间内完成面试时，他会礼貌地请求职者回去等待通知。这时候，求职者可以礼貌地感谢对方，可以再次恰当地表达自己对这份工作的渴望，或者询问什么时候能得到通知。这种努力可能给面试官留下深刻印象。当然，是否适合问、适合询问什么内容等都应当根据实际情况来判断，不能生搬硬套。

2. 面试结束后的跟进

面试结束时面试官总要说一句："若有进一步的消息和安排，我们会和你联系的。"很多人简单地理解为这样面试就结束了，其实不然，面试结束，求职过程并未完。当面试正式结束后，求职者还应当及时跟进。据统计，用人单位接到过的面试结果询问电话次数不超过招聘量的5%，绝大部分人只是被动等待，一段时间没有消息就当作被淘汰了。面试后，公司有时很快出结果，有时候因为各种各样的考虑因素不能马上决定，会拖很长时间。后者很常见，所以人们想进入一个单位，即使长时间没有消息，也不要担心，只要坚持下去，仍有峰回路转的可能性。

常见的跟进面试的方式是拨打电话，当电话打不通的时候，发电子邮件是一个很好的方式，即把你的感受、想要入职的渴望通过电子邮件表达。在某些情况下，发电子邮件可以帮助你。

（四）面试的禁忌

为提高面试的成功率，求职者应该了解面试禁忌，具体如下。

1. 面试中，忌不当用语

（1）报有熟人。

"我认识你们单位的××""我和××是同学，关系很不错"等。这种话面试官听了会反感。

（2）急问待遇。

"你们的待遇怎么样？"工作还没干，就先提条件，何况还没被录用呢！谈论薪资待遇无可厚非，只是要看准时机，一般在双方已达成初步意向时，再委婉地提出。

（3）不合逻辑。

面试官说："请你告诉我一次失败的经历。""我想不起我曾经失败过。"如果这样说，在逻辑上讲不通。又如："你有何优缺点？""我可以胜任一切工作。"这也不符合实际，而且自大的态度也会让面试官觉得你不够诚恳。

（4）本末倒置。

例如，一次面试快要结束时，面试官问求职者："请问你有什么问题要问我们吗？"这位求职者问："请问你们的单位有多大？请问你们在单位内担任什么职务？你们会是我的上司吗？"这样的询问就是本末倒置。参加面试，一定要把自己的位置摆正，这位应聘者就没有把自己的位置摆正，他提出的问题已经超出了应当提问的范围，会让面试官反感。

（5）缺少主见。

在面试的过程中，一定要有主见。例如，面试官问求职者："请问你是否有自己的职业规划？"求职者答道："我从来没思考过职业规划问题，我以前都是听家长的安排。"这些回答会让面试官思考如果录用这位求职者，他来不来还得得到他家长的同意，这样自然会降低求职者面试成功的概率。除此之外，现代职场人士都应该制订自己的职业规划，因为个人只有依据各自计划要点充分发挥自我潜能并合理运用环境资源，才能达到既定的人生目标。

（6）不当反问。

面试官问："关于工资，你的期望值是多少？"求职者反问："你们打算出多少？"这样的反问就很不礼貌，很容易引起面试官的不快。

2. 面试中，忌不良习惯

面试时，个别求职者由于一些不良习惯，破坏了自己的形象，使面试的效果大打折扣，导致失败。

（1）行：反应迟钝，手足无措，慌里慌张，明显缺乏自信。

（2）眼：死盯着面试官，给人压迫感，招致面试官不满；惊慌失措、目光躲躲闪闪，该正视时目光却游移不定，仿佛隐藏着不可告人的秘密或者给人缺乏自信的印象，容易使面试官反感。

（3）手：如双手总是不安分，玩弄面试官递过来的名片、领带、头发等，忙个不停。

（4）脸：或呆滞死板，或冷漠无生气等，如此表情怎么能打动人？人们一般更欣赏面带微笑的脸。

（5）脚：不停将脚翘起、晃动、前伸等，显得心不在焉。

总之，在面试中，求职者必须改变这些坏习惯，并从头到尾保持得体、礼貌。这能极大地展现良好的个人形象，还可以极大地增加成功的概率。

3. 面试中，忌不良态度

面试时，不能忘记自己正在接受招聘单位的考核，应注意避免以下态度。

（1）盛气凌人。

有的求职者在笔试中名列前茅，各方面的条件也都不错，所以恃才傲物，在面试中咄咄逼人。一是当面试官对自己的答案不满意或者指导他们时，这类求职者常强词夺理，拒不承认错误；二是这类求职者总想占据主动地位，经常反问面试官一些与面试内容无关的问题，如用人单位办公条件如何、自己将任何种职务，在面试过程中仅谈条件；三是这类求职者在被问及原单位工作情况时，不能保持冷静，常贬低原单位领导及工作，否定人家的成绩。求职者在面试中贬低原单位领导及其工作，会让面试官觉得求职者桀骜不驯，难以领导，爱背后议论别人，无合作精神。

（2）态度冷漠。

一些求职者通常性格孤僻、冷漠，进而在面试过程中表情冷淡，不能积极配合面试官，缺乏必要的热情和亲切感。所有用人单位的领导都希望他们的员工在工作中能相处融洽，善待他人，互相帮助，使他人感到轻松愉快，从而提高工作效率。

4. 面试中，忌不良表现

（1）准备不足。

无论受教育程度、资历、工作经验如何，若面试官发现求职者对申请的职位了解不多，即使是基本的问题也回答不好，那么对他的印象就会很差。面试官会觉得求职者准备不足，甚至会觉得求职者对这个领域没有兴趣。因此，求职者在面试前应该做好充分的准备。

（2）迟到失约。

面试的时候迟到是不被允许的。这样不仅会显示求职者没有时间观念和责任感，还会使面试官觉得求职者对这份工作不热情，如此印象分自然不高。守时不仅是一种美德，而且在面试中也是必须做到的。如果你因重要的事情迟到或缺席，请尽快给公司打电话预约下一次面试。另外，急急忙忙赶往求职公司，会导致心情不平静地进行面试，使面试表现有失水准。

（3）欠缺目标。

面试时，千万不要给主面试官留下没有明确目标的印象。虽然一些求职者的其他条件不错，但工作没有目标，缺少主动性和创造性，这样的人很可能会给企业带来损失。

（4）逞强好胜。

有的求职者一进入面试现场，便无拘无束，神采飞扬，处处显示高人一等。不管面试官愿不愿意，主动上前与他们一一握手，然后四平八稳地就座；他们似乎对面试官提出的问题都胸有成竹，回答往往以"我认为"和"我代表"开头。不管对错，说些大话，宁愿回答错问题，也不愿承认自己的不足。

三、常见的面试问答

（1）请你自我介绍一下。

回答提示：对于这个问题，大部分人的回答太普通了，只说姓名、年龄、学校、职业经历等，这些信息个人简历上都有。其实，面试官最想看到的是求职者的胜任力，包括：优秀的技能、掌握的知识、性格中优秀的部分、闪光点、主要的专业成就等。因此，求职者要突出积极的个性和做事的能力。

（2）你觉得你最大的个性优点是什么？

回答提示：如乐于助人、上进积极、善良热情、条理清楚、关心他人、适应能力强和为人幽默等，再举几个事例。

（3）你最大的缺点是什么？

回答提示：通常不应该直接回答缺点是什么，如果求职者说自己懒惰、脾气暴躁、心胸狭窄、效率低下，公司肯定不会录用你。永远不要自作聪明地说"我最大的缺点就是追求完美"。最合适的回答是求职者从自己的不足开始说，在中间诉说自己的一些努力，最后说基本弥补了不足。

（4）你对薪资的要求是什么？

回答提示：薪资一定要在面试官对你感兴趣时才可以进行沟通，前提是对公司或本岗位薪酬有一定了解，公司通常都事先对求聘的职位定下开支预算。求职者若对薪酬要求太低，变相贬低自己的能力，可能会失去应有的收益；若对薪酬的要求太高，使公司支付不起，也可能失去中意的岗位。最有利于自己的薪资要求是，在了解公司岗位待遇的基础上，在其上限附近提出自己的薪资要求。

（5）在3—5年你的职业规划是什么？

回答提示：面试中，面试官大多会问到这个问题，而工作经验不足的求职者往往底气不足。那么当遇到这类问题时，该如何回答呢？其实面试官并不关心你真正的职业规划是怎样的。他们关心在未来3—5年，你是否能在这家公司稳定地工作。

（6）假设你通过了这次面试，但在工作一段时间后，你发现你根本不适合这个职位，你会怎么办？

回答提示：一般有两种回答方向。①确实热爱这个工作，只是能力有所欠缺，那就要不断学习，认真向领导和同事请教并学习专业知识和处事经验。②发现这个工作真的不是自己喜欢的和适合自己的，那就立即提出辞职，寻找适合自己的、热爱的职业，这样有利于自身的发展，也对公司负责。

（7）你对公司了解多少？

回答提示：通过多种渠道了解求职公司主营业务、产品服务、市场状况、企业理念、价值观等，这样回答会让面试官知道你有备而来，重视这份工作。

（8）你选择这份工作的动机是什么？

回答提示：动机是具有持续性力量的，面试官想通过了解求职者的动机评估求职者对这份工作的热忱及理解度，筛选掉那些盲目到公司应试的人。

（9）你擅长的技术方向是什么？

回答提示：这一点非常重要，回答时一定要表现出个人的优势、能力，且优势、能力要与职位相匹配。

第三节　个人品牌

一、个人品牌的内涵

个人品牌是指个人拥有的外在形象和内在涵养所传递的独特、鲜明、确定、易被感知的信息集合体。优秀的个人品牌能够引起群体认知或消费模式改变。个人品牌就是每个人所显示的独特价值，就像企业品牌、产品品牌一样拥有忠诚度、信誉度、知名度等。

2006年11月，哈佛商学院的两位助理教授史汀博格与诺顿（Steenburgh, Norton）向即将毕业的学生，出了最后一道习题。在课堂里，两位老师先要学生重新阅读过去到现在所有学过的营销理论与知识，加以融会贯通，再以"自己"为商品，把自己"卖"出去。

打造个人品牌其实就是打造自己的个人影响力，所以换句话说，打造个人品牌就是展示自己的价值和能力。个人品牌有利于影响他人的行为。对个人来说，一个好的个人品牌可以形成良好的人际关系，有利于人际交往，会给群体和个人带来附加值。作为个人，在成功销售产品或服务之前，必须确保成功销售自己。

良好的个人品牌的意义在于以下4个方面。

（1）降低认知成本，尤其是时间成本。若你具备鲜明的个人品牌，则他人可快速完成对你的认知，反之则需要通过具体的沟通和行为对你进行分析判断，花费较多的时间和精力。

（2）提高信任度，降低前期获取信任的综合成本。鲜明的个人品牌有利于他人通过过往事件提高对你的信任度。

（3）获得更高的溢价。同样的产品，同样的服务，你可以卖得比别人贵，而且你的推广成本要比没有品牌的个人或者公司低，这就意味着有更多的收益。

（4）拥有话语权，有了个人品牌，你说话时大家信任，愿意听。

有个人品牌的人，更有核心竞争力，可以获得更多收益。

二、个人品牌定位

求职者要建立个人品牌，必须进行个人品牌定位，也就是对自我有一个清醒的、客观的认识，只有这样才能有效地建立起个人品牌。不妨问问自己：我的个性适合从事什么样的工作？我的个人特长是什么？我想成为什么类型的职员？我这样工作会有价值吗？须知不同的人会有不同的职场定位。找出自己在职场中的独特价值是个人品牌定位的关键。产品品牌定位的方法也同样适用于个人品牌定位。求职者可以问自己：别人认为我最大的长处是什么？最值得别人关注的个人特点是什么？如何使自己的技能和工作风格形成特色，具有不可替代的价值？求职者必须有一技之长，保证自己的优势和核心竞争能力是个人品牌的核心内容。能力不强者要想树立自己的个人品牌是很难的，精湛的专业技能是建立个人品牌的关键要素，只有个人技术专而精，个人品牌才有价值，才能发展得更好。

（一）明确产品定位

在自我销售时，产品就是自己，应届毕业生首先应该对自己与竞争者做深入分析，这是定位的良好起点。同时，为了找出差异，应比较自身和竞争对手，明确积极差异和消极差异。之所以列出消极差异，是因为有时看似负面的差异，结果却可能是正面的差异。

在进行自我销售前，应届毕业生必须发掘自身尚有哪些重要的特征能满足职场或目标岗位的要求。简单讲，作为应届毕业生，与他人相比自己的专业优势到底积累了多少；作为一名应届毕业生，经过锻炼之后与他人相比，能直接运用到职场上的能力又是什么；与同专业的人相比，在专业技术方面是不是具有更大的优势。这些都是需要思考的问题，只有充分理解和认知自我，才能挖掘自身的优势，从而确定自己的职业兴趣、职业特长和职业价值观。

（二）做好产品升级

产品升级，指的是在自我销售过程中要坚持终身学习，尽力将自己塑造成高附加值人才。大家生活在信息时代，知识结构每时每刻都在发生着变化。只有时刻保持空杯心态，养成学习的习惯，才能让自己跟上时代的步伐。应努力提高自身的业务素质，更新自己的思想，更新自身的知识，使自己符合公司发展的要求，否则就会像过时的产品一样，面临着被淘汰的危险。

（三）塑造个人品牌

产品成功营销的结果就是形成品牌，只有建立了自己的品牌，产品的市场竞争力才会极大加强，才能摆脱低层次的恶性竞争，才能提高产品的盈利水平。

要拥有个人品牌，就是要让自己在专业或业务上拥有独特的闪光点。这样就不会为寻找就业机会而担忧。

1. 品牌定位——个人品牌的形成

定位自己往往是一件比较困难的事情，现在很多大学生对自己的定位不是很清楚，找不准自己的定位。对刚刚进入职场的人来说，认清自己，找到合适的定位是非常重要的。个人品牌定位可以简单地分为以下几个方面。

（1）内在气质的定位。

内在气质的定位也就是一个人在同事、上司、客户心目中的形象，如正直公正等。

（2）企业内位置的定位。

认真分析企业环境及要求，明确职责和义务，找准自己在企业内的位置，不能想当然地乱来，否则往往会犯各种错误。

（3）职业生涯的定位。

在不同的环境、企业和不同的职业生涯阶段，个人的定位是不一样的，找到自己的定位是建立个人品牌的基础。销售代表、销售经理、省级经理、销售总监，不同职业的每一个发展阶段的定位都是不同的，不要指望一步登天、一步到位，要脚踏实地。

2. 品牌内涵的丰富——个人核心竞争力的确立与提升

在明确自身定位后，为确立与提升个人核心竞争力，必须加强"个人品牌"的内涵培养，丰富"个人品牌"的内涵，而内涵培养则来自"学习能力"的提高。要成为优秀的人不仅需要拥有心理学、市场营销学等方面的基础知识，还要尽可能多地阅读书籍，涉猎经济、历史、金融、体育等领域的知识。

学习一般分为书本学习和实践学习，我们除了多多阅读，还要多多实践，用所学指导实践，确立我们的竞争优势和核心竞争力。所以，不仅要善于阅读还要善于实践。

三、个人品牌塑造

简单概括，个人品牌塑造有3种方法：第一是树立自信，第二是不断学习，第三是自我包装。

（一）树立自信

在塑造个人品牌的过程中，经常会遭遇挫折，这是不可避免的，所以在塑造个人品牌过程中要做好准备，这样才能自信地工作。首先要做的就是在塑造个人品牌时树立自信，自信是成功的基础。对社会上的每一个人来说，尤其在塑造个人品牌过程中，自信是必备的要素。

（二）不断学习

学生的主要任务是学习。在踏入职场前，进行个人品牌塑造时还要不断学习，我们只有通过不断的学习才能跟上时代的步伐，才能符合企业的要求，才能在塑造个人品牌的过程中占据主动的位置。

（三）自我包装

自我包装也是塑造个人品牌的重要方法。你可以通过写文章、发表演讲等方式提高自己的影响力，推广个人品牌，提升自己的形象，提高自己的知名度。职场人士必须具备较强的自我包装能力。

郭德纲的个人品牌营销

郭德纲不是一个普通意义上的相声演员，对相声爱好者来说，他还承载着人们对相声美好的期望。这为郭德纲创造了千载难逢的市场机遇。

探究郭德纲走红的原因，就不能不说个人品牌营销的重要性。

以个人品牌营销视角审视郭德纲，郭德纲的走红不是一种偶然现象，而是营销的必然结果，是一次成功的个人品牌营销范例。

郭德纲将自己定位为"非著名相声演员"，将自己的相声视为一种产品，一种需要销售的产品，这使得他能够专心地生产、经营自己的相声产品，也让相声真正进入大众市场。

一个品牌要想在市场上取得成功，产品实力至关重要。现在的一些主流相声，高举着"创新"的旗帜，不断改变表现形式，最终使相声面目全非，失去了真正的魅力。郭派相声从默默无闻到火爆，产品实力在其中起到了很大的作用。郭德纲的相声能在10分钟内让观众笑很多次，这足以证明其强大的产品实力。

"非著名相声演员"这一定位很有创意，这到底给郭德纲带来了什么呢？

在郭德纲成名之前，他的相声表演甚至没有上过电视，所以他的"非著名相声演员"的定位是比较准确的。聪明的是，他把这个看起来并非优势的定位置于观众的注意之下，他越出名，就越强调自己的"非著名"，进而形成较大的反差，在自己和媒体的持续强化下，"非著名相声演员"成了郭德纲的招牌。

"非著名相声演员"有效地实现了差异化。电视上有太多的"著名相声演员"和相声表演艺术家，而"非著名相声演员"给观众带来了不一样的感觉，使郭德纲成了一个从草根成长起来的杰出代表。

郭德纲充分发掘各类宣传渠道，尤其是网络宣传渠道。毫不夸张地说，郭德纲的火爆离不开现代网络传播。他在网络上开办新浪专区、博客等，综合运用这些网络资源，上传自己的优秀作品，免费提供给网友，这种成本低、速度快、效率高的营销使郭派相声快速崛起。

◎ 案例分析

两年前的一天，我接到一位女学员的电话，她很激动地和我说成功入职了百度，感谢我们的培养，同时她也和我分享了她的面试经历，其部分回答及点评如下。

各位面试官，大家好，我叫罗××，和前几年比较火的某电视剧《×××××》里的主人公同名，的确是先有我这个名字"××"，然后才有了电视剧里的那个"××"。但是，同学们觉得叫我"××"有点别扭，所以都叫我的全名：罗××（慢而清晰地读出），您瞧，在这儿（顺便指着简历上的名字）。

点评：如果你的名字很特别，可以简单介绍一下名字的来历，这样不仅满足了面试官的好奇心，而且可以使面试的氛围变得轻松起来。罗××把自己的名字巧妙地跟电视剧《×××××》里的主人公联系起来，并且指了指简历，与面试官进行了互动和沟通，拉近了彼此的距离。

我来自山西阳泉，会讲地道的山西话，从小学习英语，可以熟练地讲英语。

点评：把自己的家乡告知面试官很有必要，一方面是出于礼貌；另一方面，假设面试官和你是老乡，容易拉近彼此的距离。

在今天的候选人当中，我是唯一的非重点大学毕业生。实际上，我没有考上重点大学的原因是偏科，高考时数学没及格，可我的文科成绩，在班里一直是前几名。一路走来，虽然经历了很多艰辛，但有很大的收获，所以无论今天能否通过面试，我都非常感谢你们给了我这次面试的机会。

点评：虽然不是出自重点大学，但实事求是地说了出来，而不是一味寻找借口。人无完人，自爆其短，也是在真诚地展示自己。

在学习方面，我拿过两次校级三等奖学金。这和我热爱学习是有关系的。

点评：分类介绍亮点，突出自己的优势，用数字说话，用事实打动人，说服对方。如果没有成绩突出的经历，就不必讲。

我觉得大学生活使我学会了与人沟通，可能您会觉得，十个大学生有九个会强调自己善于与人沟通，不过我依然觉得这是我在大学里面最大的收获。您从简历上看得出来，我大学时在学生会工作了两年半，从干事一直到副主席，这使我有机会同年龄和背景完全不同的人进行交流，从学生到老师，从学校的领导到校外公司的高层，与不同的人沟通时采取的方式和方法都不同，从而锻炼了我的语言表达能力和与人沟通的能力。

点评：这个回答未全面介绍大学生活的收获，但至少具备了两个优点：有说服力和个性化。

今天我来申请这个职位，主要是因为这个职位适合我的专业和符合我的兴趣，我喜欢销售工作，在大学期间我做过兼职柜员，卖过 SIM 卡，觉得推销成功以后很有成就感。还有，我觉得自己具备成为推销员的素质，前面我说过，我大学时的推销记录一直是不错的。总的来说，我认为自己符合这个职位的要求，希望公司能给我一个机会。

点评：具体陈述申请该职位的原因，而没有抽象述说。另外，来该公司求职的原因，也应该点到，但是不宜长篇大论。

• **本章小结** ∘∘∘∘∘∘∘∘∘∘∘∘∘∘∘∘∘∘∘∘∘∘∘∘∘∘∘∘∘∘∘∘∘∘∘

1. 简历的制作过程就是对自身经历梳理的过程，制作简历的要素包括为：个人信息、求职意向、教育背景、实践经历、获奖状况、自我评价等。

2. 面试是一个全面而有序的系统过程，需要处理好面试前的准备、面试过程、面试结束等环节。

3. 个人品牌塑造有3个方法：第一是树立自信，第二是不断学习，第三是自我包装。

• 课后练习 ··

1. 请设计一份应聘IT行业销售助理的简历。

2. 在班级内部，组织同学们进行企业行政专员的模拟招聘和模拟面试。

3. 认真思考如何树立自己的个人品牌，同时设计合理的自我推荐语，并在班级内部进行讨论。

附：扩展文件

令人心动的 offer

第四章
有效沟通

沟通是人类的本能，是人与人交流的主要手段。随着社会经济的不断发展，沟通成为影响个人发展、事业成功的重要因素。但是在现实生活中，很多人并不知道如何与他人进行有效沟通，同时，沟通不畅也给自己的工作和生活带来了诸多困扰。本章从有效沟通概述、有效沟通过程和职场有效沟通三个方面对有效沟通进行介绍。

第一节　有效沟通概述

一、有效沟通的含义

随着社会经济的快速发展和人际交往的日趋深入，沟通在工作和生活中的重要性逐渐被大家所认知，有效沟通对工作顺利开展的作用也越来越明显。对于沟通，不同的人有不同的理解，举例如下。

"广义的沟通是指个体间信息的有效传递与接收，同时影响并产生实质的行动或结果。狭义的沟通是指不同个体间信息的有效传递与接收"。

"沟通是人与人之间、人与群体之间思想与感情的传递和反馈过程，以求思想达成一致和感情的通畅"。

"沟通是运用人的内外感官系统，对信息（语言、文字或情感）进行交流，进而达成多方共识的过程"。

可以这样理解有效沟通：有效沟通实际上就是为了实现设定的目标，把信息、思想和情感在个人或群体间传递，并达成共同协议的过程。

具体分析，有效沟通的概念有如下要点。

（一）有效沟通需要有明确的目标

有效沟通需要有明确目标。例如，在学校里，辅导员找某个学生谈话，辅导员在谈话之前肯定有一个明确目标，可能是这位学生最近学习状态不好，辅导员希望其调整自身的状态；也有可能是学校有评优的机会，辅导员需要提前了解学生的情况等。如果只是为了避免无聊、打发时间而进行的聊天，就不是有效沟通。

（二）有效沟通的目的是达成共同协议

如果只有沟通过程，在沟通结束时双方没有就沟通事项达成一致的认知，或者其中一方并未按照沟通确定的内容去做，这种沟通也是一种无效沟通。例如，一个学生经常上课迟到，往往在铃声响了两三分钟后才进入教室，辅导员就需要和这位学生进行沟通，目的是告诉学生迟到是不允许的，同时提醒学生不能再迟到。但如果辅导员苦口婆心地和这位学生沟通了半个小时，在结束谈话时，学生并未认识到自己的错误，那这就是无效的沟通，因为双方最终没有达成共同的协议。当然，如果学生认识到了错误，但他之后还是经常迟到，这同样是无效沟通，因为结果没有任何改变。

（三）有效沟通是一个编码与解码的过程

有效沟通是一个编码和解码的过程，发送者根据沟通的目的按照自己的思想和语言习惯进行编码并发送给接收者；而接收者在接收到编码后会按照自己的思维习惯对语言进行解码，将发送者的语言转化为自己的理解后，再将自己想要表达的思想或者情感经过编码反馈给发送者。在整个过程中，双方不断进行着编码和解码的工作，并穿插一定的噪声，直到达成共同协议，这就是有效沟通的全过程，如图4.1所示。

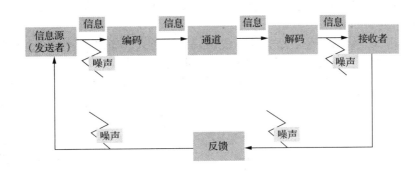

图 4.1　有效沟通的全过程

（四）有效沟通的四大特点

1. 难以预料性

我们所做的每一件事情都需要有效沟通，并且我们在日常生活和工作的过程中都不可避免地要沟通，它是随时随地发生的，不完全按照计划或者预想的周期发生，经常发生在没有事先准备，且难以预料的各种交往场合，其具体形式、效果会因人、因时、因地而发生改变。

2. 双向性

在有效沟通的过程中，我们既是信息的发送者也是信息的接收者，这两个身份是不断互换的。因此我们既要收集信息，也要发出信息，只要有效沟通不中断，就是在保持双向的交流，从而与他人相互影响。

3. 情绪性

在有效沟通的过程中，无论是面对面沟通还是非当面沟通，沟通双方都能从语调、用词、表情、姿势等方面直接感受到对方的情绪，并且这种情绪会对沟通表达的意思产生非常大的影响，同样的一句话会因为情绪的不同而造成双方对内容产生不同的理解。因此，我们在有效沟通过程中需要保持稳定的情绪，不受情绪波动的影响。

4. 相互依赖性

有效沟通的结果不是由一方决定的，而是由双方共同决定的。如果一方表现出积极主动的情绪，而另一方表现出消极的状态，那么沟通就不会取得成功。因此在有效沟通开始前和过程中，双方需要互相信赖，为达到有效沟通的目的而共同努力。

（五）有效沟通的作用

1. 控制

组织可以通过有效沟通来达到控制成员行为的作用，让成员意识到其必须遵守的组织中的制度。例如，对新员工进行制度和工作流程的培训可以实现对新员工遵守规章制度行为的控制。另外，非正式沟通也可用以控制行为。

2. 激励

在任何一个组织中，有效沟通都是对成员最有效且最能持续发挥作用的激励方式。组织会将工作目标通过有效沟通的方式明确告诉成员，并在过程中通过工作评价等有效沟通方式对理想行为进行强化，这些有效沟通能激发成员的工作动机，从而达到激励的作用。一方面，有效沟通使组织了解了成员的需求。另一方面，通过有效沟通，成员谈自己的看法、建议，自我实现的需求被最大限度地满足，从而激发积极性和创造性。

3. 情绪表达

有效沟通是人们释放情感、表达情绪的良好方式，人们可以通过与他人或群体的有效沟通来表达自己的满足感和挫败感，从而改善人际关系。由此，我们也可以看到沟通与人际关系是相互促进、相互影响的。合理的情绪表达可以赢得和谐的人际关系，而和谐的人际关系又能使沟通更加顺畅。

4. 信息传递

有效沟通的整个过程就是信息的传递和获得过程，有效沟通过程中包含了信息的采集、传送、整理、交换。因此，有效沟通可以帮助我们获得有意义、有价值的信息，进而提高我们的办事效率，增加竞争优势。

二、有效沟通要素及需要把握的分寸

（一）有效沟通要素

有效沟通过程中的几个要素为信息的发送者和接收者、信息、沟通渠道、反馈和环境。

1. 信息的发送者和接收者

人们因为需要分享信息、思想和情感，所以需要进行有效沟通，但是有效沟通不是单向的，需要一个人表达信息，一个人接收信息。因此在有效沟通的过程中存在信息的发送者和接收者两种身份。

信息的发送者是信息的来源，他必须了解信息接收者的情况，并选择合适的沟通渠道以利于信息接收者的理解。信息的接收者是指获得信息的人。他必须在有效沟通中及时进行信息解码，即将信息转化为他的想法和感受。这一过程受到接收者的知识、经验、才能、情绪、个人素质以及对信息发送者的期望等因素的影响。

2. 信息

信息是指在有效沟通过程中传给信息接收者的消息。对同样的信息，发送者和接收者可能有着不同的理解，这可能是由发送者和接收者对同一事物的认知差异造成的，也可能是由于发送者传送了过多的不必要信息或沟通过程中受到思想或情感等各种因素的干扰。

所有的有效沟通信息都是由两种符号来呈现的：语言符号和非语言符号。语言符号是描述信息的特定的字、词语等。而非语言符号是用以表达思想和情感的面部表情、手势、姿态、语调等。例如，双手抱胸表示拒绝、瞪大眼睛表示惊讶。在日常的有效沟通中，非语言符号和语言符号同样重要。

3. 沟通渠道

沟通渠道是信息得以传递的载体，是信息传递的路线，是信息从发送者到达接收者的渠道。在面对面沟通中，渠道主要是耳朵和眼睛，双方在交流的过程中相互注视和聆听。除此之外，渠道还可以借助接触来构建，如有力的握手、热情的拥抱。

渠道可以分为正式渠道和非正式渠道；针对不同的沟通对象，还可以分为向上沟通渠道、水平沟通渠道、向下沟通渠道。

4. 反馈

反馈是有效沟通的一个环节，一个完整、有效的沟通过程不仅有编码和解码这两个环节，还有反馈，即信息的接收者在接收信息的过程中或过程后，及时地回应对方，以便消除误解。

反馈分为正面反馈和建设性反馈两类。正面反馈就是对对方做的事情予以表扬，希望好的行为再次出现。建设性反馈是针对对方的不足之处提出改进的意见，而不是批评。

因此，我们可以看到，反馈需要站在对方的立场，针对对方的需要，给予具体、明确和有价值的意见。

5．环境

环境是有效沟通发生的场合或者地方。环境是否合适会影响沟通的成败。例如，表扬适合在公开场合进行，但批评却不宜在公开场合进行，更适合在私下提出。在很多情况下，当环境发生变化时，沟通的其他几个要素也会受到影响，需要进行适当的调整。

（二）有效沟通需要把握的分寸

虽然所有的有效沟通都是由信息的发送者和接收者、信息、沟通渠道、反馈和环境几个要素构成的，但因为每次沟通时这些要素都会有所不同，所以沟通的内容和目标就决定了我们如何对各个要素进行思考和选择，我们在进行有效沟通时需要结合有效沟通要素，把握好以下分寸。

1．把握好沉默的分寸

（1）在时机成熟前保持沉默。

在人际交往中，懂得沉默是一种处世之道。心理学研究表明，在不同的场合，人们对同一句话会产生不同的理解与感受，并会产生不同的心理承受力。因此，很多话只适合在某些特定环境讲。同样，一句话在不同的地点对不同的人说效果也是不一样的。为此，我们一定要先考虑清楚说话的环境，如果该环境不具备达成沟通目的的条件或者时机未到，最好先保持沉默，待合适的环境和时机出现时再进行有效沟通。当然，如果不分场合，不懂分寸，滥用沉默，则只会给人以矫揉造作或难以捉摸的感觉，并不利于有效沟通。

（2）心照不宣时保持沉默。

心照不宣是指沟通的双方在心里都对该事物有共同的认知但未明确说出口，这也是一种保持沉默的方法，同时，在一定时机下这也是一种很好的有效沟通方式。

有位老师发现一位学生上课时总是低着头，不知道在画些什么。有一天，他走过去拿起学生的画，发现画中的人物是龇牙咧嘴的自己。老师没有发火，只是笑笑。但是，从此那位学生上课时再没画过画，各门功课也都学得不错。后来，他成为颇有名气的漫画家。

试想一下，如果老师没有保持沉默，而是采用大声斥责的方式，会带来怎样的后果呢？也许该学生会跟老师作对，而老师会对其失望，如此下去，他能否成为漫画家，还未可知。

（3）不明就里时保持沉默。

在还不清楚对方情况的时候，需要适时保持沉默，这样不仅能够通过聆听更多地了解对方沟通的意图，还能够通过全面了解信息掌握有效沟通的主动权。如果在不明就里时冒失开口，可能会造成一些尴尬或者难以挽回的局面。但是如果在全面了解信息的情况下开口，就有可能通过有效沟通调动对方的积极性，自然而然地收到理想的效果。

2．把握好时机

（1）把握好说话时机。

孔子在《论语·季氏》里说："言未及之而言谓之躁，言及之而不言谓之隐，未见颜色而言谓之瞽。"这句话有三层意思：一是急躁，在不该说话的时候说了；二是隐瞒，在应该说话的时候又不说；三是闭眼瞎说，说话时不看对方脸色的变化，信口开河。这三种情况的出现都是因为说话人没有把握好说话的时机，没有运用合适的说话策略和技巧。有效沟通是双方的交流，不是单方面的行为，它会受到诸如沟通对象、沟通时间、周边环境等种种因素的影响，如此我们在说话时就需要考虑这些因素，评估说话的时机。在该说的时候不说，时机可能转瞬即逝；在沟通时不顾及沟通对象的情况和周边的环境，只顾自己说，就容易引起对方的误解，甚至反感；如果信口开河，乱说一通，后果可能更加严重。所以要把握好说话时机。

（2）把握好插话时机。

在别人说话的过程中随意插话是有效沟通中的禁忌。所以在有效沟通中，我们需要养成良好的倾听习惯，习惯性地等待对方将话说完后再提出自己的想法或观点，不要在沟通中急于表现自己。

3. 把握好赞美的分寸

（1）适度地赞美。

赞美的话人人都爱听，但是只有适度地赞美，才会使人心情舒畅，过度地赞美会使人感到尴尬。因此，合理把握赞美的"度"就是有效沟通中必须重视的问题。通常在赞美的过程中，我们应多寻找对方值得赞美的地方，及时地进行赞美。同时，赞美的频率不能过高，不然就会适得其反。

（2）委婉地赞美。

赞美过于直接会让人觉得是溜须拍马，如果借他人之口来赞美对方，就可以在赞美对方的同时不让人尴尬。

4. 把握好批评的分寸

（1）给人留足面子。

在对他人进行批评时，要注意把握批评的分寸，应在不伤害对方尊严的情况下将批评的意思清晰表达，给对方留好台阶。批评的话不能过多，当对方已经明白自己所犯错误时就需要停止批评，给对方留下余地，如果将对方批得体无完肤，则往往会把事情推到反面，过犹不及。同时，批评别人时要因人而异，根据不同的人不同的性格选择合适的语言进行批评，在充分考虑对方的职业、年龄、阅历、心理情况等因素后再决定批评的措辞。

（2）间接地指出错误。

有些人习惯性地在发现对方有明显的错误的时候，直接批评对方："那是错的，任何人都会认为那是错的！"这样不分场合的直接批评，会让对方的自尊心受到伤害，也会激起对方的逆反心，导致沟通失败。建议使用"不知道是不是这样？"这种委婉的说法与对方交谈。

（3）先肯定再批评。

大部分人都喜欢听赞美的话，不喜欢听批评的话，所以最佳的批评方式是欲抑先扬。我们可在批评别人之前先肯定对方的长处与可取之处，然后再提出批评，最后使用一些鼓励性的词语。这种方法会让人感到批评是公正客观的，不太容易产生抵触情绪，获得良好的批评效果。

（4）多做自我批评。

在批评他人之前，应适当地先做自我批评，这样可以使自己更加公正地看待别人。先想想自己做得怎样，是否应该完全怪罪他人，这样也许会改变自己的想法和行为，并与他人保持一种良好的关系。自我批评比相互指责的效果要好得多。遇到问题后在斥责别人之前先自我反省，多做自我批评，这样不仅能得到别人的认同，还会推动问题顺利解决。

5. 把握好道歉的分寸

（1）道歉要及时。

人非圣贤，孰能无过，只是犯了错误要及时承认，在别人质疑之前主动认错道歉，更容易获得谅解和宽恕。自负的人会盲目地坚信自己绝对正确，在发生争端时就容易武断地将错误归结到他人身上，这样的人是不能得到众人的认同的。勇于承认错误、承担责任的人不仅不会丢脸，反而能获得他人的信赖、拥护、爱戴。

（2）道歉要诚恳。

诚恳的道歉是语气温和、坦诚直率、堂堂正正的，不能躲闪、扭捏，更不能夸大其词，一味将过错放在自己身上。那样，别人只会觉得很虚伪，不会接受你的道歉。

沟通客体分析策略

沟通客体又称信息的接收者。沟通主体（又称信息的发送者）在沟通前必须针对沟通客体分析以下四个问题。

- 他们是谁？
- 他们知道些什么？
- 他们的感受是怎样的？
- 怎样沟通才能激发他们的兴趣？

三、有效沟通原则

有效沟通是职场的基本技能，拥有有效沟通技巧不仅意味着有良好的职业素质，还能帮你在职场中晋升。在职场中，无论是进行项目的前期调研与分析，还是工作计划的制订、活动的组织、人员的管理、部门间的协调、对外业务交流，都需要进行有效沟通。无数的职场案例告诉我们，成功人士必然拥有良好的沟通技巧，能够与他人进行有效沟通。而要实现有效沟通，就需要遵循相应的原则。

（一）尊重原则

尊重是职场礼仪的本质，也是有效沟通的前提。要营造良好的沟通氛围和获得理想的沟通成果，我们必须以尊重为基础，在沟通的过程中时刻表现出对沟通对象的尊重。在沟通中，如果不能尊重别人提出的意见和建议，只以自己为中心，在沟通中盛气凌人、刚愎自用等，则很难取得好的沟通效果。在沟通中遇到意见不一致时，我们可以坚持原则，但在沟通方式、语气和措辞方面应该考虑对方的感受，并表示对对方观点的尊重。

（二）真诚原则

真诚原则是有效沟通的核心原则。不真诚的沟通会使一切努力白费，有了真诚再困难的问题都有可能解决，或者能够被有效地化解。从某种角度上来讲，沟通处理的就是人与人的关系，这个关系的基础是信任，而信任的关键就是真诚。在沟通过程中，我们需要坦率、真诚地表达自己的想法和建议，开诚布公，这有利于改善沟通的效果。反之，如果沟通双方缺乏真诚，就会因为信息的不对称产生猜疑，以致互相指责、攻击，这样不仅无助于问题解决，而且还会激化矛盾。

（三）平等原则

有效沟通必须建立在平等的基础上，有效沟通不是命令，我们不能强迫任何一个与我们沟通的人接受我们的想法、观点或者按照我们的想法去开展工作。因此，在有效沟通过程中，我们需要以平等的身份参与有效沟通。在有效沟通的过程中尊重科学，晓之以理，动之以情，让对方在认同的基础上开展后续的行动；反之，如果觉得自己高高在上，否定真理、拒绝接受不同意见，那么，就算对方被迫接受你的想法，执行效果也不会好。

（四）开放原则

一个良好的沟通者拥有开放的思想。在与任何一方或一个群体进行有效沟通时，要耐心地听清楚、弄明白对方想要表达的真正意思，并乐于接受对方提出的新思想、新观念和新知识，使沟通各方的思想和观点都能充分表达出来，通过充分的有效沟通找到共同点，达到各方都能认同和接受的有效沟通结果。如果抱着自以为是、故步自封的心态来进行沟通，就会让别人失去与你沟通的兴趣，同时让自己失去向别人学习的机会。

（五）真实原则

有效沟通是具有明确目的的，双方为了达成共识而共同努力沟通。有效沟通的整个过程就是传递信息的过程，不真实的信息不仅严重影响沟通的效果，阻碍沟通目的的达成，而且还容易导致决策的失误。因此，在有效沟通过程中，敢于讲真话才有利于达成相应的目的。

（六）合作原则

有效沟通是为了达成一定的目的，从某种角度来看，其实沟通双方是合作的关系，遵守同一个原则，使自己的话语服务于共同目的，进而达成有效沟通的目的。因此，合作原则则保证了双方的相互理解，沟通者要以合作的心态对待沟通，这样能促使双方相互理解、信任和支持。

拓展阅读

合作原则

"合作原则"（Cooperative Principle）是美国语言哲学家格莱斯于1967年提出的，即"在参与交谈时，根据你参与交谈的目的或方向的变化而提供适合的话语"。合作原则有4条相应的准则。①量准则（Maxim of Quantity）：话语包含达成交谈目的所需要的信息，不应包含超出需要的信息。②质准则（Maxim of Quality）：不说自知虚假的话，不说证据不足的话。③关系准则（Maxim of Relation）：要与交谈目的有关联，要切合题旨。④方式准则（Maxim of Manner）：要通俗明白，清楚明了，简明扼要，避免歧义。在常规情况下，人们交谈都会为合作付出一定的努力，因为交谈的参与者在一定程度上都存在一个或一组共同的目的，或者一个彼此都接受的谈话方向。

格莱斯认为，违反"合作原则"的情况有以下4种。第一，不动声色地违反质准则，如"说谎"现象。第二，公开宣布违反合作原则。例如，对问题不予理睬。第三，顾此失彼，即为了维护一条准则而不得不违反其他准则。第四，有意违反某一准则来传达会话含义。格莱斯认为，人们在交谈时，常常会在遵守合作原则的基础上故意违反准则，目的是传达一种潜在的真正意图，即会话含义。

第二节 有效沟通过程

从本章第一节中我们了解到有效沟通是一个过程，在有效沟通过程中，沟通双方扮演的角色是在不断变化的。一个人既是信息的发送者，又是接收者。因此，在有效沟通的整个过程中，每个人都会产生3种行为：说（信息的传递），通过这一行为传递自己的信息；听（信息的接收），通过这一行为了解对方的意图；问，对接收的信息进行反馈确认，以真正了解对方所表达的意图。本节将对有效沟通过程中各种行为的一般性技巧进行介绍，以帮助同学们更好地学会有效沟通。

一、信息发送

在有效沟通过程中，人们常使用的沟通方式就是"说"。在日常工作生活中，人们往往习惯用嘴将希望发送的信息"说"出去，"说"对所有人来说，实在是一件很重要的事情。

有一个关于沟通的理论叫作"沟通漏斗"，如图4.2所示。

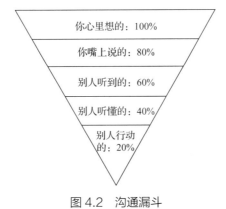

图 4.2　沟通漏斗

对沟通者来说，如果心里想的是一个100%完整的东西，但当他在给其他人表述心里所想的100%的东西时，传递出去的东西其实已经损耗掉20%了，他能表达出来的只有80%。而当表达出来的80%的东西进入他人的耳朵时，受他人文化水平、知识背景等因素的影响，这80%的东西只能剩下60%。这些东西真正被别人理解的大概只有40%，而能够按照理解的意思开展具体行动的只剩下20%。

生活中，并不是每一个能说话的人都会说话。因此，生活中经常出现很多人因为不会"说"，把很多原本可以做好的事情做砸的情况。举例如下。

对话一：

病人：护士小姐，你小心点打针，我害怕……

护士：请你放心，我刚毕业，今天第一天上班，所以我会特别小心。

对话二：

客人：小姐，这商品真好，我找不出什么问题，所以我决定买了。

售货员：谢谢，其实我们的商品也没你说得这么好，只是你还没有亲自使用过，还不知道它的问题罢了。

那么，如何才能说好话，将信息有效地发送给信息接收者呢？这里简单介绍一下在这个环节可以运用的一些技巧，即"1H4W"。

（一）How（如何发送信息）

因为我们在有效沟通中传递信息、思想和情感，所以我们在有效沟通中要关注的不仅有信息，还有思想和情感。因此，在发信息时需要注意以下两点。

（1）在工作中与上级和同事的沟通更多的是一种信息的沟通。

（2）在与客户沟通的过程中，我们在传递信息的同时，要注重获取客户的信任。很多时候，情感纽带才是主要的，信息是次要的。

所以，在考虑如何发送信息之前，我们需要评估沟通的对象和目的，明确此次沟通是以信息为主还是以思想、情感为主，并据此选择合适的信息发送方式。

（二）When（何时发送信息）

除了考虑如何发送信息，信息传递的时间也是非常重要的。向领导汇报工作、与同事沟通工作、约客户商谈合作等，都需要考虑时间是否恰当。

（三）What（确定信息内容）

信息内容不光有文字，我们可以通过语言和肢体两种方式来表达信息内容。而具体选择哪一种方式，需要根据具体沟通的内容确定。确定用什么方式来表述哪些话语，用什么样的语气、什么样的动作去表达，在沟通中非常重要。

（四）Who（谁该接收信息）

沟通中主要考虑的因素就是人，所以需要重点考虑信息接收对象是谁。根据沟通对象的性格、兴趣、文化修养、语言习惯等情况进行沟通信息编辑、沟通方式选择和沟通时间的确定，才能够真正地做到有效沟通。同时，在沟通中，要不断地通过传递的信息引起沟通对象的注意，并充分考虑接收者的观念、需要、情绪，针对不同的对象，采取不同的沟通方式。

（五）Where（在何处发送信息）

在进行有效沟通前，我们还需要考虑沟通地点，只有选择在合适的场合进行沟通，才能达到预期的效果。例如，公司决定裁员，你作为这件事情的执行者要和被裁的对象进行沟通，做对方的思想工作，这时你就应该考虑是否要选择一个轻松、安静、不被他人打扰的地方，来与对方进行有效沟通。

二、有效倾听

在现实的沟通中，很多人会关注说话的技巧，但大多会忽略听的重要性。真正的有效沟通的高手在听和说的技巧中，往往更注重听。只有学会听，才能更好地进行有效沟通。倾听是了解别人的最佳途径。

有一个有趣的故事：人为什么会长两只耳朵一张嘴呢？有人认为这表示人们要多听少说。虽然这只是一个小故事，但美国沟通大师保罗·兰金（Paul Rankin）曾专门对此进行过研究，他发现领导人在沟通时有45%的时间花在听上，30%花在说上，16%花在读上，9%花在写上。

因此，要达到有效沟通，我们不仅要会说，更要学会听。懂得聆听的人获取的信息量一般较多，就会被很多人喜爱，就能成为优质的沟通伙伴。所以我们要在沟通中学会倾听，真正地了解沟通对象的想法、意图，否则很容易使双方对沟通内容形成误解，影响沟通的效果。

美国知名主持人林克莱特（Linklater）某一天在节目中采访一名小朋友，他问道："你长大后想要当什么呀？"小朋友天真地回答："我要当飞机的驾驶员！"林克莱特接着问："如果有一天，你驾驶的飞机飞到太平洋上空时熄火了，你会怎么办？"小朋友想了想说："我会先告诉飞机上的乘客系好安全带，然后我带上我的降落伞跳出去。"当时在现场的观众笑得东倒西歪，有的大人就说，小朋友毕竟还小，有这样的想法是无可厚非的；有的大人说，这个小朋友还是蛮聪明的，至少使自己的安全得到了保障。林克莱特继续注视着小朋友，想看他是不是个自作聪明的家伙。没想到，小朋友的热泪夺眶而出，显得非常委屈。于是林克莱特问他："为什么要这么做呢？"小朋友的答案透露出他真挚的想法："我要去拿燃料，我还要回来！"

这个故事告诉我们，不要只凭借自己的经验或按照自己的主观想法去判断别人想表达的意思，对任何事情都应当先耐心地听别人说完以后再进行理解和判断，"听"是沟通中极其重要的一个环节。

（一）"听"的含义

古人是很有智慧的，他们在造字的时候常常将对事物的理解、感悟融入其中，"听"的繁体字为"聽"，这个字体现了古人的很多智慧。

一个"耳"字告诉人们需要用耳朵去倾听。

但是如果只用耳朵去听肯定是不够的，所以旁边加上了"目"。

"目"代表的是眼睛，告诉人们有效沟通不仅要用嘴还需要善用眼睛，在有效沟通时要注视对方，以表示对对方的尊重：我在很认真地听你讲话。同时还要懂得在沟通中察言观色。

"一"字和"心"字：代表一心一意，告诉人们在听的过程中还需要专心。

"耳"下方的"王"字表示倾听时要尊重对方，要把沟通对象当成王者一样对待。

因此，听不仅是耳朵听相应声音的过程，还是传递情感的过程，需要通过面部表情、肢体语言和话语来向对方传递信息：我很愿意听你所说的内容，同时我非常尊重和关注你的情感。

倾听是增长智慧的第一步，有智慧的人都熟练掌握了先听再说的技巧。

（二）倾听的误区

倾听表面上看非常简单，而且人们每天都在用耳朵听，但大家真的会听吗？有这样一个关于倾听的小游戏。

丽丽是一名公交车驾驶员，某天上午10点时，车上有26名乘客。

到了一站上了17人，下了3人。

到了另外一站上了6人，下了20人。

然后又上了16人，下了2人。

到了另一站又上了4人，下了18人。

之后上了7人，下了4人。

到了下一站上了2人，下了5人。

最后上了6人，下了10人。

听到这里，提问者问所有的游戏参与者："各位，你们心里有结果了吗？请大家想一想……"未等提问者说完，不少参与者主动举手说：结果出来了，车上现在还有××人，或者公交车一共停了×站，等等。但是，提问者要问的是公交车驾驶员是什么性别。

这个游戏实际上是很简单的，只需要认真听完、听清题目，等提问者发问完毕后再思考就能得出结论，但在游戏过程中，能坚持听完和听清的人非常少。形成这个现象的原因就在于人们习惯性地根据自己的主观想法或经验去判断，忽略对话的真实目的与内容。

在日常的工作和生活中，我们也能经常遇见类似场景，很多人没有掌握有效倾听的方法，依赖主观想法或经验，不等对方讲完就作决定，导致不能真正了解对方的意图和想法，不能达到预期的目标。

（三）阻碍有效沟通的倾听方式

常见的阻碍有效沟通的倾听方式有以下几种。

1. 假性倾听

假性倾听之所以"假"，就是因为实际上并没有听，只是表面上假装在听。这种倾听方式常见于日常生活场景，如上课时有的同学看上去在很认真地听课，但老师点名让他回答问题时，他却很茫然地站起来，同时悄悄地问同桌："刚刚老师提了什么问题？"

2. 字面倾听

字面倾听的人真的在倾听，但是没有动脑思考，只理解了信息发送者发出的信息的字面含义。而汉字博大精深，一个字通常蕴含了丰富的意思，需要我们根据不同的语境判断，如果只按照表面意思理解，就很难了解对方的真实意图。例如，吵架双方在争吵过程中经常会说："你真是太聪明了！"在这种语境下，这句话真正的意思和字面意思截然相反。

3. 选择性倾听

人们大多会对自己想听的话感兴趣，会自动屏蔽不想听的话，因此很多人在倾听时就只听自己想听到的话，造成信息接收不全面。在这种情况下，人们不能真正了解对方的意图。

4. 防卫性倾听

由于沟通是有目的的，所以有的人在沟通中会对对方心存戒备，采取防卫心理，这样倾听容易把别人的善意理解为讽刺，造成信息理解的偏差。例如，张三和李四只要一见面就对对方冷嘲热讽。张三参加了人际关系课程培训后，觉得自己应该主动去改善和李四的关系。第二天，张三一见到李四，就夸李四当天穿的衣服很得体、很好看。张三离开后，李四立即返回住处，在镜子前仔细观察，并不是欣赏自己的衣服，而是仔细找着装上的问题，因为他认为张三不是在夸他，而是在讽刺他平时穿的衣服不得体、不好看。

5. 攻击性倾听

有些人倾听并不是为了更好地理解对方所说的内容，而是寻找对方在讲述信息的过程中存在的问题和漏洞，以便能够更好地反击对方。

6. 独断性倾听

有些人在沟通前心中早已有了确定的想法，不管对方说的具体内容是什么，他都不会去考虑对方想表达的真实含义，坚持己见，这就是独断性倾听。

（四）同理心倾听

有效沟通传递的不仅有信息，还有思想和情感。因此，想做到有效倾听，就需要在理解对方的思想和情感的基础上进行同理心倾听。

同理心是心理学中的概念，指的是在正确地了解他人情绪和感受的基础上，做到理解和关怀，以达到情感融洽，也就是我们常说的将心比心。

在日常的人际交往中，我们都需要具备同理心，多尝试站在对方的角度去思考和处理问题，不然就容易搞砸事情。

同理心倾听就是在有效沟通过程中，站在对方的立场倾听。具体来说就是在有效沟通过程中，听者轻松自然、神情专注地倾听和理解对方所讲述的内容，并随着对方陈述的内容和传递的情绪变化做出相应的合适回应。此外，还可以通过简短的插话和提问，给对方传递自己对他的谈话感兴趣的信息，引导对方做出后续的陈述。所谓合适回应，就是当对方讲到要点时，点头表示赞同；当对方说笑话时，辅以笑声增添他的兴致；当对方说到紧张处时，屏住呼吸来强化气氛。

同理心倾听要求沟通者努力理解对方想要表达的含义，而不是以己度人；需要控制住自己的想法和感觉，站在对方的角度理解沟通的信息，这样才能保证所听到的信息符合对方的本意。

三、有效反馈

（一）反馈的意义

反馈就是在沟通的过程中，信息的接收者在接收信息的发送者所传递的内容后做出回应的行为。在沟通中，不反馈容易导致两种不好的结果。

（1）当信息发送者遇到的接收者是一个"闷葫芦"时，双向沟通就会变成单向的输出，发送者表达的信息就会石沉大海，沟通无法进行。

（2）信息的接收者如果不进行反馈就无法确认自己所接收的信息是否准确。

某大学管理学专业的老师在讲授"有效沟通"课程时，曾做过一个很有趣的"撕纸"小游戏。

老师将A4纸发下去，说："来，每两人分一张A4纸，每个人一半。"

老师讲到这里就不讲了，猜猜看，会发生什么事？有的人把这张纸横着撕开，有的竖着撕开。老师质问："我说要撕开吗？"大家纷纷笑起来。这就是沟通不良。

老师重新分发A4纸，并说："每两人分一张A4纸，每个人一半。"这一次就没有人提前撕了。

接下来老师示范，并说："现在每个人半张，然后这样撕。"

于是大家全部照老师那样将纸撕开。

老师说："将每人手中的半张纸分成一样大小的四份。"

同学们分两种方法，有的将纸分为4份宽的，有的分为4份窄的。又不一样。老师说："我要4份窄的。"于是大家把宽的纸条统统丢掉。老师把A4纸发下去再分，这回每个人都分成了4份窄的。

从这个游戏中可以看到，所有人最初拿到的纸都是一样的，但最终结果却各不相同，这主要是因为每个人对所接收的信息都有不同的认知，而这种认知是接收者从自身出发的，并不一定是信息发送者所想表达的真正含义。因此，在有效沟通过程中，反馈是一个必需的环节。

（二）询问的方式

询问的方式有很多，其中常用的两种基本方式是开放式询问和封闭式询问。

1. 开放式询问

开放式询问提出的问题比较笼统、范围广泛且多数没有标准答案，所以问题的提出者对想收到的答案没有限定，期望对方充分发挥，给出更多设想外的答案。开放式询问常用的词语有"什么""怎么""为什么"，如你是怎么来北京的?

2. 封闭式询问

封闭式询问的提出者所期望的答案有唯一性，使对方发挥的空间较小。所以提出者在提问时一般会给对方几个选项，让对方在可选的范围内进行反馈，如"是"或"不是"、"对"或"错"、"喜欢"或"不喜欢"等，如你是坐火车来北京的吗?

以下是对同一问题，两种询问方式的对比，如表4.1所示。

表4.1　两种询问方式对比

开放式询问	封闭式询问
工作是如何结束的	工作结束了吗
你喜欢这份工作的哪些方面	你喜欢这份工作吗
你有什么问题	你还有问题吗
如果实行这个方案会产生怎样的问题	你认为这个方案可行吗

3. 两种询问方式的优、缺点

开放式询问的优点在于可以给对方自由发挥的空间，且讨论的氛围轻松愉悦，同时能激发对方交流交谈的意愿，更深入地获得信息。开放式询问的缺点在于，由于没有设限，话题容易偏离最初的设想，且耗时较长。

封闭式询问的优点在于能够围绕沟通的目的高效地获得有用的信息，且能够把控讨论发展的方向。封闭式询问的缺点在于，由于对问题设限，人们只能获取有限范围内的信息，不能有所扩展，且容易让对方感到紧张。

这两种询问方式各有优劣，我们需要根据沟通的目的和环境合理地选择不同的询问方式：可以采用开放式询问营造轻松的交谈氛围；在沟通中偏题时提出封闭式的问题进行引导；发现对方比较紧张时可问开放式的问题；插入一个开放式问题可使气氛变得轻松。封闭式询问不宜多用，否则易使对方变得被动、疑惑、沉默。

自我测试题　　　　　　　　**沟通技能自我测试**

请你对下列陈述根据度量标准进行评分，你的回答应该反映你现在的态度和行为，而不是有意根据你希望的结果去评价自我沟通技能现状，要诚实。采用这种方式是为了帮助你发现自己在自我沟通理念和技能方面处于何种水平。通过自我评价，你可以识别自身的不足，进一步根据自身特点调整你的学习方向。

自我技能测试评价标准：

非常不同意/不符合（1分）；不同意/不符合（2分）；

比较不同意/不符合（3分）；比较同意/符合（4分）；

同意/符合（5分）；非常同意/非常符合(6分)。

1. 我能根据不同对象的特点提供合适的建议或指导。

2. 当我劝告他人时，更注重帮助他们反思自身存在的问题。
3. 当我给他人提供反馈意见甚至是逆耳的意见时，能坚持诚实的态度。
4. 当我与他人讨论问题时，始终能就事论事，而非针对个人。
5. 当我批评或指出他人的不足时，能以客观的标准和预先期望为基础。
6. 当我纠正某人的行为后，我们的关系常能得到加强。
7. 在我与他人沟通时，我会激发对方的自我价值和自尊意识。
8. 即使我并不赞同，我也能对他人观点表现出极大的兴趣。
9. 我不会对比我权力小或拥有信息少的人表现出高人一等的姿态。
10. 在和与自己有不同观点的人讨论时，我会努力找出双方的某些共同点。
11. 我的反馈是明确且直接指向问题关键的，能避免泛泛而谈或含糊不清。
12. 我能以平等的方式与对方沟通，避免在交谈中让对方感到被动。
13. 我以"我认为"而不是"他们认为"的方式表示对自己的观点负责。
14. 讨论问题时，我通常更关注自己对问题的理解，而不是直接提建议。
15. 我有意识地与同事和朋友进行定期或不定期的私人会谈。

如果你的总分是：

80～90分，你具有优秀的沟通技能；

70～79分，你略高于平均水平，有些地方尚需要提高；

70分以下，你需要严格地训练你的沟通技能。

可以选择得分最低的6项，作为技能提高的重点。

第三节　职场有效沟通

在职场中，由于我们的职级和角色不同，我们会和不同层级的人进行沟通和交流，具体来说，在工作中，我们在企业内部经常会与三类人群进行沟通：上级、同事（同级）、下属。按照沟通对象的层级，我们可以将沟通分为向上沟通、水平沟通和向下沟通。

在职场中，除了要学会有效沟通的一般性技巧，我们还需要关注向上沟通、水平沟通和向下沟通的具体技巧，这样才能使沟通真正有效。

一、向上沟通技巧

在职场中，我们都会遇到需要向上级汇报或者与上级交流的情况。这是让领导了解我们的一个机会，如果能够在沟通中让领导对自己留下好的印象，则能够推动自己的职业发展。但在现实生活中，很多人不愿意也不敢主动与领导沟通，但实际上领导也是人，也希望与下属沟通交流，也希望建立融洽和谐的上下级关系。所以，不用害怕，也不需要犹豫，只要在掌握与上级沟通的方法技巧的基础上积极与上级沟通，在职场中就能游刃有余。

（一）了解领导

不同的领导有不同的性格、管理理念、领导风格、工作习惯等。我们在沟通前，要仔细揣摩每一位领导的特点，选择用领导习惯的方式和他们沟通，往往会获得更好的沟通效果。不同类型的领导风格如表4.2所示。

表4.2　不同类型的领导风格

领导风格	具体表现
控制型	直接下命令，不允许下级违背自己的意志，关注工作的结果而不是过程
互动型	亲切友善地与下级相处，愿意聆听部下的困难和要求，努力营造融洽的工作氛围
实事求是型	按照自己的行事标准要求下级，注重问题的细节，善于理性思考

1．控制型领导

（1）性格特征。

态度强硬；要求下级必须服从；追求实际，决策果决，旨在求胜；以结果为导向，不关注过程。

（2）沟通技巧。

① 与此类领导沟通时，直接汇报工作结果，陈述时简明扼要，干脆利索，不拖泥带水，拐弯抹角。

② 此类领导特别看重自身权威，所以我们在沟通过程中要不断采取合适的方式体现对领导意见的尊重。

2．互动型领导

（1）性格特征。

善于交际，喜欢与他人交流；享受别人对自己的赞美；凡事喜欢参与和融入。

（2）沟通技巧。

① 面对这一类型的领导，多在适当的场合对其进行公开赞美，赞美要真情流露，有事实可依，切忌过于造作引起反感。

② 主动和领导建立良好的工作互动关系。此外，这类领导还喜欢与下级进行直接的沟通，期望下级能与自己开诚布公地谈论问题，不管是什么问题，他都希望能够摆在台面上交谈，反感员工私下发泄不满情绪。

3．实事求是型领导

（1）性格特征。

讲究公事公办，做事不感情用事；为人处世有自己的一套标准；喜欢把事情的来龙去脉都摸清楚；擅长理性思考。

（2）沟通技巧。

与这一类领导沟通时，可以省掉过多的寒暄，直接和他谈论他感兴趣或关注的事物，并且给出实际的工作内容和反馈。他们也希望下属能用直截了当的方式，对他们提出的问题做出回答。同时，在进行工作汇报时，多关注数据和案例的细节说明。

（二）掌握沟通要点

1．仔细听和用心理解。

（1）仔细听领导的安排。

领导布置工作任务时，下属一定要留意和领悟领导的意图和其所关注的要点。可以使用"5W2H"方法来快速记录工作要点，快速记下领导对该任务的时间（When）、地点（Where）、执行者（Who）、目的（Why）、需要做什么工作（What）、怎样去做（How）、需要多少工作量（How many）等要求。在领导布置完任务后，需要快速整理自己记录的内容，并向领导确认自己对任务的理解是否正确，检查是否还有遗漏。

（2）用心理解领导的意图。

一个人的文化背景、知识结构、能力、经验等因素影响着一个人的表达和沟通方式，所以当沟通双方拥有不同的生活环境和文化背景时，就容易在沟通中出现误解。所以说，"听得见"不等于"听得懂"。这就要求我们在清楚地掌握领导的真实意图后采取有效的、积极的反应，也就是"立即执行"。执行力强的员工往往容易得到领导的青睐。因此，领会领导意图并坚决执行指令，才可避免出现错误。

2. 把握汇报的分寸

（1）选择合适的汇报方法。

在工作场所，汇报工作也是一种技术性工作。我们对不同的领导要采取不同的汇报方法。以结果为导向的领导不喜欢听下属详细介绍工作过程，因为他们想要的是结果，而不是过程。但是，具有精细管理风格的领导则不同。安排好工作后，这类领导总是忧心忡忡，因此面对这类领导，应该经常汇报并请示。下属在遇到困难或需要领导支持时，应该及时向领导汇报，让领导了解进展情况。

工作完成以后，下属需要及时向领导汇报工作的结果。重要的工作必须有一个完整清晰的工作总结。总结要有意义，要实事求是，数据真实准确，不要夸大自己的功劳，更不能小看别人的努力和帮助，当然也不能忘记领导的正确引导和有力支持。工作总结的内容一般包括：完成情况（与计划比较）、采取的措施和努力、成功的经验、存在的问题和改善的建议。

（2）选择合适的汇报时机。

汇报时机的选择也有讲究。在工作刚开始的时候，领导会因为很多事情而忙碌，在工作快结束的时候，领导会感到疲惫和不安，显然，这不是汇报的好时间。我们应该选在领导空闲和心情较好的时候去汇报，这样往往能取得好的沟通效果。

3. 提前准备问题的答案。

我们若需要向领导提出要求或建议，需要提前做好相应的准备，不能在领导提出疑问时毫无准备、犹豫不决、语无伦次、自相矛盾，这样的反应肯定无益于达成良好的沟通效果。因此，应该在沟通前预估领导会问什么问题，以及构思相应的回答。

4. 言简意赅、充满自信

（1）语言简明、重点突出。

与领导沟通时，语言要简洁。领导关心的重要问题应该重点突出，清晰地描述，而不是东拉西扯，分散领导的注意力。

工作汇报忌讳夸大其词、啰嗦、邀功。领导往往以工作的结果来判断，说再多过程中的努力也不会有什么作用，反而会让领导对你的印象变差。所以不要以一种邀功的态度强调工作的困难。另外，领导一般都很忙，应把报告做得简明扼要。报告的内容应符合原来的目标和计划，避免杂乱无章和涉及其他不相关的事情。

（2）充满自信、面带微笑。

在与人交谈时，口头语言和肢体语言一样重要，在很多情况下，肢体语言传达的信息比口头语言传达的更多。一个对自己的计划和建议有信心的人无论在谁面前都会显得很自然；相反，如果他对自己的建议缺乏信心，则会通过言语和举止表现出来。

想象一下，有一个紧张、内向的下属对你说："经理，我有信心能实现我的目标。"你信不信他？你可能会跟他说，你从他的肢体语言中读到了"不确定"这个词，你不太确定他的保证是否可信。同样，在面对领导时，你要学会用自信的微笑去感染领导。

5. 欣赏、尊重自己的领导

没有一个领导是十全十美的，每位领导都有自己的缺点和不足之处，但他之所以能成为领导，是因为有许多别人没有的优点，这些优点使他超越别人。我们要学会看到别人的优点，只有以开放的心态向他们学习，才能取得真正的进步，赢得友谊和钦佩。

作为公司的管理者，领导自然会对下属的许多做法提出批评，往往会否定下属的许多想法，这将影响下属对领导的客观评价，甚至导致下属产生厌恶、抗拒、反感等负面情绪。这些负面情绪可能会导致下属和领导之间缺乏信任；无法相互欣赏，最终导致沟通失败。下属应欣赏自己的领导。

下属必须尊重领导，在多方面支持领导的工作。这是下属的职责。但应注意的是，尊重和奉承是有区别的。

（三）学会与领导说话

1. 摆正自己的位置

在职场中，下属需要学会摆正自己的位置。在与领导的相处中，尤其是在工作中，如果你把位置放错了，即使你为领导付出了努力，你也不会被领导喜欢，甚至会被排斥。在日常行为中，要特别注意避免在决策等事情上出现越位。

2. 理解领导

一个领导批评他的下属，是因为领导认为下属有做得不足的地方。优秀的下属都很清楚这一点，他们善于理解领导，利用领导的批评开展工作，找到机会。

3. 说话不卑不亢

作为一名下属，你需要对你的领导保持应有的尊重，但你不能不管他是对是错，总是附和、认同他。下属要做到既不卑躬屈膝，也不咄咄逼人，这意味着在与领导交谈时，既不奉承领导，也不让领导感到压抑。当在领导面前处于不利情形时，要既不奉承也不强求，既讲真话又不违背自己的心意，还能使对方接受。

4. 诚恳接受批评

作为一名下属，被领导批评是很常见的。处理这种情况的方法是：听，让领导说完。同时，一定要注意你的动作、面部表情，不要让领导觉得你不想继续听。比较好的方式是：注视领导，身体微微前倾，做出友好的面部表情，表明你正在认真对待他的批评。一般来说，如果领导的批评是不恰当的，可以适当解释，但一定要在自己充分意识到领导的正确性的基础上。

5. 合理汇报工作

在任何组织中，下属向上级报告是很常见的。而报告工作，不能太简单，也不能太啰嗦，关键是说重点，没有领导愿意听平庸而啰嗦的报告。报告工作有时采取书面形式，有时采取口头形式。但无论是书面报告，还是面对面的口头报告，下属都应在报告前厘清思路，简明扼要，突出重点，最后还要请领导对报告的工作提出意见和做出工作指示。

（四）掌握沟通常用句型

1. 我们似乎碰到一些状况

好处：冷静传递坏消息。

我们遇到一些不利情况时，如果立刻冲到领导的办公室里急匆匆地直接报告坏消息，可能会影响领导对事件的整体判断。同时，一味地强调问题，不能让领导看见你对事件的把控能力和处理能力。这时，即使这件事不是你负责的或者与你根本不相关，你也应该用不带情绪的声调，从容不迫地、客观地说出自己的分析意见和建议，要让领导看到这件事情并非无法解决，让其感受到你与其站在同一阵线上，是能并肩作战、解决问题的伙伴，从而肯定你的危机处理能力。

2. 我马上处理

好处：展现工作上的高效率。

当领导明确布置某项任务时，如能冷静、快速地做出回答会被认为是高效、优秀的下属；犹豫不决的态度只会让工作任务本就繁重的领导感到不快。

3. 张三的主意真不错

好处：表现团队精神。

张三想出了一个连领导都赞不绝口的绝妙计划。在这种情况下，与其愁眉苦脸、暗自羡慕，不如借表扬沾光。这会让领导认为你是一个有团队精神的人，并以不同的眼光看待你。

4. 让我再认真考虑一下，×点以前给您答复好吗

好处：巧妙应对不知道的事。

当一个领导问了一个与业务相关的问题，但是你却不知道该如何回答时，请不要直接回答不知道或不了解，这是在拒绝一个展现自身能力的机会。使用这个句式不仅暂时缓解了危机，也让领导觉得你做事很谨慎，同时也给了自己更多的时间思考。你应认真做好研究，准时上交你的答复。

5. 我很想知道您对某件事情的看法

好处：表现出对领导的尊重。

当你和领导单独出差时，和领导谈论什么会让你赢得他对你的好感呢？这时，谈论领导近期关心的项目话题或者关于公司未来发展的发人深省的话题可能是好的选择。在讨论这些话题时，更多的不是你发表自己的看法，而是通过话题引导领导谈论自己的想法，表现你对他的看法的尊重和认同。这样，你不仅会获益良多，还会让他对你刮目相看，看到你对知识和进步的渴望。

6. 是我一时失察

好处：承认疏失但不太会引起领导的不满。

犯错不可怕，重要的是敢于承认自己的错误。

7. 谢谢您告诉我，我会仔细考虑您的建议

好处：面对批评表现冷静。

人们无法避免工作出错或者被人误解的不宜情况。当你的工作受到批评和指责时，你会感到很难受，但作为一个职业人士，不宜把不满和负面情绪写在脸上。无论遇到什么糟糕的情况，都要尽量让自己表现得沉着冷静，让自己看起来自信，这样才能赢得别人的尊重。

二、水平沟通技巧

在企业里，一个人想把所有事情做完是不可能的，在很多时候，需要寻求本部门同事、其他部门同事的支持与配合，掌握恰当的沟通技巧，往往能让自己在沟通过程中事半功倍，无往不利。

（一）了解同事

在工作与生活中，我们会遇见不同类型的人。只有了解不同人在沟通过程中不同的特

点，才有可能用相应的方法与其沟通，最终取得好结果。两个风格相似的人的沟通效果会非常好。只有掌握了不同的人在沟通中的特点，才能选择与他相接近的方式与其沟通。

在沟通过程中，依据一个人在沟通过程中流露的情感，以及沟通过程中做决策的速度，可以把在工作和生活中遇到的所有人分为4种不同类型：分析型、和蔼型、表达型、支配型。只有很好地了解这4种类型的人的特征，并且采用与其相似的沟通方法，和他们沟通的时候才可以得到一个好的结果。

1. 分析型

（1）性格特征。

分析型的人在决策的过程中严肃认真，有条不紊，动作慢，语调单一，感情流露也较少，问了许多细节仍然不能做出决定。

这类人注意细节，做事有计划、有步骤，喜欢有较大的个人空间。

（2）沟通技巧。

① 注重细节。

② 守时。

③ 尽快切入主题。

④ 要一边说一边拿纸和笔记录，像他们一样认真。

⑤ 不要和他们有太多眼神的交流，更要避免和他们有太多身体接触，身体不要过多前倾，应该略微后仰，因为分析型的人强调安全，强调个人空间。

⑥ 同分析型的人说话时，一定要用很多准确的专业术语，这是他们需要的。

⑦ 同分析型的人说话时，要多列举一些具体的数据，多做计划，使用图表。

2. 和蔼型

（1）性格特征。

和蔼型的人感情丰富，喜怒哀乐都会自然而然地流露出来，他们总是微笑着看着你，说话一般很慢。

这类型的人友好、有耐心、和蔼可亲，常使用鼓励性的语言。

（2）沟通技巧。

① 和蔼型的人看重的是双方良好的关系。在和此类型人沟通时，首先要建立好关系。

② 要对和蔼型的人的办公室照片及时加以赞赏。和蔼型的人有一个特征，就是在办公室里经常摆放家人的照片，当看到照片，千万不要视而不见，一定要对照片上的人物进行赞赏，这是他最大的需求。

③ 同和蔼型的人沟通，要时刻面带微笑。如果突然不笑了，和蔼型的人就会想：他/她为什么不笑了，是不是我哪句话说错了，会不会是我得罪他/她了，是不是以后他/她就不来找我了，等等。所以在沟通的过程中，一定要注意始终保持微笑。

④ 说话要比较慢，要注意抑扬顿挫，不要给他们压力，要鼓励他们，征求他们的意见。所以，遇到和蔼型的人要多提问："你有什么意见，你有什么看法。"问后会发现，他们能提出很多非常好的意见，如果不问，他们基本上不会主动说。所以，你看他们微笑着点头时就要问。

⑤ 遇到和蔼型的人，一定要时常注意要同他们有频繁的目光接触。每次目光接触的时间不宜太长，但是频率要高，这样沟通效果会非常好。

3. 表达型

（1）性格特征。

表达型的人感情外露，非常果断、直率、热情、友好、有幽默感、活泼，动作较多且夸张，他们在说话的过程中，语调生动、抑扬顿挫，往往会借助一些快速的动作和有说服力的语言来表达他的意思。

（2）沟通技巧。

① 在和表达型的人沟通的时候，声音一定要洪亮。

② 在与表达型的人沟通的过程中，要多从宏观的角度去说一说，如"你看这件事总体上怎么样""最后怎么样"。

③ 说话要直接。

④ 表达型的人不太注重细节，甚至有可能说完就忘了。所以达成协议以后，最好与之进行书面的确认，这样可以提醒他们。

4. 支配型

（1）性格特征。

支配型的人面部表情不多，感情不外露，但是做事非常果断，喜欢指挥别人。

这类型的人独立、热情、强调效率，喜欢目光接触，说话快且有说服力，语言直接、有目的性，常使用日历，重计划。

（2）沟通技巧。

① 给他们的回答一定要非常准确。

② 和他们沟通的时候，可以问一些封闭式的问题，他们会觉得效率非常高。

③ 和他们沟通的时候，要讲究实际情况，有具体的依据和创新的思想。

④ 和他们沟通的时候，一定要直接，不要转弯抹角，要直接说出自己的来意，或者直接告诉他们自己的目的，要节约时间。

⑤ 说话的时候声音要洪亮，充满信心，语速一定要快。如果声音很小，他们会觉得你不够自信，他们就会产生怀疑。

⑥ 和他们沟通的时候，一定要有计划，并且最终落脚点是一个结果，他们看重的是结果。

⑦ 在和支配型的人谈话时不要流露太多感情，要直奔结果，而不要动之以情。

⑧ 在和这类人沟通的过程中，要有目光接触，目光接触是充满信心的表现。

⑨ 和他们沟通的时候，身体可略微前倾。

（二）遵循沟通原则

1. 尊重

要多倾听对方的意见，重视对方的意见，不背后议论对方。

2. 合作

在沟通中，要主动提供信息、提出意见。

3. 帮助

为最终达成共同的协议，在力所能及的情况下，要主动给予对方支持。具体来说，要做到以下3点。

（1）容忍差异。

应当承认人与人之间是存在差异的，不能用自己的标准去衡量他人。在工作中应当容忍个体差异的存在，首先考虑自己能为公司、其他部门或同事做什么贡献，而不是对方能为自己做什么。

（2）克服傲慢。

不要希望其他部门的同事都成为自身所在领域的专家，更不要因此而轻视他们。

（3）做好服务。

内部客户对你满意与否会通过各种方式传达给你的外部客户，间接影响客户、公司、直接上级对你的评价。

在沟通时，要了解对方需要你为他提供些什么；在告诉对方你能提供的资源时，使用对方能够理解的语言。

（三）完善自己

1. 寻求关于个人社交风格的反馈

从你经常打交道的且为你所尊重的同事或上级那里寻求关于你的个人社交风格的反馈。进行表现评估时，鼓励他们提供一些关于你个人社交风格的全面反馈。从别人那里寻求一些改变行为方面的建议，通过这些反馈你将知道哪些方面需要改善。

2. 削弱自我主导意识

（1）避免过于强势。

设定自己表明同一观点的次数限制；多用建议用语，少用决定用语；留心自己谈话的时间，让他人有机会表达；避免妄下判断及批评他人，即使批评是必要的，也要考虑他人的感受；鼓励他人表达自己的观点。

（2）避免挖苦他人。

检讨哪些情况下你会挖苦他人，分析自己的措辞。如果你有挖苦他人的倾向，想办法改变。要提醒自己，应在保持幽默的同时不伤害他人。

（3）接受不同观点，考虑他人感受。

当自己信任的同事或上级指出自己令人难以忍受的行为时，要接受这些观点并想办法改正自己的这些行为。当劝导别人时，要考虑别人的感受。

（4）培养共同话题。

接收各种信息，寻找对方的兴趣。留意别人的兴趣，挖掘谈话话题。平时多看报纸或电视新闻，有助于自己发起话题。

（四）学会与同事说话

1. 得体恰当地说话

同事之间要建立良好融洽的人际关系，必须学会沟通，得体恰当地说话。刚进入一个新的环境，要管住自己的嘴，多做少说，多观察周围同事的性格、喜好等，在此基础上考虑如何与同事沟通。切记：不在与同事说话时自吹自擂，时刻保持谦虚友好的态度。

2. 不谈他人是非

每个人都有隐私，与人相处时，要极力避免谈论别人的隐私，否则别人会觉得你缺乏修养，甚至会破坏你与他人的和睦关系。在同事之间不要传播小道消息，当散布流言蜚语的同事存在于你周围时，你也会感到不舒服。要端正自己的说话行事风格，远离那些流言蜚语，坚决不传别人的闲话。

3. 避免争执

工作中可能会出现双方争执的情况，但这种情况应该极力避免。人是有记忆的，发生了冲突或争吵之后，无论怎样妥善地处理，总会在心理上蒙上一层阴影，为日后的相处带来障碍。因此在工作中当与同事意见相左时，应当尽量控制自己的语言，避免说一些过激或带有攻击性的话。就事论事的冷静解决方式可能既能合理解决问题，也可以给别人留下大度的印象。

三、向下沟通技巧

向下沟通是管理者日常重要的工作之一。管理，说直白一点就是管事理人，而一个合格的管理者并不会事事都亲自去做，更多的是指导和带领下属开展工作。而在这个过程中，沟通就非常重要，管理者与下属进行沟通时需要掌握一些技巧，让下属能快速精准地领会自己的要求，并将事情做好。

（一）明确沟通目的

在工作中，管理者往往需要带着明确的目的与下属进行沟通。主要的目的包括：与工作相关的各方面指示；对工作具体内容的描述；告知下属需遵循的政策、程序、规章等；对下属的工作绩效进行反馈；给予下属激励；鼓励下属参加各种活动；等等。无论出于哪方面的目的，管理者都想自己的下属对自己所表达的内容能清楚无误地领会，并按照领会的内容将相应的事情做好。

（二）掌握沟通要点

"没心"是向下沟通中存在的主要问题，在沟通过程中，一些管理者往往会以"居高临下"的心态进行沟通。例如，当下属汇报工作时，管理者不管下属有没有说完就打断下属，接着滔滔不绝地讲述自己的观点，最后再下达某些指令。

向下沟通的效果可以从以下3个方面着手改善。

1. 消除位差效应

管理者在工作中都希望下属能积极主动地来和自己沟通。但是很多下属其实是不愿意多与管理者沟通的，其顾虑非常多，例如，害怕直接与管理者相处，不知道如何寻找与管理者沟通的话题，担心其他人对自己有看法，等等。因此，管理者所希望的主动积极肯定是不现实的。在实际的沟通中，双方的职位很大程度上决定了他们在沟通中的地位，职位的高低会直接影响沟通的方向和频率。同时，由于职位高低不同，当管理者与下属观点不一致时，很容易出现沟通障碍。

美国加利福尼亚州立大学的研究团队对企业内部沟通进行了研究并得出了一个重要成果：沟通的位差效应。他们发现，来自领导层的信息被下级知道并正确理解的只有20% ~ 25%，而得到的从下到上反馈信息不超过10%，但平行交流的效率却能超过90%。他们进一步研究后发现，平行交流以平等为基础才保证了交流效率如此之高。为验证平等交流在企业内部实施的可行性，研究人员尝试在整个企业中建立平等沟通机制，结果发现，这种机制大大提高了管理者和下属之间的沟通协调能力，并让他们很快地在价值观、道德观、经营哲学等方面达成一致；同时，这也使上下级之间、各部门之间形成较为对称的信息流动，业务流、信息流、制度流均更加通畅，大大减少了信息在执行过程中失真的情况。因此，研究人员得出一个结论：平等交流能保证企业的有效沟通。

英特尔公司的安迪·格鲁夫（Andy Grove）是一个世界级的管理者，虽然他管理着数万人，但下属不用敲门就可以随意出入他的办公室，与他沟通。在开会时，为了更好地听取下属的意见，他不坐在显眼的或约定俗成的领导位置，而是坐在地板上或坐在最后一排，正是通过这种无职级限制的平等沟通，他全面掌握了公司发展所必需的信息，同时也在沟通中展现了领导魅力，推动整个团队不断向前，使产品不断推陈出新，公司的发展欣欣向荣。

2. 尊重下属

获得尊重是人的基本心理需求，人人都希望得到他人的尊重，那么首先需要学会尊重对方。在企业中也一样，职级的高低并不代表所获尊重的多少，并不是职级高的人就一定能得到尊重，就算下属当面说的全是好话，但转身之后也可能妄加议论；更严重的情况是，员工如果得不到尊重，可能直接放弃此份工作。

因此，管理者在与下属沟通前首先要调整自己的心态：要清楚地知道自己与下属只是岗位不同、权责不同，但是双方的人格是平等的，同样是不能受侵害的；管理者只是职级比下属高，大家都在为同一件事从不同层面贡献自己的力量，只有拥有这样的心态，管理者才能在沟通中真正有耐心、用真心去倾听，才能了解到下属的真实想法。

3. 帮下属解决问题

在工作中，下属积极主动地找管理者进行沟通，一般是因为在工作中遇到了一些靠自己能力无法解决的事务。在这个过程中，下属大多是抱着解决问题的期望来与管理者进行沟通的，希望能够从管理者处得到指引或建议，真正地帮助自己解决问题。在这种情况下，管理者不能觉得这个问题对自己来说很简单就对下属的能力表示轻视或冷嘲热讽。要知道，就是因为你现阶段的能力比下属强，所以你才能成为管理者，而作为管理者，你有责任和义务帮助下属解决他们无法解决的难题，并不断帮助他们提升工作能力和解决问题的能力。此外，如果下属提到的问题难度较大，管理者也无法解决时，管理者不能认为下属故意使自己难堪，或者担心自己没面子将问题搁置，而需要与下属共同努力去探知未知的领域，共同成长。

管理者在沟通中还要时刻注意自己的言行，不能让其无意中成为沟通的阻碍。向下沟通要做到有"心"，需要从认真对待每一句话开始。只有尽可能多地与下属进行平等交流，倾听他们的心声，尊重他们的想法，并让他们参与到决策过程中，求同存异，才能真正做到与下属交心。

（三）学会与下属说话

1. 表扬下属

在工作中，管理者要提升下属工作的积极性，必须多给予下属肯定和表扬。对于表现优异的员工，要在公众场合毫不吝啬地进行表扬，以更多人的赞赏来激励他们更好地开展后续工作。同时，表扬一定要具体、及时，在合适的时机多表扬下属的才能。让下属在被表扬中满足某种心理需求，帮助他们实现自我价值。

2. 批评下属

若下属工作做得不好，管理者应该进行批评引导。但批评下属不是容易的事情，不恰当的批评会弄巧成拙，让下属产生逆反心理。所以，在遇到问题时，管理者应该先冷静地分析，根据下属的性格特点，尽量寻找合适的场合，使用恰当的方式，清晰明了地说明批评的内容和对后续工作的期望和鼓励，让批评达到所期望的效果。

3. 消除下属怨气

在工作中，管理者和下属难免会因为观点不同而产生矛盾，尤其是当下属觉得委屈时就可能对工作和管理者产生抱怨，这种情绪对工作的开展是非常不利的。管理者在保持自己的尊严与威信的同时，可以采用主动自责的方式先拉近与下属间的距离，然后针对问题的实质，动之以情，晓之以理，不断获取下属的理解，从而化解下属的怨气。

4. 争取下属的认可

上下级在工作中除了领导与被领导的关系，更多的是合作关系。因此，管理者要避免高高在上，看不起下属，否则容易将双方的角色放在对立面，让员工产生敌意。管理者在平时不应只看下属的工作，还需要了解他们的烦恼。在与下属沟通时，以鼓励为主、批评为辅，多肯定下属的成绩，多帮他解决烦恼，使下属认可你。

（四）避开沟通禁忌

管理者在与下属的沟通中，往往脱口而出一些话，影响上下级沟通的效果，让彼此之间产生误会和冲突。因此，要成为一名会沟通的管理者，在与下属沟通时一定要注意相应的沟通禁忌。

托马斯·戈登（Thomas Gordon）和克里斯·科尔（Cris Cole）等心理学家曾经把错误或不当的沟通语言分为三大类。参照这一分类，再结合企业中上下级沟通的实际情况，我们可以把向下沟通中常见的语言错误总结为以下4类：发号施令型、傲慢无礼型、讽刺挖苦型与隔靴搔痒型。

1. 发号施令型

发号施令型的管理者总是习惯告诉下属：作为一个下属，"应该"怎么做、"必须"怎么做、"最好"怎么做、"可以"怎么做。

发号施令型的管理者认为，这样的语言能够直接快速地让下属知道该做什么，并且期望下属无条件接受他们的指令。这是大多数管理者常犯的语言错误。

发号施令型语言也可以分为4种，根据由高到低的使用频率依次如下。

（1）命令。

例如，这里还轮不到你说话，你只需要好好听我说！不要啰唆，只需要按照我说的去做！

使用这种语言，会让下属觉得自己的感受、需求或问题都不重要，必须服从和满足管理者的感受与需要，很多人还可能因此对管理者产生恐惧。管理者发出这种单方面语言信息，不尊重下属，因此有可能让下属产生怨恨、恼怒和敌对的情绪，导致下属顶撞、抗拒，故意挑战管理者的权威，让管理者情绪失控等。

（2）威胁。

例如，如果你再不把任务完成好，就扣你奖金！如果你再不改，就直接收拾东西走人吧！

威胁与命令很相似，不同之处是，威胁在命令的基础上还对做不到某事的后果进行了描述，目的是使员工感到恐惧和屈从，但更可能会引起员工的敌意。有些员工还可能故意做出与管理者期待相反的反应："好啊，你说什么就是什么，反正我不在乎，看你能把我怎样！"更有甚者，故意挑战权威，做一些被警告的事情，去考验上级能否言出必行。

（3）强加于人。

例如，昨天说的任务为什么没有完成？为什么不照我说的去做？今天找你来，是要告诉你我对你这次工作失误的看法，我发现你存在的问题是粗心。对不对？下次要细心一点！好，我讲完了，你继续回去工作！记住我的话，下次别再粗心！

强加于人的语言更加微妙，它可以巧妙地隐藏在貌似有理有据的陈述中，但施加命令的一方只有一种心态，"只要你是我的员工，就必须按照我的观点来做，无条件地认同我"。

因为不给下属发表意见的机会，这类谈话会结束得很快，下属根本没有时间向管理者表达自己的想法。长此以往，下属会产生一种"不管怎么做，在管理者面前我总是不行，怎么做也不对"的压抑感。

（4）过度忠告。

例如，如果我是你，肯定不会这么做。记住，以后一定要先给客户推荐熟悉的产品，再给客户推荐不熟悉的产品。

这样的语言其实不断向下属传递一个信号：我不信任你有能力单独解决问题。长此以往，会让下属在工作中对管理者过于依赖，影响独立判断能力和工作创造力。

过度忠告其实反映了管理者的自我优越感，经常使用会引起有主见的下属的反感。

管理者在沟通过程中使用最多的语言就是发号施令型语言。但是它的缺点就是使用过度就会失去效力。其根本原因在于这种语言常常暗藏着"你太笨了""你太差劲了""你要听我的""我是权威"等意思。下属听后会出现逆反心理或顶撞情绪等。

所以这种语言虽然容易让下属顺从，却不容易让下属自发地采取积极行为。

由于它所表达的信息仅涉及对下属的要求，下属不知道他的行为会对管理者产生什么影响，只知道管理者要求改变就改变。这种单方面的输出会让下属错误推测管理者的意图，如"这位管理者偏心，心胸狭隘，脾气坏，专门拿我们出气，对我们要求太高"等。下属一旦产生这样的负面心态，就很难理解上级原本的良好用意。

2. 傲慢无礼型

傲慢无礼型语言可以分为以下3种。

（1）训诫。

例如，你大学时不是学的会计学吗，还不知道报表上的这些数字代表什么？你应该很清楚，跟你的上级应该怎样说话！

这种表达一开始就预设了双方的立场，加剧了下属地位不平等的感受，会让其觉得管理者只会运用职位和权力开展沟通，从而对管理者产生一定的防卫心理。

（2）标记。

例如，我发现公司有麻烦的地方总有你！我就知道你是做不好事的！因为你太粗心。

这种语言直接给下属贴上了相应的标签，让下属产生自卑感和无力感，从而产生"破罐子破摔"的消极心态。

同时，管理者这样的语言会让下属的自尊心受到明显伤害。他们为了维护自己的尊严，以后就会尽量在管理者面前掩饰自己的真实想法，如此管理者无法再了解下属真实的内心世界。

（3）揭露。

例如，你不就是为了出风头才这样做事！我还不清楚你心里想什么，在我面前你别耍花招！

如果管理者分析正确，下属会感到被揭穿而觉得尴尬或气恼。而如果管理者分析错误，下属会因受到错误的评判而感到愤怒。这样的管理者会被下属评论为自作聪明，自以为能洞察所有下属的内心。

傲慢无礼型语言明显在不同程度上都有贬损下属的意思。它会打击下属的自尊心。如果下属经常听到这样的语言，会形成"我是个差劲的人""我不行"等自卑心理，对下属的身心发展造成较大的伤害。下属如果常常因为这种语言伤害到自尊心，就会随之产生反击上级的心态，造成上下级之间较大的冲突。

3. 讽刺挖苦型

讽刺挖苦型语言可以分为以下两种。

（1）暗示。

例如，你讲话的水平可真高啊，看来我的位置以后该给你坐了吧；快年底了才完成60％的任务，还不着急，真是高人，能力强，胸有成竹啊。

（2）中伤。

例如，我的水平差，你的报告写得那么好我实在看不懂！你以为你是爱因斯坦吗？不要自以为懂得很多就不得了！

这类话一出口，就流露出对下属的讽刺和挖苦，还侮辱了下属人格。

员工对这类语言非常反感。即便他们不敢当面说，内心或者私下也会反击。

4. 隔靴搔痒型

隔靴搔痒型语言主要有以下两种。

（1）空口安慰。

例如，不要着急，你还年轻，时间还多着呢。不要总是把事情想得太复杂了。回去休息休息，一切总会慢慢好起来。

这类语言好像是在安慰人，但其实并不能帮助他人解决实际问题。

（2）泛泛而谈。

例如，总体来看，你是一个基本合格的下属。我也不知道对你说什么好，你好自为之吧。

这种沟通内容过于简单，对下属的成长无益，甚至还会让下属怀疑管理者是否真正关心自己。当一个下属急切地想得到管理者的帮助时，隔靴搔痒型语言会让下属非常失望，还会让下属觉得管理者无能、自私、冷漠等。如果下属经常听到管理者说此类话，还会觉得管理者只是在敷衍自己，对自己毫不关心。长此以往，上下级关系就会不融洽，隔阂会日益加深。

21世纪是一个竞争激烈的时代，同时也是一个讲求有效沟通的时代，对组织、对家庭、对个人来说沟通都是非常重要的。松下电器的创始人松下幸之助曾说："企业管理过去是沟通，现在是沟通，未来还是沟通。"美国通用电器公司原董事长杰克·韦尔奇说："管理就是沟通、沟通再沟通。"所以说，职场中的问题大多都是沟通问题，同学们想要自己在毕业之后找到一份好的工作，想要在自己的职业生涯中取得一定的成绩，就一定要重视沟通。让我们从现在开始，将有效沟通的方法和技巧用于日常的学习生活，不断训练自己，不断提升自己的沟通能力，使自己成为真正的沟通高手。

👁 案例分析

一天，我收到一封学生发给我的邮件，邮件全部内容就只有这样一句话："老师，请您把校友奖学金的稿子发给我。"

那几天刚好我们部门既要组织校友奖学金评比的工作，又要参与校友奖学金的评比，我就疑惑了：他负责什么工作，需要什么稿子？于是，我回复了邮件："请问你主要负责哪一部分的工作，我为什么要发稿子给你？"

稍后，我收到了对方的回复："我要组织校友奖学金评比，需要用稿子。"

可是我还是不明白，这个学生需要的是什么稿子，也无法帮助他，于是，我又回复："你需要什么稿子呢？"

"我在校友奖学金评比中负责主持稿的撰写，需要参考往期的主持稿，确定评比的流程和内容。"

至此，我终于明白了他需要的是什么。

1. 在这个案例中，看起来非常简单的关于资料获取的事情，为什么弄得如此麻烦？

2. 这位同学在沟通中存在什么问题？

3. 分析这个沟通中的"1H4W"，评价这位同学选择的沟通渠道是否合适。

本章小结

1. 有效沟通是为了实现设定的目标，把信息、思想和情感在个人或群体间传递，并达成共同协议的过程。

2. 有效沟通需要遵循尊重原则、真诚原则、平等原则、开放原则、真实原则、合作原则。

3. 从沟通的对象上看，沟通可分为3种——向上沟通、水平沟通、向下沟通。大家要系统掌握每类沟通的相关技巧。

课后练习

1. 如果你刚参加工作，你的能力和学历都很不错，但是有一个同事仗着自己资历深，对你很不服气，对你的工作也常常不予配合，对此你会怎么办？

2. 如果你的一位同事经常用办公室的电话打私人电话，影响公司的工作，领导让你去说服他，你该如何与这位同事沟通？

3. 领导安排你和部门另外一位同事一起完成某项工作，该同事不和你沟通工作情况，导致你的工作没有完成好，受到领导批评，你会怎么办？

附：扩展文件

与领导沟通的
小窍门

　　随着社会的不断发展，各种知识、技术不断更新，竞争日趋激烈，社会需求越来越多样化，人们在工作、学习中所面临的问题也更加复杂。很多问题都需要人们组成团队，通过合作来解决。本章将从认识团队、高效的团队、高效执行三个方面对团队建设进行介绍。

第一节　认识团队

一、团队的含义

1994年，美国著名的管理学教授斯蒂芬·P.罗宾斯（Stephen P. Robbins）首次提出了"团队"的概念：为了实现某一目标而由相互协作的个体所组成的正式群体。由此可见，团队是一种群体，但团队又不是一般的群体。在随后的10年里，关于"团队合作"的理念逐渐风靡世界。

团队合作指的是一群有信念、有能力的人在特定的团队中，为了一个共同的目标相互支持、相互合作、一起奋斗的过程。团队合作可以调动团队成员的所有才智和资源，并且会自动地驱除所有不公正和不和谐现象，同时会给予那些大公无私、诚心奉献者适当的回报。团队合作一旦形成，必将产生一股强大而且持久的力量。

二、团队的重要性

团队的重要性如下所示。

第一，团队可以产生大于个人绩效之和的群体效应（即1+1＞2）。

个人与团队的关系就如同部分与整体的关系，团队的形成可使整个组织结构大大简化，领导和团队、成员和团队以及团队内部成员之间的关系变成伙伴式相互信任和相互合作的关系。建立在志同道合基础上的团队可以优势互补，使决策科学合理，从而产生比个体简单相加高得多的劳动生产率。

第二，团队有极强的凝聚力。

随着社会的发展，人们的物质文化生活水平不断提高，同时思想也得到了极大的解放，人们已经不再满足于别人对自己的管理，他们不仅把工作当作一种谋生的手段，还希望在工作中找到人生的乐趣，实现自我价值。团队强调沟通协调，成员之间坦诚沟通、相互信任，人际关系和谐，这样可以增强员工自豪感和归属感，大大激发企业员工的积极性，增强企业内部凝聚力。

人无完人，每个人都需要与他人合作来弥补自身的缺陷，一项事业的成功往往是团队所有人精诚合作的结果。俗话说"单丝不成线，独木不成林"，也就是说，一个人如果没有合作精神，即便有天大的本事，也难成大事。

所以，学习与他人合作，发挥好团队精神在具体工作和生活中的作用，可以收到事半功倍的效果，也可以使个人的学习和工作效率更高。

三、团队建设理论

（一）基于"人性假设"的团队建设理论

基于"人性假设"的团队建设理论是西方组织管理理论中人学思想的集中体现。这一理论主要建立在对人性理解的基础上。关于以人性为基础的西方组织管理理论主要有4次重大变革。

1. "经济人"假设

20世纪初，传统组织管理理论的奠基者弗雷德里克·温斯洛·泰勒（Frederick

Winslow Taylor）提出"科学管理"理论，即人是"经济人"的假设。该观点认为，人的动机是由经济利益而引发的，并以追求最大的经济利益为目的。

2．"社会人"假设

20世纪二三十年代，"行为科学"理论的先驱乔治·埃尔顿·梅奥（George Elton Mayo）提出"人群关系"理论，即人是"社会人"的假设。其认为引起人行为的主要动机不是经济利益，而是人际关系或社会交际，人们必须从社会关系中满足自己的需要，应重视培养个人的团体感和归属感。

3．"自我实现人"假设

美国管理学家道格拉斯·麦格雷戈（Douglas McGregor）等人提出"自我实现人"的假设，即认为人并无好逸恶劳的天性，人的潜能要充分发掘，才能得以发挥，人才能感受到最大的满足。

4．"复杂人"假设

20世纪70年代组织心理学家埃德加·沙因（Edgar Schein）提出"复杂人"假设，认为每个人都有较为复杂的动机，因此在管理的过程中不要简单地将人的行为归因于某些具体动机，每个人实际上受到多种因素共同影响，特别是时间、地点及地位等的影响，因此管理方式应该因人而异。如果管理者能够合理配置组织目标、工作性质、员工素质三要素，就能激发员工强烈的胜任动机，使其朝着更高的目标努力。

无论是"经济人"假设、"社会人"假设，还是"自我实现人"假设和"复杂人"假设，它们的理论依据都是马斯洛需求层次理论。西方组织管理理论开始从过去的"以人去适应物"转向"以人为中心""以人为本""让物来适应人"，由注重层层控制式的管理模式，转而注重调动员工参与决策的积极性，出现了一种"参与管理"的新型管理模式。员工在这种参与模式下，感到自身被重视，努力实现自身价值，提升了群体凝聚力，从而提高了生产效益。

（二）基于"木桶理论"的团队建设理论

1．木桶理论分析

所谓"木桶理论"，即"木桶定律"，其核心内容（见图5.1）为：一只木桶盛水的多少，并不取决于木桶最高的那块木板，而是取决于木桶中最短的那块木板。根据这一核心内容，引申出"木桶理论"的两个推论。

图5.1　木桶理论

其一，只有所有木板都有相同的长度，木桶才能盛满水。

其二，只要这个木桶里有一块木板的长度不够，木桶里的水就不可能是满的。

在团队中，成员恰恰如构成木桶的每一块木板，团队的成功并不取决于最优秀的成员，而是取决于最弱的成员，也就是团队的短板。一只木桶能够装多少水，在正常情况下不仅由最短的那块木板决定，同时也和构成其所有木板之间连接的紧密程度有很大关系，这一点体现在团队中就是成员之间的相互协作。除此之外，桶底的质量直接制约了木桶是否能长时间盛水。一个好的木桶，它的桶底必须是好的，如果没有一个好的桶底，那也就无法长时间盛水了，桶底相当于团队为每位成员提供的发展平台。

2. 木桶理论对团队建设的指导作用

通过木桶理论可以得知，一个团队能够做出多大的成绩，主要取决于以下3个方面的因素。

第一，团队中每一位成员的自身素质；

第二，团队中成员与成员之间协作的能力；

第三，团队能为成员提供的展示平台。

根据木桶理论，研究者认为，可采取各种措施对前述3个因素进行调整，增强整个团队的实力，进而提高团队的工作绩效。

基于木桶理论的要求，团队应从以下3个方面着手进行改进。

（1）正确看待团队成员自身的素质。

每一位团队成员的素质是不一样的，因此要正确对待各项工作任务安排，这对团队的整体发展有着至关重要的影响。遵循"补短板"的原则，团队需不断提高身为短板的成员的能力与素质。

对于团队建设来说，最明智的做法是加强对工作能力最弱的成员的关注和关爱，而不是一味地让他承担责任以及对他批评与排斥，应多为其创造一些条件和机会让他尽快提高自身素质，更好地融入团队。

遵循"拉长板"原则，要不断提升高水平成员的工作能力。在社会竞争中，一个团队想要在竞争中取得全面性竞争优势是不太现实的。因此，对团队中的高水平成员，要充分集中他们的优势，形成团队的鲜明特点，不断培养团队的差异化优势。

在团队建设中"拉长板"与"补短板"应并重，充分发挥每位成员的能力。即在不断加长"短板"让团队整体均衡发展的同时，还要注意"拉长板"，形成团队独特的差异化优势，这样才能使团队在竞争中处于优势地位。

（2）加强成员间的团结协作，增强团队凝聚力。

在一个团队中，团队成员的年龄、专业背景、工作习惯等各不相同，任何团队成员都有缺点，但只要成员能够相互协作、相互配合、取长补短，形成优势互补，达到最佳的协调状态，那么这个团队就能够高效、顺畅地运转下去。

在进行团队管理时要加强内部管理控制，但要注意内部管理的松紧适度，既要让成员紧密地团结在一起，又不能造成团队成员的矛盾冲突。合理有效地对团队成员进行控制，加强团队成员之间的协作，同时发挥团队成员的主动性，是高效完成团队事务的重要条件。

（3）重视团队的基础平台建设。

任何没有桶底的木桶都是无法盛水的，而一个不太结实的桶底，在盛水量不断增加时，就会因为承受不了压力而破损。因此，一只木桶能盛多少水还取决于桶底所能承受的压力，即桶底直接制约着木桶的盛水量。

在团队中，团队的基础管理、团队的制度建设、团队的行为规范就犹如桶底。一般情况下，任何团队都有较为完善的管理制度，但能够彻底执行制度的团队却很少，所以团队绝不能忽视自身的制度建设和制度的执行。在相对完善的制度下，团队成员统一行动，共同思考，形成一种行为习惯，这种习惯经过升华，会形成一种精神，即团队精神，团队精神会促进团队的进一步发展。

（三）基于"共生理论"的团队建设理论

1. 共生理论分析

"共生"原是生物概念，泛指在一定环境中具有有机联系的同一类型的不同对象之间、不同类型的对象之间、个体与群体之间、集体与集体之间相互依赖、相互承认、利益互惠的共存关系，彼此形成一个共生体。共生关系强调的是特定生态环境中管理者与被管理者、管理者与管理者之间的依存关系。

依据共生理论，团队人才共生就是团队中每位成员和谐相处，共同发展，共同推动组织发展，拥有共生理念的团队是组织的核心竞争力。共生理论强调团队管理工作中的大局观念、合作意识和协调发展意识，其意义就在于破除以"我"为中心的思维定势，强调在团队中学会移情体验、谋求谅解、换位思考、协作与共同发展。

2. 共生理论对团队建设的指导意义

根据共生理论，在团队建设中，首先要选择"共生元素"。凝聚力是团队生存的关键。所以团队成员对必须达到的团队目标要有清晰的认识，把个人目标与团队目标结合起来，从而面向整个团队建立共生联系。共生理论认为，增强团队凝聚力和向心力的有力工具是沟通意识和团队精神。

（四）基于"贝尔宾团队角色理论"的团队建设理论

1. 贝尔宾团队角色理论分析

贝尔宾团队角色（Belbin Team Roles）亦被称为贝尔宾团队角色表（Belbin Team Inventory）。剑桥产业培训研究部前主任梅雷迪思·R.贝尔宾（Meredith R. Belbin）博士和他的同事们经过多年在英国和澳大利亚的研究与实践，提出了著名的贝尔宾团队角色理论，即一支结构合理的团队应该由8种团队角色组成，这8种团队角色分别为：实干家（Company Worker）、协调员（Coordinator）、推进者（Shaper）、规划者（Planner）、资源调查员（Resource Investigator）、监督员（Monitor-Evaluator）、凝聚者（Teamworker）、完成者（Finisher）。

贝尔宾团队角色代表的是一种对任务和活动实施管理所表现出的个人行为特征，而非思维类型或个性类型。尽管有各种测试工具来帮助团队成员确定理想的团队角色，但并不代表在实践中团队成员不能够扮演其他角色，这是贝尔宾团队角色理论的局限性。

2. 贝尔宾团队角色理论的应用

依据贝尔宾团队角色理论，在建设团队时，首先，应该角色齐全。一个成功的团队应该具有实干家、协调员、监督员等上述8种角色。

其次，要容纳团队成员的短处。管理者在组建团队时，应该充分认识到各个角色的基本特征，用人所长，容人之短。在实践过程中，管理者要对下属的性格能力等特征了解透彻，而且只有在此基础上组建的团队，才能真正实现人员结构的优化，成为高绩效的团队。

再次，要尊重团队成员的差异，实现团队成员互补。团队成员互补能发挥系统的异质性和多样性，从而促使团队充满活力。

最后，要增强弹性，主动补位。根据贝尔宾团队角色理论，管理者还应该特别注重培养团队每一位成员的主动补位意识——当一个团队中以上8种角色出现欠缺时，其余成员应该在条件许可的情况下，增强弹性，主动转换自我角色，促使团队的人员结构总体趋于合理，以便于更好地达成团队共同的绩效目标。

四、团队发展阶段

正如每个人的人生之路各有不同，每个团队都会以不同的方式经历5个发展阶段，如表5.1所示。

表5.1　团队发展的5个发展阶段

第一阶段	团队的组建期
第二阶段	团队的激荡期
第三阶段	团队的规范期
第四阶段	团队的执行期
第五阶段	团队的休整期

下面以著名的"西游取经团队"为例，简要分析团队的5个发展阶段的特点及主要工作内容。

（一）团队的组建期

在《西游记》中，观音接到如来安排的组建大唐取经团队任务后，经过一番考验，最终选择派唐僧去西天取经。为了保证手无缚鸡之力的唐僧能够最终到达西天取到真经，观音为唐僧选择了孙悟空、猪八戒、沙僧及白龙马等成员。

通过以上案例可以看出，在团队的组建期首先需要明确为什么要组建该团队，团队的任务和使命是什么，是否有明确的领导人或主要负责人。

在取经团队组建过程中，该团队的任务目标为去往西天取得真经，经过观音的考察，最终确认唐僧为该团队的领导人，其他成员协助其完成团队任务目标。

明确了团队的任务目标和领导人，还需要根据团队的实际需要选择合适的团队成员，明确每个团队成员在团队中的角色与定位，帮助团队成员明确团队任务目标等。

在取经团队组建过程中，观音确定了派唐僧去往西天取经，但由于路途遥远且其间妖魔鬼怪甚多，而唐僧无自保能力，因此观音选择了齐天大圣孙悟空为其保驾护航。孙悟空降妖伏魔的本领自不必说，在取经过程中，承担了绝大部分降妖伏魔任务，是团队中的大师兄。

孙悟空做事毛躁，在初期"三观"与唐僧明显不合，为保证团队顺利运转，观音又选择了善于关系协调但却好吃懒做的猪八戒加入团队，猪八戒作为团队的润滑剂兼对外联系者，及时获取外部相关信息。

孙悟空鲁莽急躁、猪八戒偷奸要滑，在团队中都有着明显的缺点与不足，于是观音又选择了做事踏实、任劳任怨的沙僧加入团队，承担挑行李等工作。

大唐到西天十万八千里，凭借普通的马力很难顺利抵达，观音又为其准备了"交通工具"——白龙马。

在孙悟空、猪八戒等相继加入取经团队的过程中，观音都与之强调他们的主要任务是保护唐僧前往西天顺利取得真经。

通过以上分析，可以看到在团队的组建期，主要工作有以下两个。

1. 形成团队的内部结构框架

团队的内部结构框架主要包括团队的任务、角色、目标、规范、领导、规模等。在其形成过程中，必须要明确下列问题。

（1）是否该组建这样的团队？

（2）团队的任务是什么？

（3）团队中应包括什么样的成员？

（4）团队成员的角色如何分配？

（5）团队的规模要多大？

（6）团队生存需要遵循什么样的行为准则？

2. 建立团队与外界的初步联系

建立团队与外界的联系主要包括：建立起组织与团队的联系；确立团队的权限；建立对团队绩效的考评制度体系；建立团队与组织外部的联系与协调关系；等等。

（二）团队的激荡期

团队组建完成后，并不意味着团队就能够高效运作。团队成员加入团队后，一些隐藏的问题会逐渐暴露出来，团队成员的冲突也会随之加剧，团队领导者的权威也会受到各种挑战，如果不能顺利度过激荡期，刚组建的团队可能分崩离析。

在这一阶段，热情往往让位于愤怒和挫折。抗拒、嫉妒、较劲是常有的现象，那些团队组建之初就确立的基本原则，此时也可能会变得不堪一击。

激荡主要体现在以下3个方面。

1. 成员与成员之间的激荡

在取经团队中，孙悟空与猪八戒是团队成员激荡的典型代表。众所周知，猪八戒是不愿意去西天取经的，他更愿意留在高老庄过自己的安逸日子，但迫于孙悟空的武力，他不得不加入取经团队，踏上取经之旅。在《西游记》中，唐僧被妖怪抓走、孙悟空被妖怪困住，猪八戒的第一反应往往是大家赶紧散伙吧，分了家当回高老庄去。

猪八戒加入取经团队的初期，对团队及团队的任务目标等是不认可的，因为他是被迫加入该团队的。对强迫他加入取经团队的"罪魁祸首"孙悟空，他也会采取自己的办法进行报复，如经常在唐僧面前打小报告、说孙悟空的坏话等，在《西游记》第二十七回中，唐僧对孙悟空的不满集中爆发，最终迫使孙悟空暂时离开了取经团队。

团队进入激荡期后，成员之间由于性格、阅历、做事方法的不同及利益如何合理分配等必然会产生各种冲突，会陷入异常紧张的局面，甚至可能会出现彼此敌视或者挑战领导权威等情况。其结果是一部分人回避冲突，另一部分人考虑是否要退出团队。

2. 成员与环境之间的激荡

（1）成员与组织技术、流程标准之间的激荡。

团队成员对团队所采用的技术或流程标准不熟悉而出现各种错误，导致本该顺利完成的事情错漏百出，此时应该对此部分团队成员进行相应培训，帮助他们掌握团队使用的技术和流程标准，促使他们更好地完成工作任务。

（2）成员与组织制度系统之间的激荡。

为了保证团队有效运转，团队必然会建立相应的管理制度体系，如人事管理制度、绩效考核制度等，但并非团队的所有成员都参与了制度的制订，制度也不一定能满足所有人员的需求，这使得部分人员对制度并不认可，这时就会出现成员与组织制度系统之间的激荡。因此，制订适应团队发展的成员行为规范是非常必要的。

（3）团队成员与组织其他部门之间的激荡。

团队并不是单独存在的，在运行过程中必然会与组织的其他部门发生联系，同时也可能会出现一些矛盾冲突，此时良好的沟通与协调就非常有必要。

3. 新旧观念与行为之间的激荡

团队是由成员组成的，不同的成员有不同的想法、观念、主张，因此成员之间容易产生冲突，影响团队的正常运转。

例如，孙悟空刚刚加入取经团队时，遇到山贼盗匪往往秉持除恶务尽、绝不会手下留情的态度，唐僧则保持放下屠刀立地成佛、得饶人处且饶人的理念，可以看出他们的观念是不同的。孙悟空对唐僧的这些做法并不认可，也不太服从唐僧的领导，最终观音只得赐予唐僧紧箍咒来加强对孙悟空的管理。

在团队的激荡期，团队的领导者应该树立自身的威信，加强团队成员之间的沟通，及时化解团队出现的各种冲突，引导团队顺利度过此阶段。

（三）团队的规范期

经过了激荡期的磨合，团队成员对彼此有了足够的认识与了解，能够换位思考、彼此配合，使团队逐渐走向规范化。

例如，取经团队中，孙悟空、猪八戒、沙僧等经过取经过程中的一些考验，彼此相处融洽，对团队的领导唐僧和团队的任务目标也更加认可。当唐僧再次被妖怪抓走后，他们分工明确、协同配合，最终顺利斩妖伏魔，保证唐僧安全抵达西天取得真经。

在团队的规范期，团队面临的主要问题是团队成员为了保持良好的关系，避免各种冲突与矛盾而不愿意提出意见与建议，最终形成"你好、我好、大家好"的局面。团队看上去一团和气，但却是一潭死水。此时团队的工作重点就变为增强团队成员的责任感，采取合适的方式让团队成员主动建言献策，鼓励团队成员迎接新的挑战并使其对团队产生足够的信任。

（四）团队的执行期

经过团队的规范期，团队成员掌握了团队协作的相关技能，彼此能够高效合作，共同推动团队目标的不断达成，团队也会不断取得好的结果。

在此阶段，团队领导者需要及时将团队的成果与团队每一名成员分享，让他们享受胜利的果实，提高对团队的认同度，如此团队的凝聚力与团队精神也会进一步强化。

同时，团队领导者也需要带领团队成员及时复盘，对过往的工作进行分析，总结成功的经验，避免同样的错误再次发生；鼓励团队成员提出各种创新性想法，推动团队任务目标最终达成。

（五）团队的休整期

在休整期，团队有以下3种可能的结局。

1. 团队解散

为完成某项特定任务而组建的团队，随着任务的完成，也会解散。

2. 团队休整

在一些团队如IT公司的项目研发团队完成了项目研发任务后，团队成员往往能获得一定的休息调整时间，为完成下一项团队任务做相应准备。

3. 团队整顿

团队在运作过程中如果表现得不好，不能按计划完成团队目标，往往会被勒令整顿，可能会更换团队的领导者，也可能会淘汰一些不太合适团队发展的成员，对团队的规章制度等也会进行优化规范，最终保证团队能够高效完成工作任务。

第二节 高效的团队

一、高效的团队的特征

（一）明确的共同目标

目标清晰，方向才会明确，才能有效地激励团队成员，将个人目标与团队目标有机结合。

（二）相关的工作技能

高效的团队由一群高效率的成员组成，他们具备实现理想目标所必需的技术和能力。西汉开国皇帝刘邦曾这样评价过自己的团队："夫运筹策帷帐之中，决胜于千里之外，吾不如子房。镇国家，抚百姓，给馈饷，不绝粮道，吾不如萧何。连百万之军，战必胜，攻必取，吾不如韩信。此三者，皆人杰也，吾能用之，此吾所以取天下也。"从这段话中可以明显看到张良、萧何、韩信三者所拥有的技能是不同的，但正因为他们通力合作才最终帮助刘邦建立了西汉。

（三）坚定的相互信任

人与人之间的信任是需要长时间的积累才能建立的，高效的团队的一个显著特征就是团队成员之间彼此信任。如军队就是典型的高效的团队，在战斗中军人能够放心地把自己的后背交给战友，这出于对对方的信任。因此，管理层必须重视团队成员之间信任的建立，将此作为重点工作内容之一。

（四）高效的沟通交流

要打造高效的团队，必然要营造良好的沟通氛围，畅通沟通渠道，使团队成员能够通过沟通消除误解、化解冲突；当团队成员受到不公正对待时，有相应的渠道进行及时反馈，以利于问题的及时解决。例如，当下绝大多数公司都注重内外部沟通渠道的建立，客户遇到问题可以通过拨打客服电话进行反馈，内部员工遇到问题也能及时与上级沟通，或者通过公司建立的沟通渠道进行反馈，这些都是为了保证公司能够健康持续稳定地发展。

（五）有力的领导保障

强有力的领导者能够让团队跟随自己共同渡过艰难的时期，能为团队指明前途所在，向成员说明变革的可能性，帮助团队成员树立自信心，帮助他们充分了解自己的潜力。

以华为为例，华为能够从一个默默无闻的民营企业成为现在在全球拥有巨大影响力的知名企业，华为的领导者任正非功不可没。无论是华为的企业文化，还是华为独特的激励机制，这些都是华为的领导者不断推动建立并逐渐完善的，由此可见团队领导者的重要性。

当然，优秀的领导者不一定非得控制团队成员。高效的团队的领导者往往担任的是教练以及后盾的角色，他们对团队提供支持和指导，并不是试图去控制它。

（六）良好的内外环境

成就高效的团队的最后一个必要条件就是有环境支持。从内部环境来看，团队应该拥有一个合理的基础结构，这包括：适当的培训和一套易于理解的用以评估员工总体绩效的测量系统，以及一个起到支持作用的人力资源系统。从外部环境来看，管理层应给团队提供完成工作所必需的各种资源。

二、高效的团队的分工

（一）高效的团队中的角色

在任何一个团队中，每个人都在主动或被动地扮演着一个或多个角色，每个角色都有不同的特点和作用，每个角色发挥效能的程度，会影响这个团队完成目标的进度。角色的合理运用和正确调配，是打造高效的团队的重要基础。一个高效的团队往往是由9种角色组合而成的，如表5.2所示。

表5.2　高效的团队中的9种角色及其作用

角色	作用
创新者	提出观点
信息者	提供信息
实干者	执行计划
推进者	推动团队快速行动
协调者	分配任务
监督者	关注"瑕疵"
完美者	注重细节
凝聚者	调解冲突
技术专家	精进技术

1. 创新者

创新者头脑灵活，在团队中他们倾向于出点子。创新者在团队中总是引人注目的，因为创新者总是在想点子、出点子，人们也总是关注着有新点子的人，认为他们的头脑灵活、能力超群。

很多时候创新者想出的点子都是好点子，即使某些点子看上去异想天开、不切实际，但团队总能从他们的点子里受到启发。如果没有创新者，团队的思维就会受到局限，点子就很匮乏。

2. 信息者

信息者是团队信息的重要来源之一，他们会为团队及时提供所需的信息。例如，××部门现在正在做什么，现在的市场状况与发展趋势是什么，等等。

信息者负责对外沟通，他们拥有良好的沟通技能与方法，善于和不同的团队或人打交道，能及时获得各方面的最新信息，这些都有利于团队更好地达成目标。

3. 实干者

实干者踏实认真，专注于完成工作任务，如目标如何分解、计划是否按期完成、项目推动过程中是否出现问题、如何改进等。

实干者是当之无愧的执行者。实干者认为一件事情需要先计划，然后严格按照计划执行，实干者一直盯着目标，为完成目标采取有力的行动。正是因为有实干者，任务才有完成的可能。实干者的计划性很强，没有实干者的团队容易缺乏系统性的思路。

4. 推进者

推进者一般都是急性子，一方面致力于高效推进工作，另一方面又能够接受外来的新的观点。团队正由于有推进者，才能不断向着目标前进。

推进者在完成任务的过程中，总能够和创新者一起找出更好、更快完成任务的方法，因此，推进者和创新者一直是好搭档。推进者是确保整个团队快速行动的有效成员，缺乏推进者将拉低团队工作效率。

5. 协调者

协调者一般在想：谁来做这件事更合适呢？协调者总是介于任务和人之间，他们不仅关注人还关注事，他们需要做协调工作，让不同的人做不同的事。协调者往往是团队中的领头羊，但并不是所有协调者都是领头羊。

在团队中，并不是某个人居于领导地位，而是某一个角色居于领导地位，而人可以同时扮演好几种角色。没有协调者的团队，领导力会弱很多，因为协调者除了具有权力性影响，还具有一种个性的感召力。

6. 监督者

监督者是一个"吹毛求疵"的人，关注各个环节出现的"瑕疵"，并且经常给完成任务的人泼冷水，监督者在团队中往往是不受欢迎的，但如果没有他们，团队就会盲目乐观，整个团队的前途就会令人担忧。没有监督者的团队容易大起大落。

7. 完美者

完美者很注重细节，在完美者看来，只要高标准地关注每个过程，就有可能成功。完美者更贴近任务，更强调工作标准。如果由完美者制订标准，很可能等很久也看不到标准，因为他们总想做到完美。但如果没有完美者，那么这个团队任务完成的质量，就有待商榷了。

8. 凝聚者

团队经常会陷入争论之中，而且争论很有可能会演变成激烈的冲突，不过这没关系，凝聚者会站出来调停。凝聚者的角色在平时看不出来，一旦团队内部的和谐被破坏，凝聚者就站了出来，在这个时候，人们才会意识到凝聚者在团队中是多么重要。

在一个没有凝聚者的团队中，人际关系会比较紧张，内耗也可能加剧，从而伤害团队感情，甚至使团队分崩离析。

9. 技术专家

团队中还有一类角色，就是技术专家。技术专家一心一意地埋头工作，最终因为专业素养和技术优势而获得团队的尊重。没有技术专家的团队无法确立专业技术优势。

以上就是一个高效的团队中必不可少的9个角色，而且这9个角色在团队中需要相对均衡，并且各有分工，这样才能使各个角色对团队的贡献最大化。

（二）高效的团队中的角色分工方法

精准的角色定位，是团队建设的重要基础。团队成员要想共同创造优良绩效，首先要明确工作的流程和基本的工具，对个体做出准确的定位。绩效不佳的原因，在很大程度上是成员对自身在组织中的定位缺乏认识，以至于定位不准、不对、不足，最终没能发挥应有的作用，没能尽到应尽的职责。

所以在现实工作中，一定要让团队中的成员清醒地认识自己，这样不仅有利于发展、锻炼、培养自己的所长，还能充分提高团队的综合实力。

不想当将军的士兵不是好士兵，但如果一个团队中所有人都想当"将军"，都想做领导，这个团队难以存续。在团队中每个成员都要明确自身的定位，认清"我是谁""我在团队中的角色是什么""我的工作任务是什么""我如何能够将工作做得更好""我需要怎样去支持和配合他人工作"，等等。

在其职，做其事，尽其责，只有团队中每位成员分工明确、职责清晰、资源共享，才能使团队实现高效发展。

团队角色分工有如下经验可借鉴。

1. 团队中的角色要清晰

在团队中，团队成员的角色要清晰明确，避免角色冲突、角色错位、角色超载、角色缺位等情况的出现，这样出现问题时团队成员才不会相互推卸责任，从而提高团队工作效率。

2. 明确团队成员的职责

团队工作效率与团队成员的职责息息相关，团队成员明确自身的职责，各司其职，在保证自身工作任务不出问题的前提下，通力合作，团队工作效率才会显著提高。所以，任何团队要想成为高效的团队，都必须明确团队成员的职责。

3. 角色职责安排以人为本

团队成员角色安排需要坚持以人为本的原则，让团队成员做擅长的事情，根据团队成员的能力、性格、特点等安排合适的人做合适的事情，才有利于团队的发展。

同时，团队成员做自己擅长的事情，有利于他们能力的发挥，能为组织创造更大的价值，能有效提升团队成员的主观能动性，他们对团队也会更加认同。

4. 一视同仁

人无完人，每个人都有自己的优势和不足，在团队中要关注每一名成员。因此，在制订团队角色的职责时，要考虑每一位团队成员都同等重要，才不至于在进行角色职责制订时，只强调这个成员而忽视那个成员，才能全面充分地发挥团队全体成员的才能、特长，进而成就高效的团队。

5. 角色职责设定要立足现实

对团队成员要有全方位的认知，要分析每一个团队成员的性格特征、能力等，要了解并把握好团队成员的期望值，根据对团队成员的认识安排他们的角色职责，从而使角色安排适当，充分调动团队成员的积极性，为提高团队工作效率贡献力量。

6. 角色职责设定时不强调个人英雄主义

团队在设定团队成员的角色职责时，要侧重团队的表现，而不要强调个人英雄主义。

7. 沟通的方式多样、灵活

平时可以口头沟通为主，口头沟通使人有亲切感；正式或严肃的场合可采取书面沟通形式。书面材料可以让员工了解自己的责任和权利，杜绝口头授权容易产生的信息失真这一弊端。

8. 善用角色定位工具

角色定位工具分为团队角色分析工具和团队成员主观因素测试工具。同时，在团队角色分类前，利用角色测试表进行必要的测试，有利于角色分工顺利进行。

9. 分清主次，抓住重点

面对烦琐的角色定位工具和复杂过程，要抓住角色定位流程的核心。抓住关键，能够迅速地实现准确合理的角色定位。

三、高效的团队协作

在一个团队中，除了角色定位与精准分工之外，团队成员之间的高效协作也无比重要。高效的团队协作有以下经验可以借鉴。

（一）制订团队目标

团队目标是团队存在的理由，是整个团队运作的核心动力，关系到全体成员的利益，能很好地激发大家的斗志，是协调团队高效行动的关键。

在制订团队目标时，需要注意以下几点。

第一，团队目标由谁制订，哪些人需要参与，是自上而下还是自下而上制订，这些都是制订团队目标时需要考虑的因素。一般情况下，团队目标由团队领导者以及团队的核心成员共同制订，且得到团队成员的广泛认可。

第二，团队目标必须与团队的愿景连接，两者的方向是一致的。愿景勾勒出团队发展蓝图，鼓舞团队成员勇往直前。

第三，必须发展一套目标修正的程序。目标确定后还需要根据工作中遇到的实际问题随时修正，才能保证目标最终实现。

第四，必须将目标进行有效分解。目标需要靠执行来实现，目标的有效分解有利于团队成员明确自身的职责，清晰自己的角色定位与工作内容，也有利于随时检查是否按计划执行。

第五，必须把目标有效地传达给所有团队成员。

一般情况下，要遵循以下准则来制订目标。

1. 目标要明确

拥有明确的目标几乎是所有成功的团队的相同特点，有很多团队不成功的主要原因是团队目标模棱两可，又或者是没有将目标有效地传达给所有成员。例如，当下不少学生都有考研的打算，"我要考研"是否算一个明确的目标呢？严格来讲，"我要考研"并不是一个明确的目标。因为不同学校不同专业的录取分数是不一样的，我们需要把这个目标明确为"我要考什么学校什么专业的研究生"。

2. 目标要可衡量

如果对制订的目标没有办法去衡量，就无法判断该目标是否已经达成。例如，"我要好好学习"这个目标就难以衡量。关于什么是好好学习，不同的人有不同的理解和标准，如果把"我要好好学习"调整为"我每天要认真学习×小时""每个月要认真阅读一本书"等，目标就非常清晰直观，而且便于我们随时检查自己的目标是否达成。

3. 目标要让人们容易接受

团队目标如果仅仅是领导利用权力制订，强制要求下属完成的，下属往往会产生逆反心理，在执行的过程中也会出现各种问题，一旦目标无法实现，下属会想办法推卸责任，因为他们并不认同制订的目标。这是团队制订目标时必须避免的状况。

现在的员工学历、素质、知识储备都远超过从前，员工也有自己的想法，因此，对目标的制订要采取自下而上、自上而下结合的方式，要广泛考虑员工的意见，要让更多的员工参与目标的制订，这样员工既有参与感，也更容易接受团队目标，他们的积极性与主观能动性也会更强。

（二）培育优秀的团队精神

团队精神是高效的团队的灵魂，是团队成员为了实现共同目标而互相协作、尽心尽力的意愿和作风。

优秀的团队精神包含以下3个层面的内容。

1. 团队的凝聚力

团队的凝聚力是针对团队和所有成员之间的关系而言的。团队精神表现为团队成员强烈的归属感及一体性，每个团队成员都能深刻感受到自己是团队的一份子，把个人工作和团队目标紧密联系在一起。当个人利益与团队利益发生冲突时，团队成员会将团队利益放在首位，当团队面临困境和问题时，团队成员也会尽自己最大的努力帮助团队渡过难关。

在团队发展过程中，要采取合理有效的方法不断增强团队的凝聚力。

一是团队管理必须民主科学。团队的每一名成员都能畅所欲言，敢于表达自己的主张，愿意且积极参与团队决策，并对决策负责。

二是团队必须建立顺畅的沟通渠道，营造良好的沟通氛围。员工遇到问题可以及时向领导反馈，领导也能随时了解员工的动态。

三是团队必须建立健全激励机制，对表现优异的成员及时奖励，提升他们的工作积极性；对表现较差的员工及时处罚并切实帮助他们解决问题，提升工作能力，这样既营造了有序竞争氛围，也能够让团队成员更加认可团队，不断获得工作成就感与满足感，如此团队的凝聚力必将进一步提升。

2. 团队的合作意识

团队的合作意识是指团队成员对协作和共为一体的认知和情感。团队成员间相互依存、相互敬重、同舟共济、彼此宽容和尊重差异；彼此信任，遵守承诺、待人真诚；相互帮助、共同提高；共担责任、共享利益和成就。

当今社会仅凭个人能力单打独斗已经行不通了，任何人想要取得成功都必须进行团队合作，需要团队成员心往一处想、劲往一处使。因此，团队领导应该努力培养团队成员的合作意识。

一是要在团队内部积极营造融洽的合作气氛。高效的团队的精髓就在于"合作"二字。团队合作受到团队所处环境和团队目标的影响，只有团队成员都具有与他人合作的意愿及与实现目标相关的知识技能，团队合作才有可能成功。

二是团队领导人要带头鼓励团队成员之间合作而不是竞争。美国第35任总统约翰·肯尼迪曾说："前进的最佳方式是与别人一道前进。"

三是制订合作的规范及合理的规章制度。在任何一个团队中，如果出现能者多劳却不能多得，成员就会产生不公平感，在这种情况下很难开展后续的合作。如果想有效推动合作，管理者必须制订被大家普遍认同的合作规范，采取公平的管理原则。

四是强调大家共同的长远利益。管理者要使团队成员拥有一个共同的愿景，使大家相信团队目标是可以实现的，只有这样团队成员才不会计较眼前的一些得失，主动进行合作。

3. 团队的士气

团队的士气是团队精神的一个重要方面。拿破仑曾说过："一支军队的实力，四分之三靠的是士气。"在现代企业管理中，为团队目标而奋斗的精神状态对团队业绩达成是非常重要的。所以，在任何一个企业的管理中，要始终关注团队士气的高低，保持团队士气高涨，这样才能提高工作效率。

提高团队士气的方法如下。

一是要采取措施让团队成员的行为与团队的目标一致。如果团队成员赞同团队目标，并认为自己的愿望能与团队目标一同实现，那么士气就会高涨。

二是要合理分配利益。每位成员的工作都与利益紧密相关——无论是精神的还是物质的，只有在合理、公平、同工同酬以及论功行赏的情形下，人们的积极性才会提高，士气才会高涨。

三是要充分发挥每一个成员的特长，让成员对团队的工作产生兴趣，并且热爱工作，这样士气才会高涨。因此，团队的管理者应该根据成员的智力、兴趣、才能以及技术特长来安排工作，把合适的人员安排在合适的位置上。

四是实行民主管理。团队内部的管理方式，特别是团队管理层的领导方式对成员积极性的影响很大。

（三）促成和谐的团队关系

良好的人际关系是团队运作的润滑剂，人际关系的主要特点就在于，具有明显的情绪色彩，以感情为基础。在团队中如果人际关系紧张，团队成员互不认可，甚至相互敌视，他们很难把工作做好；反之，团队中人际关系和谐，就大概率会出现一人有难、八方支援的情形，这样的团队无论面临什么问题都能快速有效解决。因此，一个好的团队必须致力于促成和谐的团队关系。

可从以下方面入手改善人际关系。一是要理出与他人关系相对紧张的成员名单。二是要具体分析这类成员与谁的关系最为紧张。三是从利人利己的观念出发，找出存在的障碍。四是对个人就可以解决的问题，要在自己的范围内设法解决，假如不能解决，则可以借助组织的力量，找准时机，寻求解决方式。

（四）促使团队成员良好沟通

在团队实际工作中，阻碍团队顺利开展工作的最大障碍就是团队成员之间缺乏有效的沟通。一份调查结果显示：团队管理者有超过64%的工作时间用于进行各种沟通，其中包括文字沟通、电话沟通等。另外，普通的团队成员每小时有16～46分钟用于沟通。

沟通之所以重要，是因为沟通无处不在，沟通的内容也非常丰富。管理者往往把很多的时间用在沟通上，因为各种事务和工作都需要沟通，才能制订最终的解决方案。如果缺乏沟通，团队的任何建设都将毫无意义。

（五）进行有效的团队激励

团队激励就是运用一定的手段使团队成员的愿望和需要得到满足，借以调动大家工作的积极性，使其主动而自发地把个人的潜能发挥出来，确保团队实现既定的目标。

在工作中，团队成员并不都是一贯主动工作的，任何人都可能由于心境、家庭、情绪等而出现懈怠。例如，不愿主动做额外的工作；迟到、早退，而不做一个合理的解释；不能按时完成手上的工作，不能按照要求去做；工作出现问题时总是埋怨别人；等等。以上问题都说明某个团队成员在工作意愿或士气方面出现了一些问题。而解决办法就是对他进行合理的激励，让他增加工作动力。

（六）管理者充分获取团队成员的信任

信任很难获取，但要失去却很容易。这主要是因为人们经常会以一种怀疑的心理开始交往。管理者要想赢得成员信任，就必须显示自己的诚意，全力支持成员。即使做再多的承诺，仍会有少数人怀疑。因此，团队的管理者要先假定自己值得信赖，并从被信任开始做起，守诺、诚实并公正待人，如此周围的人会逐渐信任自己。

宜家如何打造高效的团队

宜家是世界上品牌知名度最高的公司之一，而它所创建的团队文化更是独具特色，也是它成功的关键所在。

该公司的团队以家具的品类来分，一个团队共同负责同一家具部的工作。

为了鼓励团队成员间高度融合和协作，公司并不给每个员工明确的岗位说明，相反，公司要求团队成员自己商榷决定谁负责什么，该如何运作最为有效，等等，然后按此执行。团队的领导也没有特殊的头衔，与其他人平等，主要起协调沟通的作用，理顺团队并让每个人都能充满乐趣地工作。

因为宜家只是一个家居用品店，每个人的工作内容都不复杂，每个人都能胜任他人的工作，没有人是不可取代的，所以团队的管理关键在于成员之间的相互磨合和默契，在于创造积极向上的、彼此信任和喜欢的团队氛围。

在任何人忙不过来的时候，其他暂时有空闲的员工就会主动帮忙，让顾客得到良好、满意的服务。对团队的整体奖励在团队成员相互认同、彼此喜爱的情况下就成了十分有效的鼓励合作的手段，将此模式扩大到整个商店，就会产生整个商店就是一个大团队的效果。

宜家专门规定将一年中的某一天用来奖励所有员工，如何做呢？把那一天售出家具的全部收入分给每个员工。员工因此对宜家有强烈的归属感，将自己视为大家庭中的一员（许多店员都介绍了自己的朋友来宜家工作），于是就更加努力，这样的正向循环使公司的气氛越来越好。

第三节　高效执行

一、执行与执行力

（一）执行的含义

为什么伟大的理想不能如愿转变为现实？为什么经过科学论证的目标不能如愿变成具体结果？为什么无懈可击的方案和设计不能变成实际的效益？为什么人力资源不能形成有效的合力？为什么激励和约束不能变成员工的工作动力？为什么完善的管理制度不能变成提高效率的保证？

对这些问题可能大家有自己不同的答案，但这些问题产生的原因有一个共同之处：执行不力。那么什么是执行呢？

观点一：执行就是把事情做完。

观点二：执行与一个公司的经营实践有关，它与规划或构想是相对的，并且执行旨在实践组织的目标。

观点三：对执行的构想应该成为一家公司战略和目标的重要组成部分，它是衔接目标和结果的重要环节。

从这些观点中可以看到，尽管每个人对执行都有自己的理解，但有一点是共通的，即执行是实现目标的必要过程。

有的人可能会说，我又不是企业的领导，执行与我没有什么关系。但是，想一想，你进入职场，你的领导、你的上级安排工作任务给你，你要不要去做，想不想做好。因此，大家也可以这样来理解执行：

执行就是按时保质保量地完成既定目标，是实现既定目标的具体过程。

一个好的执行必须同时满足按时、保质、保量三大要求，即使只满足了其中一个或者两个要求，都不算是好的执行。电视剧《士兵突击》里面有一句经典的台词，完美地诠释了什么是执行：想到与得到之间还存在两个字：做到。在这一句话中，"想到"就是期望达成的目标，"得到"就是完成既定目标，而"做到"便是执行过程。

（二）执行力的含义及核心要素

1. 执行力含义

执行力与执行密不可分，所谓执行力，就是确保执行的任务顺利完成的能力（贯彻战略意图、完成预期目标的能力）。

东方希望集团总裁刘永行先生访问韩国时，韩方安排他到一家面粉企业参观。而就是这次参观，深深地刺激了他。

原来，刘永行在参观这家面粉厂的过程中发现，该厂每天处理小麦1 500吨，员工却只有66名。一个只有几十名雇员的小厂，却有着如此高的工作效率，着实令刘永行惊叹。为何这家工厂的效率如此高呢？

因强烈的好奇心，刘永行特意请教了厂长："为什么你们的效率如此高呢？"

那位厂长含蓄地回答道："或许是员工做事到位吧。"而正是这么轻描淡写的一句话，却让刘永行回国后彻夜难眠。他明白，这句平淡的话背后，一定有不为人知的管理之道。

从上面的故事可以看出，有些工厂的员工执行力强，能高效地完成既定目标。

2. 执行力四大核心要素

执行力包括四大核心要素：心态、工具、角色和流程。

（1）心态。

在执行中心态会直接影响执行的最终结果，同一个人、同一件事情，心态不同，执行结果会完全不一样：被动接受、敷衍了事、心不甘情不愿，最终能够做到60分就很不错了；认真对待、想尽各种办法把事情做到最好就有可能做到100分。因此，一个人哪怕再有能力，其执行心态存在问题，最终也难以有好结果。

（2）工具。

执行的关键是运用适宜的工具，所以影响执行力的第二要素是工具。

在执行中除了拥有正确的心态，合适的工具也非常重要。正所谓"工欲善其事，必先利其器"，没有一个合适的工具，光靠一腔热血也是难以成就事业的，适宜的工具能够大大提升工作效率，能够帮助执行者及时解决执行过程中面临的问题，最终获得好的结果。

一个优秀的执行者一定具备这样一种素质——随时随地能找到合适的工具。

（3）角色。

角色和岗位是两个不同的概念，它们有着不同的范围。如果说角色是一个区域，那么岗位就是一个点。例如，部门经理是部门的核心，部门经理的岗位职责有查看工作说明书，但这并不意味着把工作说明书上列的工作内容做好就一定是一个好的部门经理，要成为一个好的部门经理，还需要考虑角色定位，即考虑如何把部门经理这个角色扮演好。

同样对下属来讲，其也需要明确自己的角色，只有明确了角色才会清晰自身在团队中的位置、自己的工作职责、应该履行的义务等，才能更好地执行任务，从而为团队创造更大的价值。

企业应该帮助员工认知其角色，正确的角色认知能够激发员工的工作热情，极大地提升员工的执行力。

（4）流程。

流程对企业而言至关重要。所谓流程，就是为顾客提供优质服务的程序，如先做什么，后做什么。整个组织结构的建立是为了流程能更加畅通。因此，从企业执行的效益这一角度来说，是流程决定结构，而不是结构决定流程。具体来说，就是企业怎样为顾客提供服务决定了企业应存在哪些部门，也就是说，企业怎样为顾客提供服务的流程决定了企业应拥有怎样的结构。

要想拥有强劲的执行力，就一定要具备心态、（适宜的）工具、角色和流程四大要素。只有这四者相辅相成，才能不断地推动执行力提升。

二、个人执行力提升

个人要想提升自己的执行力，需要从多个方面入手，具体如下。

（一）结果提前，自我退后

结果提前，自我退后的意思是把要做的事放在中心位置，把"自我"安排在后面。因为在达成目标的过程中，可能会遇到一些问题，那时会有情绪波动，这种情绪波动便是一种自我的心情的变化，要学会控制这种自我，也就是把自我"退后"。

"结果提前，自我退后"的原则在市场竞争中也被广泛应用，如市场竞争中经常提到的"以人为本"，指的是以别人（客户）的需求为本，而不是以自己为本。想要获得客户价值，就要"结果提前，自我退后"，或者说必须"以结果为中心"，抛弃"以自我为中心"。

例如提到苹果公司，大家首先想到的就是iPad系列、iPhone系列、苹果计算机等，为什么很多人喜欢使用苹果的产品呢？有人说是因为质量好，有人说是因为外观漂亮，说法不一。但不可否认，苹果的产品设计充分考虑了消费者/市场的需要。据说乔布斯带领团队开发新的产品时，都会从自己是一个普通消费者的角度去思考、去研发。

"结果提前，自我退后"这一原则在很多企业中也广泛应用，很多企业都会将结果作为考评员工的重要标准。例如，百事可乐公司推崇一种持久深入的"执行力"文化，要求公司员工"主动执行"公司分配的任务，并且百分之百地完成任务。那些业绩不佳的员工将被淘汰，而那些业绩优秀的员工总是能得到公司的嘉奖。这种以"结果论成败"的企业文化塑造了一支有着较高战斗力的员工队伍，在激烈的竞争中，百事可乐渐渐成了可口可乐强大的对手。

对个人来说，要想有效提升执行力，贯彻"结果提前，自我退后"的原则是非常重要的。在执行的过程中，往往会遇到很多困难和问题，如果不能时刻将"结果"放在脑中，时刻记住它，就可能只会关注到面对的困难和问题了，越来越觉得没办法完成，最终为自己找一个"我尽力了，但确实很困难"的借口。

现代企业、现代职场以结果为导向，对企业而言，没有利润就无法生存与发展，因此企业不养闲人；对个人而言，无法带来领导期望的结果，无法为企业创造价值，就基本无法获得发展的机会，因为职业人靠结果生存。在工作中，相对于过程，更多领导更关注结果，因为他们深刻明白结果的重要性，"结果提前，自我退后"则是职业人必须具备的职场意识之一。

初入职场的新人，尤其是应届毕业生，更需要记住"结果提前，自我退后"原则。很多职场新人希望自己能够快速脱颖而出，能够获得升职加薪的机会，但总不愿意付出。要想得到比别人更多的机会，你唯一能做的就是认真完成领导交办的事宜，获得好的结果，在这一过程中不斤斤计较个人得失，当量变引起质变，你自然而然会得到发展机会。

（二）锁定目标，专注重复

"锁定目标，专注重复"的意思是，在确定具体、不变的目标后，要一遍又一遍地做事，才能将事情做得更好。之所以能做得更好，并不是因为比别人聪明，而是因为比别人更加用功，比别人更加专注。

海尔创始人张瑞敏说："什么是不简单？能够把简单的事情千百遍地做对，就是不简单；什么是不容易？把大家公认的非常容易的事情认真地做好，就是不容易。"

以工作为例，按时上班是对员工基本的要求，想一想有多少人能做到一年以内一天都不迟到，有多少人能做到三年以内一天都不迟到，又有多少人能做到十年以内一天都不迟到。很多看上去能够轻易完成的事情，随着时间的不断延长，也会变得不简单，真正能够做到的人少之又少。

在当今社会，但凡取得一定成就的人，往往具有"锁定目标，专注重复"的特质。在电影《夺冠》中，以郎平为代表的中国女排运动员为了取得比赛的胜利，她们从早到晚、日复一日、年复一年地练习排球技能，发球、传球、接球，哪怕一个简单的动作也会不断反复练习，因为她们非常明确自己的目标——夺冠，成为世界冠军。为了这一目标，她们可以付出所有，最终中国女排多次获得世界冠军，"女排精神"也激励了无数人不断奋斗。

近些年来一个词语在不同场合经常被提到，即工匠精神。工匠精神就是一种认真、敬业的精神，拥有工匠精神的人注重细节、追求完美，力争将产品做到极致。工匠精神与"锁定目标，专注重复"有异曲同工之妙，当目标明确之后，我们能做的就是将自己所有的精力用在达成目标上，不断提升自己的能力，不断向着目标前进，直到目标达成。

"锁定目标，专注重复"不仅适用于工作领域，也广泛适用于其他领域，但凡具有"锁定目标，专注重复"特质的人，往往能在自身领域取得很好的成绩。

（三）决心第一，成败第二

在执行前，执行的决心有多大往往能影响结果，大家可能都有这样一种体会：如果自己不想做某一件事情，一定能为此找出成百上千种理由去证明做这件事情是没有必要的，其实质就是自己不想做。

"决心第一，成败第二"，就是说一旦决定做某件事情，就不要没完没了地讨论，别把时间浪费在考虑能不能成功上，而是要坚决执行。执行的关键是拥有必胜的决心和信念。

雷军在创立小米之前在金山软件工作了16年，当年离开金山软件时完全可以过上轻松悠闲的生活。众所周知，乔布斯是雷军的偶像之一，雷军也想像乔布斯一样做出属于自己的成功且有巨大影响力的产品，于是雷军决定创业，并且确定要做手机，要通过网络销售手机。当时他的很多朋友都劝他放弃，因为市场已经饱和，不少知名品牌遭遇了失败等，但雷军不为所动，仍然坚持自己的决定。雷军在创业的过程中，遇到了各种各样的问题与困难，但都没有放弃，最终小米在手机市场站稳了脚跟，小米生态链影响了很多人的生活与习惯。

因此，既然决定了要这么做，那就不要去想能否成功，而是要拥有必胜的信念和决心。

（四）速度第一，完美第二

"速度第一，完美第二"的意思是一旦开始执行，速度是放在第一位的，而完美是放在第二位的。

大家手机上都装了很多App，这些App都有一个共同点：每隔一段时间就需要更新版本。由此可见，这些App都是存在着问题与不足的。对商家来说，为什么不把这些App研制得相对完美了再推入市场呢？答案很简单，等到那个时候再将产品推入市场，可能市场早就已经被其他同类型App占领了。

"速度第一，完美第二"也不意味不注重完美，只是将速度放在了完美之前。

（五）结果第一，理由第二

"结果第一，理由第二"即在执行之后假如没有结果，那么，找再多的理由都无济于事，因为执行的目的就是要有结果。

现代社会是一个非常注重结果的社会：企业要靠结果生存，无论什么原因，只要客户不满意，最终的结果都是客户流失；个人要靠结果发展，无论什么理由，没有做好就是没有做好，结果是不会改变的。

所以，一个人想要在职场中有所发展，就必须不断提升自己的执行力，始终将达成预期的结果作为自己的终极目标。对上级下达的任务，尽全力做到最好，不为自己找理由和借口。

三、团队执行力提升

（一）以身作则

执行是一个从上而下的任务传递和完成的过程，也是执行能力的学习、模仿和传递过程。在这个过程中，组织管理者应当以身作则，不断强化执行管理。预期的目标能够按时保质完成的关键是有执行力。

管理者是团队的核心与灵魂，作为团队领导，要求下属做到的事情自己都做不到，如何让下属心服口服？在执行中，管理者应该以身作则，为下属树立良好的学习榜样，这样下属也会更加重视执行，执行力才会更强。

如果员工执行力不强，管理者应仔细研究在哪个环节出现了偏差，及时关注执行力差的人，及早修正其错误行为。管理者在组织中是领头的大雁，团队的习惯、作风、工作的方向和团队管理者的工作作风密切关联。

团队是否能成功，管理者是关键。如果方向错了，无论付出多大的努力都不可能取得成功。言传身教，身教胜于言传，行胜于言，管理者要求下属做到的事情，自己必须能做到，打造执行高效的团队，应该从挑选执行高效的管理者开始。对管理者来说，执行力并不是某项单一素质的凸显，而是多种素质的结合与表现，它体现的是一种深谋远虑、总揽全局的业务洞察力；是一种不拘一格的突破性思维方式；是一种"设定目标，坚定不移"

的态度；是一种雷厉风行、快速行动的管理风格；是一种勇挑重担、敢于承担风险的工作作风。

（二）明确目标

对组织来说，是否具有明确可行的目标对执行力的影响是巨大的，很多时候员工不是不想执行，而是不知道执行什么。只有有了明确的目标，员工才有前进的方向，当目标明确后，不同部门的员工在工作中就能形成一股合力，从而有效地发挥团队的力量，聚合各方面的技能与知识，更好地促进目标的完成。

要制订合适的目标，关键在于：一要准确定位；二要具体明确，可以量化；三要合理地分解；四要强化规范；五要动态跟进。只有抓住这几个关键点，才能有效地提高执行力。

（三）制度简洁高效

制度在组织中无疑是非常重要的，能否建立简洁高效的制度将直接影响组织员工的执行力。

在组织中，制度首先要正确，但也要兼顾其他方面。太烦琐的制度，无论多么正确，愿意执行的人肯定是不多的，因此简洁并高效的制度是提高执行力的保障。

组织要从根本上提高执行力，首先应该优化组织的结构，精简制度，烦琐的制度会影响组织的执行效率。

（四）科学奖惩

无论团队还是个人都需要激励，有奖有罚是基本的要求。建立合理有效的激励制度，是团队管理的重点工作之一，任何一个优秀的团队必然有着科学合理的奖惩机制。

科学奖惩是提高执行力的重要手段。有了好的激励制度，马不扬鞭自奋蹄，员工会自发地提高执行力。例如，顺丰公司在推出新业务的时候，都会针对新业务涉及的相关岗位制订激励制度，通过这种方法，提高员工推动新业务开展的执行力。

员工的执行力是训练出来的。但如果只有训练没有科学的奖惩，所有的训练都是徒劳的。现代企业推行的目标导向的绩效管理、季度增长提成、股权激励计划、年度利润分享等都是激励机制。

（五）培养组织执行文化

组织执行文化是指在组织中把"执行"作为所有行为的最高准则以及终极目标的文化。我们应以一种有效的监督措施和完善的奖惩制度，促使每位员工全心全意投入工作，改变自己的行为，最终使团队形成注重现实、监督有力、目标明确、简洁高效、团结、活泼的组织执行文化。

众所周知，海尔曾经濒临倒闭，但为什么能在短短的三十年内发展成为国内外知名的公司，有什么秘诀吗？其实这一切与其强大的组织执行文化有关。海尔有一个有名的标牌，写的是："日事日毕，日清日高。"所有海尔人都以此作为自己的工作目标，无论什么工作都在规定的时间内认真完成，海尔也正是采用这样的方式，使员工养成良好的工作习惯。员工的执行力也伴随着海尔的不断发展而提升。

除了海尔，很多公司也在不断培养自己的组织执行文化。以顺丰为例，该公司一直坚持早会制度，员工每天的工作都是从早会开始的。主管会利用早会及时将公司的最新决策、日常工作的注意要点、最新的业务要求快速传达给每一名员工，员工获取相关信息之后，严格按照相关要求执行。通过长时间的训练与要求，顺丰公司的员工的执行力明显提升，其服务质量与工作效率也得到了市场和客户的广泛认可。

（六）不断学习

在知识经济时代，对新观念、新知识的学习能力，能够影响一个公司的执行力，建立起一个学习型组织，将更有助于提升员工的执行力。

全球知名IT企业腾讯把员工视为企业的第一财富。马化腾曾说："对腾讯来说，业务和资金都不是最重要的。业务可以拓展，可以更换，资金可以吸收，可以调整，而人才却是最不可轻易替代的。"腾讯也一直致力于打造学习型组织。

2016年8月24日，腾讯建立了自己的企业在线教育平台——腾讯大学。腾讯大学全面负责腾讯员工的培训与发展工作。腾讯大学根据公司员工的特点，把服务对象分为了三个层面：员工层面、经理人层面和公司层面，每个层面都有自己独特的培训体系和培训内容。

除此之外，腾讯还制订了"飞龙计划"，专门针对储备干部、部门经理等人群进行领导力培训。

除了单纯的培训，腾讯还推出了一系列的活动和措施来打造学习型组织，如公司上线了E-Learning系统，腾讯创始人马化腾也会跟员工通过E-Learning系统分享专业知识。

另外，腾讯公司的研发管理部门设计了"腾讯大讲堂"项目。该项目在每周二下午启动，定期邀请公司内部员工分享关于公司某一项产品的成功经验等。

腾讯还推出了"我分享，我骄傲"活动，鼓励公司员工上传手中的资料、文章等；针对新入职的应届毕业生，公司也推出活动，选拔了部分优秀代表分享自己的经历与感受，最终组成了一组叫作"腾讯人生"的文章。这项活动在公司尤其是新员工当中取得了良好的效果。

腾讯的这一系列举措，都是为了建设互联网行业里的学习型组织，而这也在不断推动着腾讯健康有序发展。

◉ 案例分析

双体软件精英产业学院（简称"双体"，见图5.2）的培养目标是精技术、有经验、明职场，双体在培养学员的过程中，除了注重学员技术、职场能力的提升，还注重对学员团队意识与团队协作能力的培养，通过多途径进行团队建设，着力打造优秀团队。

双体采用小班化培养模式，分为三个或四个项目部，每个项目部36名学员，由一名职场关键能力教师和一名软件技术教师负责日常教学与学员管理工作。项目部有着明确的学员管理架构：

图5.2　双体软件精英产业学院

部门经理、人事主管、行政主管、财务主管、技术主管。部门经理负责部门的日常管理，尤其是团队建设与团队凝聚力打造；人事主管负责管理制度的执行与监督、日常人员安排、评优评先等；行政主管负责各类活动的计划、组织与实施；财务主管负责部门经费管理及物资采购；技术主管负责部门学员技术学习的跟进与监督，及时协助软件技术教师解决大家学习过程中的问题。管理干部职责明确、分工明晰，相互配合才能使整个部门不断前进，最终成为优秀的团队。

每期培训开始前，双体都会举行开学典礼，邀请校领导参加并由校领导为学员授牌，让学员充分感受到学校对他们的重视，让他们为能够加入这样一个优秀的团队而自豪，使其更加重视之后的培训生活。

培训开始后，双体除了日常学习，还着力进行部门文化建设，增强团队的凝聚力与荣誉感。每个项目部都需要构筑自身独特的部门文化，包括部门名称、部门口号、部歌、部徽以及教室内部和外部展板的设计与装潢，这所有的一切都由部门经理与主管带领部门所有成员共同完成，带班教师在此过程中多充当教练角色，对他们的工作进行指导。

在部门文化建设中，所有的内容都需要部门全体成员共同参与，管理干部根据每名学员的优势与特长安排合适的工作，大家齐心协力共同完成工作任务，这种方式既有利于部门学员之间相互了解与熟悉，也有利于良好人际关系的建立，还加强了学员对团队的认同，有利于他们更好地融入团队，为团队的发展贡献自己的力量。

部门文化建设完成后，双体会进行部门文化评比活动，由每个部门对各自的部门文化进行讲解与相应展示，由评委评选前三名。不管哪个部门获得第一名，该部门的所有学员都会感到自豪和骄傲，成绩不佳的部门也不会因此而沮丧，他们会考虑如何赶超其他部门。部门文化评比对每个部门团队凝聚力的提升都起到了积极的推动作用。

除了部门文化建设，双体还分阶段组织团队磨砺活动，包括趣味运动会、行走的力量——徒步钓鱼城、排球比赛、淬炼领导力培训等，所有的团队磨砺活动都需要部门全体成员共同参加，活动结束时会根据部门的成绩进行排名。团队磨砺活动既有效锻炼了学员的沟通、协调、配合能力与意志力，也更直观地让学员感受到团队的成绩来源于团队中的每一个人，从而增强他们的团队意识。

除了学院集体组织开展的团队建设活动，各项目部也会结合部门实际情况开展部门团队建设活动。有有趣的游戏，既有效缓解学习压力，又能让大家在轻松愉快的氛围中增进了解；有开心的才艺表演，让有特长的团队成员充分展现自己的才能，获得自我满足；还有畅所欲言的吐槽大会，能够让团队成员畅所欲言，将自己内心的真实想法表达出来、将不良情绪合理释放。除了这些活动，各项目部还会定期举行集体生日会，为当月过生日的学员庆生并献上祝福，这也极大地增强了学员对团队的认同度，有效提升了团队荣誉感。

双体每周一会举行管理干部例会，各项目部也会开展部门例会，由学员管理干部对上周工作进行总结，同时对本周工作进行安排。在例会中，团队现状、团队存在的问题、改进计划等是重点探讨内容，带班教师可以及时把握方向，指导管理干部完善工作，与有问题的团队成员及时沟通、了解情况，最终保证团队健康有序发展。

每月月底，各项目部都会对团队成员当月的综合表现进行考评，根据考评制度评选进步之星、优秀之星和优秀项目小组，双体再进行集中表彰奖励。合理有效的激励制度既提升了学员学习工作的主观能动性，也有利于团队及时发现问题、解决问题。

在日常的学习中，学员除了学习技术、职场知识，也需要按照教学计划完成软件项目开发，其中绝大多数项目都需要团队开发完成。为此团队成员需要合理分工，如谁做前端、谁做后端、谁做需求分析等，项目开发既能帮助学员更好地了解项目开发流程，积累项目开发经验，也能在实践中提升团队合作意识，锻炼学员的团队沟通、团队协作等能力。

培训结束时，双体会进行校友奖学金（优秀项目部）评选。校友奖学金由双体校友会已结业校友自发捐赠，对当期培训中表现最为优异的项目部进行表彰，奖金虽然不是很多，但每个项目部对该活动都非常重视，因为这是团队成绩的集中体现，团队的士气、团队凝聚力、团队荣誉感都在该活动中直观展现出来。通过校友奖学金评选活动，受训学员还能真切地感受到双体一家人、双体大家庭的感情，并且将这种感情一直延续下去。

综上所述，双体在培养学员的过程中十分注重团队建设，采取各种方法、途径进行团队建设，既提升了学员的团队合作意识，也让学员在实践过程中掌握了团队合作的相关能力与方法。正是由于以上关于团队建设的各种有效举措，双体才成了一个优秀的团队，在重庆移通学院中有着重要的地位，也才能吸引无数优秀的学子加入这个团队，为团队的建设与发展贡献自己的力量，即使毕业离开了学校、离开了双体，他们也始终心系双体，始终关注着双体的成长与发展，也愿意为这个团队的发展付出自己最大的努力。

本章小结

1. 每个团队在建设的过程中通常都会经历组建期、激荡期、规范期、执行期、休整期5个阶段。

2. 一个高效团队必不可少的9种角色为：创新者、信息者、实干者、推进者、协调者、监督者、完美者、凝聚者、技术专家。

3. 团队建设时，团队中的角色要清晰明确，避免角色超载、冲突、错位、缺位等现象。

课后练习

1. 请思考团队与群体的区别并举例说明。

2. 简述团队成员角色分工的方法，并思考自己在所处团队中的角色以及团队角色分工是否合理。

3. 结合自身的实际情况，谈谈如何提升自己及所在团队的执行力。

附：扩展文件

世界500强企业
爱招什么样的人

第六章

自我管理

无论在工作中还是生活中，人人都要自我管理，自我管理的水平往往决定了一个人成功的概率。在职业生涯中想要成功，就需要不断进行自我管理。本章讲解时间管理、压力管理、情绪管理等方面的内容。

第一节　时间管理

一、时间管理概述

（一）时间的特性

要做好时间管理，首先要做的就是深刻认识时间的特性。

（1）无法开源：每个人的时间都一样，每天都是24小时，不会因为身份地位不同而发生变化，所以时间无法开源。

（2）无法储蓄：时间不像物品那样能够积蓄储藏。不论何时何地，每个人都在消耗时间，所以时间无法储蓄。

（3）无法被替代：每一项工作的完成都有赖于时间的累积，时间是所有工作得以进行的保证，没有时间就没有一切。因此，时间是不可替代的资源。

（4）无法失而复得：时间一旦过去，就会永远消失。金钱花完了，还可以再赚，而时间流逝了，没有人能挽回。

（二）时间管理的含义

时间管理是指通过事先规划和运用一定的技巧、方法和工具，实现对时间的灵活及有效运用，从而实现既定目标的过程。很多人认为做好时间管理是用来帮助自己提高工作效率的，这样可以提高对时间的利用率。而单纯的提高时间利用率，不做事情的取舍，在工作越来越多的时候，就会越来越忙。而我们要意识到，时间管理的最终目的是提高生活质量，让自己过得更幸福。所以辨别哪些事情更重要是值得思考的问题，我们应该把时间花在有价值的事情上。这样可以帮助自己分清哪些事情应该做、哪些事情可以不做。事先进行规划，让行动有依据，更有侧重。

（三）时间管理的必要性

当今社会是一个讲求速度和效率的社会，因此我们要很好地完成工作就必须善于利用自己的工作时间。工作是无限的，时间却是有限的，时间是最宝贵的财富。一个人、一个团队能否在职业生涯中取得成功，秘诀就在于能否做好时间管理。美国管理学家德鲁克说："不能管理时间，便什么也不能管理，时间是世界上最短缺的资源。"

一旦我们能够清晰地将生活中所要做的事情，按照优先矩阵进行分类，我们的时间管理也将变得事半功倍。各种工作岗位的人都有必要学习并做好时间管理。很多人认为"行政工作是一份人人都可以很容易做好的工作"，很多应届毕业生都会将行政工作作为自己初入社会的职业选择。在他们看来，行政工作并不需要什么专业技能，也没什么工作压力，从事一份行政工作实在是简单极了。可当他们真正投入这份工作中时，就会发现现实并非如此。行政人员不仅需要处理公司的各项杂务，有时还需要做一些人事工作，还可能临时担当任何一个部门或领导的帮手，也有可能客串总经理秘书的角色，就连活动策划这样有创意的工作都有可能落到自己的头上。当面临这样一堆事情时，怎样从容处理就是一个很重要的问题了。

时间管理测试

大家一起来做一个关于时间管理的测试。

请你根据下面的每个问题对自己的实际情况进行评分。选择"从不"记0分，选择"有时"记1分，选择"经常"记2分，选择"总是"记3分。

我在每个工作日之前，都能为计划中的工作做些准备。

凡是可交给下属（别人）去做的，我都交给下属（别人）去做。

我会做工作进度表来检查我的工作目标与任务完成情况。

我尽量一次性处理完毕每份文件。

我每天会列一个待办事项清单，分类并且按顺序排列，有序办理这些事情。

我对干扰电话进行回避，拒绝不速之客造访，不接受突然的约会。

我试着按照人体生物节律来安排自己的工作。

我的日程表留有回旋余地，用来应对突发事件。

当其他人想占用我的时间，而我又必须处理更重要的事情时，我会说"不"。

结论：

0 ～ 12分：你是一个没有时间规划的人，你急需采取恰当的方法对你的时间进行管理。

13 ～ 17分：你希望自己能够掌控时间，却不能坚持做好，你需要加强时间管理。

18 ～ 22分：你的时间管理状况良好。

23 ～ 27分：你在时间管理方面做得很好。

（四）时间管理的误区

一般而言，时间管理有以下四个误区。

第一，管理好自己的时间就是时间管理。乔丹·科恩是时间管理方面的专家，他说，时间管理的实质是工作效率，"我们应该把'时间管理'这个词和'工作效率'区分开来。因为它跟时间本身无关，本质上和个人的效率有关。"二者之间的关系，就像节食和保持健康之间的关系。他说："节食怎么做都可以，但节食这件事不一定会让你更健康。同理，你当然可以留意自己怎样花费时间、怎样管理时间等，但这并不意味着你的工作会因此变得更高效。"

特蕾莎·阿玛贝尔是哈佛商学院工商管理系的教授，她对时间管理这个课题进行了深入研究。她看过成千上万个职场人士的工作日记，这些工作日记记录了他们是如何不停地工作的。她说："如果你不了解你所有工作的重点和价值分配，那么什么样的时间管理方法都不起作用。因为时间管理并不是简单机械地把时间按量分配到工作中去。"

诚然，这或许是企业的管理者造成的，部分企业管理者习惯于让雇员无限制地加班，认为这才是他们的价值所在。即便这样，大多数职场人士还是可以对自己的工作范围进行调整。"他们可以说'不'，他们还可以跟上级商量。"科恩对这一观点表示赞同。他指出："如果你的工作不仅仅和你个人相关，那么你就应当清晰地审视你要做的事以及如何处理它们。"

第二，时间管理就是参照正确的理论方法。阿玛贝尔说："运用一些时间管理的理论体系可能有用，但是时间管理的理论方法远不止这些。例如，有的人在上班的第一个小时可以集中精力工作，但其他人却不一定。"科恩认为："有些技巧在某种特定的情形或处境下发挥不了作用。不妨在工作中实践不同的方法。"不要因为短时间看不到效果，就说这种方法没用。你可以设定一些量化的指标来衡量这种方法是否有效，改变也需要时间，要有耐心。你还可以考虑让他人参与评价，尝试让你身边的朋友或者上级来帮你一起衡量这种方法是否奏效。

第三，要想改变自己的现状，就需要再投入大量时间。有一位女士曾说，她最大的问题其实是找不到更多的时间来实践有关时间管理的全套方法。她觉得必须专门安排一两天来做这件事，却抽不出时间。阿玛贝尔认为这样大可不必："我们要明白，每天一小步，进步一大步，每天从小小的改变开始就可以了。从一些小事情做起才是好的方法，而且有可能这样做以后，你会惊奇地发现自己每天反而多出了一点点时间，还可以用于反省思考，这就说明有进步。哪怕多出来的时间只有十几分钟，那也是实实在在的进步。"当然这样做也取决于人们的工作情况，以及是否迫切需要改变。有的人很细致地审视自己把时间花在了哪些地方，思考自己能够接受的工作量的上限，然后尝试一些方法。有的人因为感觉一切都失控了，所以希望脱胎换骨。但其实，这样的方式有些极端，只有在特殊的境况下才有必要这么做。

第四，时间管理只和自己有关，跟别人无关。这种观点听起来似乎有些道理。"是的，这是你自己的责任，没人需要对你的工作效率负责。"科恩谈道，"职场当然都期待员工高效工作，因此要求你把分内事做好。"然而，科恩和阿玛贝尔都认为，工作一定是团队的，独立承担是不科学的，个体改变不一定会改变现状。阿玛贝尔提出："如果你所在的组织工作压力很大，你必须对一切要求迅速做出反应或转变，不得有一丝松懈，那么你就很难凭一己之力实现时间管理。"研究表明，在任何工作环境中都能进行一些细微调整。然而事实上，小小的调整也非常难得。

二、时间管理的理论与原则

人们对事情可以选择做或不做，还可以选择先做哪个，后做哪个，所以透过事件本身，时间管理的本质是做选择，衡量所做事情的价值。在生活、工作中做到不失衡、不失控，才是正确的时间管理。首先需要清晰自己的三观（世界观、人生观、价值观），然后根据三观确定一个判断依据，用来选择处理不同事的优先级。什么叫失衡？什么又叫失控呢？举个例子，生活中我们总会因为一些因素，而对某一件事情过分投入，如工作初期或某个阶段工作时间过长、过多地陷入某种兴趣等。这种投入会挤占生活中的其他事情的时间，短期内会使各方面失去平衡，而若这情况一直得不到改变，会慢慢失控。平衡一旦打破，就会失控，这个时候就比较危险了。例如，当持续的工作压力到达某一个临界点的时候，就会全面爆发。如身体或精神出问题，导致生活和工作全面崩溃。而时间管理能帮助你在到达临界点之前解决问题。

（一）时间管理理论的发展阶段

有关时间管理的研究已有相当长的历史，具体而言，时间管理理论的发展经历了4个不同的阶段。

第一阶段，强调利用备忘录或者便签等工具，使人们有所参照，随时提醒自己应该做什么事情。

第二阶段，强调日程表，这时候的人们已经意识到提前规划的重要性。

第三阶段，提倡按照价值对各事项进行排列。也就是依据轻重缓急设定短、中、长期目标，再制订实现目标的日计划，将有限的时间、精力加以分配，争取最高的效率。

随着时间的推移，现在又出现了第四阶段的时间管理理论。与前3个阶段的时间管理理论截然不同，第四阶段的时间管理理论主张，关键不在于时间管理，而在于自我管理。与其着重于时间与事务优先顺序的安排，不如把重心放在维持产出与产能的平衡上。

（二）新一代的时间管理理论：优先矩阵

其实所谓的时间管理，就是对事情的管理，有效地处理自己生活中的各类事务，参考科学的时间管理方法，借鉴一些技巧，进而达到个人生活及工作状态的改善。我们要管理好自己的时间，只需要关注事情的两大属性，即紧迫性和重要性。正是根据这两大属性，在新一代的时间管理理论中，优先矩阵（见图6.1）成为时间管理的基本工具。所谓紧迫性，就是指所做的事情是否紧迫，是否需要立即处理；而重要性则与我们每个人的目标息息相关，每个人的目标不同，事

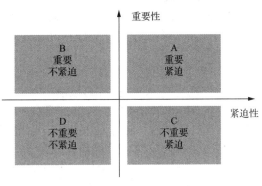

图6.1 优先矩阵

情的重要性也有所不同，越有利于目标实现的事情，其必然越重要。

人们通常会把重要且紧迫的事情放在第一位，但这是不太恰当的。优先矩阵的一个重点是，我们应该清楚那些重要而不紧迫的事情，并且优先将时间花在这些事情上。这样可以未雨绸缪，因为很多事情出错的原因是没有提前规划。防患于未然，是这个优先矩阵的很重要的一个观点。

许多人在遇到事情时临阵磨枪，觉得越是紧迫的事情越重要，却忽略了有些事情的重要性是否真实。只是被紧迫所迷惑，因为紧迫所以觉得它很重要。所以我们应该先做判断，确认事情是否真的处于"紧迫"状态，否则长此以往，会有损自己的身心健康。

所以我们提倡聚焦那些"重要而不紧迫"的事情，提前规划，多花一些时间。这样可以规避大部分疲于应付的事情。

（三）时间管理的原则

1. 要事第一原则

什么是要事第一原则呢？简单来说，就是将最重要的事情放在第一位优先处理。大家一起看看下面的故事。

在一次时间管理课堂上，老师在桌子上放了一个装水的罐子，然后又从桌子下面拿出一些正好可以从罐口放进罐子里的鹅卵石。老师将石块放进罐子后问学生："你们说这罐子是不是已经装满了？"

"是。"所有的学生异口同声地回答。

"真的吗？"老师笑着问，然后再从桌底拿出一袋碎石子，接着把碎石子从罐口倒下去，摇一摇，再加一些，再问学生："你们说，这罐子现在是不是满的？"这回学生不敢回答得太快。最后班上有个学生怯生生地回答道："也许没满。"

"很好！"老师说完后，又从桌下拿出一袋沙子，慢慢地倒进罐子里。倒完后，再问班上的学生："现在你们再告诉我，这个罐子是满的还是没满的？"

"没有满。"全班同学很有信心地回答。"好极了！"老师再一次称赞学生们。称赞后，老师从桌底拿出一大瓶水，把水倒在看起来已经被鹅卵石、碎石子、沙子填满了的罐子里。之后，老师问学生："你们由此有什么重要的感悟？"

班上一阵沉默，一个学生回答说："无论我们的工作多忙，行程排得多满，如果再安排一下，还是可以多做些事的。"

老师听到这样的回答后，点了点头，微笑道："答案不错，但这并不是我要告诉你们的重要信息。"说到这里，老师故意顿住，用眼睛把全班同学扫视了一遍说："我想告诉各位的重要的信息是，如果你不先将大的鹅卵石放进罐子，你也许以后永远没机会把它放进去了。"

从这个故事可知，对生活中的事情，我们可以按重要性的排序来一一处理并遵循要事第一的原则。

2. 帕累托法则

帕累托是意大利著名的经济学家，他在19世纪80年代发现一个现象，在意大利，20%的人拥有80%的社会财富，而剩下的80%的人只享有社会财富的20%，而且这种经济现象存在普遍性。帕累托发现了一种很不公平也很不平衡的现象。于是很多专家就开始研究这一课题，发现在管理学、社会学、心理学等领域都存在这一现象。再后来就变成了管理学界所熟知的"80/20原理"，即80%的价值来自20%的因子。其余的20%的价值则来自80%的因子。

帕累托法则是指在任何系统中，约80%的结果是由该系统中约20%的变量产生的。例如，在企业中，通常80%的利润来自20%的项目或重要客户。具体到时间管理领域，该法则是指大约20%的重要项目能实现80%的工作成果。

能有效应用帕累托法则的人，通常没有事情过多的烦恼。首先，其能尽可能早地处理重要的事，而不是将所有事情一个个地处理。帕累托法则不仅适用于学生、上班族，对所有人都有非常积极的意义。

帕累托法则给我们的启示是：大智有所不虑，大巧有所不为。工作中应避免将时间花在琐碎的多数问题上，因为就算你花了80%的时间，你也只能取得20%的成效，出色地完成无关紧要的工作其实是在浪费时间。你应该将时间花在重要的少数问题上，因为解决了这些重要的少数问题，你只需花20%的时间，即可取得80%的成效。

3. 4D原则

4D原则具体内容如下。

Do it now（立刻就做）：执行力是效率的重要保证。

Delegate it（给他人授权）：不要贪多，不要把什么事都揽在自己身上，要学会授权给他人，将自己的时间用来干重要的事。

Do it later（延迟执行）：有些费时费力，又不太重要或者信息资料不全的工作不是不做，而是先放在一边，等把重要紧迫的事情做完了再回来处理。

Don't do it（直接放弃）：学会取舍，有舍才有得，把一些与目标无关的事放弃，也是很重要的。

4. 自控法则

自控法则其实包含以下3层含义。

（1）对自己能掌控的事情，不用花过多的时间和精力去掌控它，花很少的时间和精力它就会朝着既定的目标前进。

（2）对无法掌控的事情，不必为其多费心思。

（3）对能够而且应该掌控的事情，用心去掌控它。

根据自控法则，我们可以明确在生活中对不同属性的事情进行分类控制，腾出更多的时间做能提升能力的事情，从而产生价值。同时我们也应该明确，每个人有长处也必有短板，对那些通过努力也未必能掌控的事情要顺其自然。对一个问题，当你绞尽脑汁仍然无果时，不如先放一边。有时候真的会有"有心栽花花不开，无心插柳柳成荫"的情况出现。

三、时间管理的方法

时间管理的方法具体如下。

（一）设立明确的目标

很多时候我们之所以浪费了时间，不是不努力，而是因为目标和方向定错了。明确目标是首要的任务。设立目标需遵循SMART原则，也就是Specific（具体的）、Measurable（可衡量的）、Attainable（可达到的）、Relevant（相关的）、Time-bound（基于时间的）。

（二）学会列清单

把自己接下来要做的每一件事情都写下来，越详细越好，列一张总清单，这样能随时明确自己需要处理的事情，在列好清单的基础上进行目标细化。

将年度目标细化为季度目标，列出清单，明确每一季度要做哪些事情。

将季度目标细化为月度目标，并在每月初重新审核一遍，遇到因突发事件而更改目标的情形时及时调整。

每个星期日，把下周的工作计划制订出来。

每天晚上把第二天要做的重要事情罗列出来。

（三）记好日志

对于花了多少时间在哪些事情上，把它详细地记录下来，包括但不限于早上搭车的时间，平常拜访客户的时间等，把每天花的时间一一记录下来，会发现每天做了哪些事，又在哪些事情上浪费了时间。只有找到浪费时间的根源，才有办法去改变。

（四）制订有效的计划

无论是政府还是企业，在经营管理中都要提前制订计划。因为没计划就会慌乱，就无法有序做事。所以制订计划是很有必要的，时间管理亦是如此。大多数问题都是因在做之前没有想到或者没有预案而引起的，最后导致时间的浪费。

研究表明，在制订有效的计划中每花费1小时，在实施计划中就可能节省3～4小时，并会得到更好的结果。如果没有认真制订计划，那么可能会失败。

计划有日计划、周计划、月计划、季度计划、年度计划。时间管理的重点是待办单、日计划、周计划、月计划。

待办单：将每日要做的工作事先列出，排出优先次序，确认完成时间，以突出工作重点。要避免遗忘就要避免半途而废，尽可能做到今日事今日毕，做一件事了结一件事。

待办单主要包括的内容：非日常工作、特殊事项、行动计划中的工作、昨日未完成的事项等。

使用待办单的注意事项：每天在固定时间制订待办单（最好是一上班就做）、只制订一张待办单、完成一项工作划掉一项、为应付紧急情况留出时间，每天坚持。

每年年末做出下一年度工作计划；每季季末做出下个季度工作计划；每月月末做出下月工作计划；每周周末做出下周工作计划。

（五）按计划实施

有了计划，就必须行动，没有行动，计划永远只是计划。要切实实践计划，以便发挥它的价值，不管计划有多好，除非真正落实到位，否则永远无法达成目标。实行计划时内心要平静，要预先估计可能遇到的问题，做好准备并根据实际情况及时调整。

（六）安排不被干扰的时间

假如每天有1～2小时完全不受任何人干扰地去思考一些事情，或是做一些自认为最重要的事情，那么就可能获得很高的工作效率。

（七）考虑不确定性

在时间管理的过程中，还需应付一些出乎预料的事件，因为计划永远没有变化快，所以需为意外事件预留时间。有2种应对意外事件的方法。第一种是为每个计划留有预备时间。第二种是另准备一套应变计划。

当然，考虑到意外事情的不确定性，在不忙的时候，应该把一般的必须做的工作尽快完成。

第二节　压力管理

近几年，随着经济的发展与竞争的不断加剧，人们越来越多地提到"压力"这个词语。压力无处不在，压力会对自己的工作、生活产生一定的影响，因此，人们需要运用一定的方法与技巧进行压力管理，以使工作更加有效、愉悦，使生活更加幸福、美好。

一、压力与压力管理

（一）压力的含义及分类

压力通常指面对自己无法掌控或者困难的事情，人们心理上产生的一种不舒服的感受。在当代的科学文献中，压力至少有两种不同的含义。

第一种，压力是由事物本身带来的，给个体造成的紧张或者刺激。例如，每月必须完成一定销售业绩的工作带来的压力。

第二种，压力是指人们面对一件具有挑战性的事情时所表现出来的身心反应。例如，"比赛马上就要开始了，前面选手表现很好，我压力好大"，这里这个选手就用压力来指代他的紧张状态，压力是他对即将上场比赛的反应。这种反应包括两个成分：一是心理成分，包括个人的思维以及情绪等主观体验，也就是所谓的"觉得紧张"；二是生理成分，包括心跳加速、口干舌燥、胃部紧缩、手心出汗等身体反应。这些身心反应统称为压力。

压力的产生，既跟事务的困难程度或者环境的刺激程度有关，也跟人的身体和心理承受能力有关。

综上所述，压力是人在完成一件既定目标的事情时，察觉到内外刺激超过自身承受能力时所发生的一系列心理、生理等方面的全身性反应。压力是客观存在、经常发生的。压力的产生除了与内外刺激和当事人有关，还与当事人的主观感受有关。

　　不同的人对同一件事情所表现出的压力是不同的。一个人能够承受的压力大小，能侧面反映一个人的能力大小和心理素质强弱。压力的存在，代表想要达到的标准高于实际情况，而压力的减弱，则代表能力较先前有所提升。在任何一家企业，抗压能力强的员工往往比抗压能力弱的员工能够得到更多发展与提升的机会。压力可以看成检测仪，可以检测一个人完成目标的能力或者抗压能力。

　　假如一个人面对任何事情都感受不到压力，这不是健康的表现。有可能他在成长的过程中太顺利，没有什么追求和目标，如此在未来遇到不顺利的事情时，可能承受不了，遭受很大的打击。

　　而面对同样一件事情，同一个人在不同时期所表现出来的压力也是不同的。

　　压力分为消极的压力和积极的压力。

　　第一，消极的压力（负面的压力）：长期面对挑战，在紧张、刺激的环境下工作，又得不到很好的改善，就会产生消极的压力，对身心健康造成重大损害。

　　第二，积极的压力（正面的压力）：正所谓没有压力就没有动力，压力在某种情境下具有积极的意义。例如，运动员在比赛中或多或少都有压力，而积极的压力却能使他们更好地发挥潜能。

（二）造成压力的因素

　　压力大体由工作因素、生活因素、社会因素引起。

1. 造成压力的工作因素

　　我们经常听到一些职场人士抱怨工作太多做不完，付出很多，却没有得到应有的回报。在职场中受到不公平的待遇时，压力也会陡然增加。另外，人际关系不良也会导致压力产生。现代社会中大部分工作不可能独立完成，都需要团队协作。如果不能和团队其他成员和谐相处，甚至有一些冲突，也会使压力出现。再者，工作中的角色冲突、职责划分不明确也会使压力产生。到底谁说了算？按什么标准来做事？犹豫选择间，压力也就产生了。此外，工作场所也会对个人产生压力。例如，高温、噪声大、不卫生、臭气熏天等也容易导致产生压力。

2. 造成压力的生活因素

　　生活中发生重大变故，也会造成很多压力。例如，离婚、亲人突然离世等，都是造成压力的生活因素。而我们在日常生活中也会面临一些困扰，如上班堵车、交通事故、无故被"放鸽子"、购物体验差等。如果这种事接二连三发生，个体就会产生很大的压力。

3. 造成压力的社会因素

　　社会环境的不同和变化也会使个人产成压力，如行业不景气、就业难等，同时我们自身所处的微观环境也会使压力产生，如IT行业中有些岗位要求从业人员不断学习提升，及时掌握最新的专业知识。不同的行业、职位、岗位造成的收入差异同样会使个人产生压力。这些由社会因素产生的压力称为社会压力。

（三）压力管理的含义和重要性

　　压力管理，就是个体在面对压力的情况下，用行之有效的方法调节自身的生理和心理变化，使之适应压力的过程。管理有控制的意思，在面对压力时，我们应尽力控制自己的身心。我们不能被压力左右或者击垮，我们应该做压力的主人，操控压力，将压力变为动力，或者将过度的压力进行疏解。一方面减少消极的压力对自身的影响，另一方面思考如何将消极的压力转为积极的压力，使工作和生活更加和谐。

适度的压力有助于不断推动组织、个人持续发展，而压力过度则会带来一些负面的影响，如危害健康、降低生产力、破坏人际关系等。当压力过度时，我们就应当及时地进行压力管理，否则容易影响健康，导致经济损失等后果。据调查，压力过度导致的经常性旷工、心不在焉、创造力下降等不仅不利于员工的长期发展，还会降低企业的生产力。因此，近年来许多企业经营者已经开始关注员工的压力情况，注重员工的压力管理，以此来预防和减少因压力对员工和企业造成的消极影响。

二、压力来源与压力评估

适度的压力能够变成一种有效的推力，推动人们不断提升自己的能力，可帮助人们有效地工作；而过度的压力则可能会扭曲人们对问题的理解，甚至会对身心健康带来极大的危害。

所以如何才能衡量一个人的压力是否过度？如何才能知道自己是不是存在压力导致的焦虑？如果压力太大已经影响身心健康，就说明已经出了问题。如果感觉到自己已经面临了压力问题，就应该停下来审视自己压力问题的严重程度。

（一）压力来源

前文分析过造成压力的因素，下面根据具体情形进行分类，列举一些普遍的压力来源。

1. 工作上的变化

（1）新人的冲击。

如今的职场竞争日趋激烈，面对职场新人的涌入，一些资深职场人士的压力变得越来越大。因为新人不但年龄小，精力旺盛，而且可能学历更高，掌握当下新的工作技能。

（2）升职、加薪不顺利。

据调查，60%以上的职场人士的压力来源于个人升职和加薪不顺利，这也是大部分职场人士跳槽的主要原因。有调查报告显示，有29%的职场人士是通过转换工作来提升薪酬竞争力的，75%的人表示在跳槽后薪资有所增长。

（3）工作、任务或团队的变化。

工作的不断改革，以及适应新的工作环境让人充满压力。越来越多的企业管理者要求下属不断创新、不断改善，面对竞争对手，要不断学习同行业优秀做法，等等，这些也给员工带来不小的压力。

另外，当团队成员发生变化后重新建立人际关系、在发展过程中管理者变化等，都会造成压力的增加。

2. 不健康的工作环境

（1）超负荷工作。

一些企业加班现象越来越严重。超负荷的工作使员工压力不断加大。

（2）难以相处的上级。

管理者的领导风格是不同的，一些时候下属并不一定能够接受和适应管理者的管理风格。与难以相处的上级之间的冲突是公司人员流失的一个重要原因。一般管理者都习惯以高标准要求自己的下属，面对日益苛刻的上级，下属自然压力很大。同时，在苛刻的工作要求下，员工并没有得到相应的回报与尊重。

3. 个人的消极反应

（1）害怕失败。

由于竞争相当激烈，很多人怕自己不如别人，一旦受到批评或者指责就会产生严重的自我怀疑，害怕失败，导致压力陡增。

（2）自卑。

当产生自我怀疑时，人们经常会生出一种消极的情绪，即自卑，自卑的人做事时就会畏手畏尾，加剧自卑心理，陷入恶性循环。

（3）丧失集体感。

由于现代办公室的隔间化，人和人之间的距离感也越来越强，人际交往也因此越来越少，甚至有些单位禁止员工在工作期间进行交流，导致团队缺乏集体感，个体越来越孤独。如果没有合理的方式来解决这种问题，员工的集体感就会越来越弱，这是一件很严重的事情。

（二）压力评估

要想战胜压力，第一步就是敢于承认压力的存在，并进行压力评估，这对减轻压力非常关键。

下方的测试可以帮助我们进行压力评估，请客观公正地选择最贴切的答案。

回答完之后，算出总分，然后根据分数进行自我评估。

自我测试

压力评估

选项：1——从不；2——有时；3——经常；4——总是。

1. 一旦工作发生差错，就责备自己。	1　2　3　4
2. 一直积压问题，然后总想宣泄消极情绪。	1　2　3　4
3. 全力工作以至于忘记私人问题。	1　2　3　4
4. 向最亲近的人宣泄消极情绪。	1　2　3　4
5. 遭受压力时，注意到自身行为有不良变化。	1　2　3　4
6. 只看到生活中的消极方面而忽视积极方面。	1　2　3　4
7. 环境变化时感到不适。	1　2　3　4
8. 感觉不到在团队中的自我价值。	1　2　3　4
9. 上班或出席重要会议时迟到。	1　2　3　4
10. 对针对自己的批评反应消极。	1　2　3　4
11. 一小时左右不工作就内疚。	1　2　3　4
12. 即使没有压力也感到匆忙。	1　2　3　4
13. 没有足够的时间阅读图书或报纸。	1　2　3　4
14. 希望马上得到他人的注意或他人的服务。	1　2　3　4
15. 工作和在家时都不爱暴露真实情感。	1　2　3　4
16. 同时承担过多的工作。	1　2　3　4
17. 拒绝接受同事和上司的劝告。	1　2　3　4
18. 忽视自身专业或生理方面的局限性。	1　2　3　4
19. 工作占据全部时间，无暇享受兴趣和爱好。	1　2　3　4
20. 未经周全的思考就处理问题。	1　2　3　4
21. 工作太忙，整整一周不能和家人、朋友共进午餐。	1　2　3　4
22. 问题棘手时，逃避、拖延。	1　2　3　4

23. 感觉行动不果断就会受人指责。	1 2 3 4
24. 感到工作过多时羞于告诉他人。	1 2 3 4
25. 避免交付工作给他人。	1 2 3 4
26. 尚未分清主次就处理工作。	1 2 3 4
27. 对他人的请求和需要总是难以拒绝。	1 2 3 4
28. 认为每天必须完成所有的工作。	1 2 3 4
29. 认为不能应付自己的工作。	1 2 3 4
30. 因害怕失败而不采取行动。	1 2 3 4
31. 往往把工作看得比家庭生活更重要。	1 2 3 4
32. 事情没有即刻生效便失去耐心。	1 2 3 4

结果分析：

完成自我评估后，请算出总分，参照下方文字进行自我压力分析。

32～64：你的压力管理能力很强，积极的压力可以产生更积极的影响。所以，多努力在积极的压力和消极的压力之间寻找平衡点。

65～95：你能够承受当前的压力，基本安全，但有些方面需要改进。

96～128：你承受的压力过大，急需寻找方法调节。

无论你的压力有多小，总有地方需要改进。我们应明确薄弱点，找到适用的有效方法，以减轻压力，并且把工作环境中的压力因素影响降低到最小。

三、压力管理的方法

（一）个人如何进行有效的压力管理

1. 四步法

四步法是常见的压力管理方法，具体如下。

（1）停止。

当感觉压力即将超出自己的承受范围时，立刻停下。例如，当花了很大功夫做的文案即将截稿时，计算机突然出了故障，遇到这种情况任何人都难以接受。此时此刻，如果陷入这种情绪就会让压力越来越大，会想"我怎么这么倒霉""我要失败了"等。此时此刻最直接的办法就是暂停工作，让自己停下来，只有先停下来，转移注意力，才能从当前的消极情绪中抽离，以便进一步调节。

（2）深呼吸。

深呼吸是一种科学的缓解压力的方法。当觉得压力过大时，可以到空旷的地方，面对天空，深呼吸，让自己的心情平复下来。

（3）反思。

进行到这一步时，压力就已经有所缓解了，这个时候就可以再回过头来关注要面对的问题了。问题还是要解决的。我们应静心思考自己当前的状态是否适合继续从事工作。寻找一些积极的启示，以鼓励自身。平静地看待得与失，进行反思。反思通常会让你从情绪化的状态回归理性，从而找到解决问题的办法。

（4）选择。

接下来要做的就是心平气和地找到解决问题的办法。因为焦虑和紧张是无法解决问题的。例如前述案例，重新启动计算机，有可能文件还在，即便丢失了，由于已经做过一遍，重新梳理会很快，无非就是多花些时间。最后，也可以选择跟领导申请延长交付的时间等，最终找到解决问题的办法，使压力得到控制。

2. 适当宣泄

不同的人有不同的兴趣爱好。我们在面对压力时，可以做一些自己感兴趣的事情，或者找到自己最亲密的伙伴，跟他倾诉，又或者去户外散散心，大声地喊一喊来发泄心中的抑郁。

如果是寻找倾诉的对象，记得一定要找合适的人。对方要有良好的倾听以及共情能力。总之宣泄就是为了让身心得到放松，使自己恢复精力，找到动力。

3. 肯定自我

一位哲人曾经说过，人最大的痛苦来源于对比。俗话说得好，"人比人，气死人"，如果总跟比自己优秀的人对比，肯定会自卑。比较是十分容易使人失去信心的。我们要正确认识自身，一方面做力所能及的事情，一步步实现，另一方面，多看到自己的优点，多看看自己有什么，肯定自己。

4. 锻炼身体

生命在于运动，运动是增强身体机能和改善精神状态的非常好的方法。每个人都应该找到自己感兴趣的一项运动，无论是打球还是走路、跑步，做瑜伽还是骑自行车，都可以让自己的身体得到充分锻炼。压力会对身体造成一定的影响，我们可以积极地参加体育锻炼，使自己的身体得到有效恢复。暂时的压力会让人肌肉紧张、思考迟缓。长期的压力会让人产生一些负面情绪。所以要加强锻炼身体，提升自己的免疫力。

5. 充足睡眠

众所周知，压力大的人往往会出现失眠的问题，而失眠不仅会加剧紧张和焦虑，还会加倍损害身体健康。所以一旦出现失眠的症状，就要及时治疗。听轻音乐、运动都是不错的选择。总之一定要让自己的身体放松下来，只有保证充足的睡眠，才有精力应对压力。

人的身心需要休息，越是忙碌的时候，越要休息。睡眠对一个人的方方面面都很重要。

（二）组织如何进行有效的压力管理

一个组织的领导者除了关注企业发展和业绩，也应充分关心团队的压力状况和健康状况，有可能当下组织处于紧张的前进状态，团队都比较奋进，但领导者也要适度地开展一些减压和活跃氛围的活动，从而减轻员工压力，保持团队活力。

1. 改善工作环境

组织的领导者应采取各种方法，减轻工作环境给员工带来的压力。

例如，很多工业领域的企业由于客观条件的制约，工作环境较差，导致很多人不愿意到这样的环境工作。所以工作环境是很重要的指标。组织领导者要根据自身的情况，适度创造令人舒适的工作环境，提升员工的安全感和舒适感。

2. 提供保健项目

组织领导者可以在企业内部建立运动场所等。如果条件有限，可以定期举办一些员工喜闻乐见的体育活动，如拔河、跳绳、球类运动等。体育活动不仅可以促进员工的身体健康，还可以提升团队凝聚力。

3. 完善保障制度

保障员工的安全是企业应尽的义务。为员工提供多种形式的商业保险，不仅可以稳定其就业心理，减轻压力，同时也从制度上提升了企业自身的吸引力和竞争力。

第三节　情绪管理

一、认识情绪

（一）情绪的含义

"人有七情六欲"，七情指的是人类普遍具有的7种情感——喜、怒、哀、惧、爱、恶、欲。七情是人类基本的情感，也是常见的情绪。

情绪，是对一系列主观认知经验的统称，是多种感觉、思想和行为综合产生的心理和生理状态。人们通常说的喜、怒、哀、乐就是常见的情绪。情绪常和心情、性格、脾气、目的等因素互相作用，也受到激素和神经递质影响。无论是正面还是负面的情绪，都会引发人们行动的动机。情绪分为"基本情绪"和"复杂情绪"。其中基本情绪与生俱来，包括悲伤、愤怒、惊讶、恐惧、愉悦等。基本情绪是超越文化差异的，人们对基本情绪的认识通常是一致的。复杂情绪是后天学来的，包括窘迫、内疚、害羞、骄傲等。

虽然不同学派对"情绪"的理解各有不同，但公认"情绪"涉及三种内容：情绪涉及身体的变化，这些变化是情绪的表达形式；情绪涉及有意识的体验；情绪包含了认知的成分，涉及对外界事物的评价。

（二）情绪的产生

从古至今，很多思想家、哲学家、心理学家都希望找到情绪产生的原因，进而形成理论。现代诞生了很多情绪理论，这些理论虽然视角不同，但也不互相排斥。有些许争议的焦点在于意识判断对情绪产生的作用。而现代理论也更多聚焦于心理层面。在心理学领域，存在3种影响较大的情绪理论：詹姆斯-兰格理论、坎农-巴德情绪理论、情绪认知理论。

1. 詹姆斯-兰格理论

美国心理学家詹姆斯提出的理论重点解释了自主神经系统的活动是产生情绪的主要原因，同时期丹麦生理学家兰格也在这方面提出了相同的理论，该理论也叫作外周情绪理论。

詹姆斯认为，情绪就是对身体变化的知觉。他认为有机体先有生理变化，而后才有情绪的产生。当情绪刺激作用于感官时，立即引起身体的某种变化，产生神经冲动，神经冲动传到神经系统产生情绪。兰格认为，情绪是内脏活动的结果。他特别强调情绪与血管变化的关系，认为血管运动的混乱、血管宽度、血液量的改变是情绪产生的最初原因，血管活动是由自主神经系统控制的，自主神经系统支配性加强引起血管扩张，产生愉快情绪，反之则产生恐惧情绪。

兰格和詹姆斯的观点大同小异，都指出了生理反应受到情绪的刺激，然后生理反应在进一步变化中继续影响情绪。但他们的理论忽视了人们对情绪的调节和控制。

2. 坎农-巴德情绪理论

坎农认为，情绪的中枢不是在外周神经系统，而是在中枢神经系统的丘脑。外界刺激引起感觉器官的活动，发送神经冲动到丘脑，再由丘脑同时向上向下发出神经冲动，向上传到大脑产生情绪，向下传到交感神经引起生理变化。可见，情绪体验和生理变化是同时产生的，它们都受到丘脑的控制。坎农的情绪理论得到了巴德的支持和发展，所以把经过巴德发展的情绪理论叫作坎农－巴德情绪理论。

3. 情绪认知理论

20世纪50年代，美国心理学家阿诺德提出刺激场景其实不能够直接决定情绪的性质，从刺激开始到产生情绪，要经过一系列过程：刺激场景—评估—情绪。同样的场景刺激因时间不同而产生不同的情绪。20世纪60年代，沙赫特和辛格提出，个体生理的高度唤醒和个体对生理变化的认知性唤醒是产生情绪的必要条件。情绪是认知过程、生理状态和场景刺激三者在大脑皮层中整合的结果，他们通过注射肾上腺素的实验证实了：人对生理反应的认知和了解决定了最后的情绪体验。拉扎勒认为，情绪是人们与情境互动的结果。在情绪活动中，人不仅接受环境中的刺激事件对自己的影响，同时也调节自己对刺激的反应，他认为情绪是在认知的指导下产生的，具有初评、次评、再评三个层次。

在此，简单梳理一下情绪的产生过程：我们的感官接收外在的感知信息—触发某个神经回路—表现出某种内在心理状态—表现出某种外在情绪特征。例如看到一条蛇，会激活大脑的杏仁体，然后心跳加速、手心出汗，然后我们会感觉特别紧张，同时我们也会表现出恐惧和害怕的表情。

在对"情绪"一词的理解中，情绪总是与人的欲望、需要密切联系在一起。情绪是人对客观事物能否满足自己需要的一种主观体验，以及所产生的身心激动的状态。它的产生主要取决于以下因素：身体的内外刺激、主观的认识活动、个人的生理状态。

（三）情绪的分类

（1）在情绪理论中，按照发生速度、强度和持续时间，我们把情绪分为3种，分别是心境、激情和应激，接下来逐一探讨。

① 心境。心境是一种持续时间长、微弱的情绪，就是我们通常在生活中说的心情。心境的好坏，常常是由某个具体而直接的原因造成的，它所带来的愉快或不愉快感受会保持较长的时间，并且会影响工作、学习和生活，进而影响人的感知、思维和记忆。愉快的心境让人精神抖擞、感知敏锐、思维活跃、待人宽容；而不愉快的心境让人萎靡不振，感知迟钝、思维麻木、多疑，看到的、听到的全都是不如意、不顺心的事物。

② 激情。激情是一种猛烈、迅疾和短暂的情绪，类似于平时所说的激动。激情是由某个事件或原因引起的当场发作的情绪，情绪表现猛烈，但持续的时间不长，并且涉及的面不广。激情通过激烈的言语爆发出来，是一种心理能量的宣泄，从一个较长的时段来看，对人身心健康有益，但过激的情绪也会有产生危险的可能，特别是当激情表现为惊恐、狂怒而又难以爆发出来的时候，如全身发抖、手脚冰凉、小便失禁、浑身瘫软，那就得赶快送医院了。

③ 应激。应激是机体在各种内外环境因素及社会、心理因素刺激下所出现的全身性非特异性适应反应，又称为应激反应，这些刺激因素称为应激原。应激是出乎意料的紧迫与危险情况引起的快速产生而高度紧张的情绪状态。应激的直接表现即精神紧张，精神紧张指各种过强的不良刺激，以及相应的生理、心理反应的总和。

（2）按照情绪对人的影响来划分，一般情绪分为积极情绪和消极情绪两类。

① 积极情绪。积极情绪即正向情绪，是指个体由于体内外刺激、事件满足个体需要而产生的伴有愉悦感受的情绪。积极情绪能够激活一般的行动倾向，对认知具有启动和扩展效应，能够降低消极情绪的激活水平，提高组织绩效。积极情绪有益于心理健康，同时对身体健康具有促进作用。

② 消极情绪。消极情绪即负面情绪，是指在某种具体行为中，由外因或内因影响而

产生的不利于继续完成工作或者正常思考的情感。消极情绪包括：忧愁、悲伤、愤怒、紧张、焦虑、痛苦、恐惧、憎恨等。消极情绪的产生是因人、因时、因事而异的，产生的原因可能有：对应激原产生反应；在工作、学习或生活中遭受了挫折；受到了他人的挖苦或讽刺；等等。

加利福尼亚大学的诺曼教授，40多岁时患上了胶原病，医生说，这种病治愈的可能性约为五百分之一。他按照医生的吩咐，经常看有趣的文娱体育节目以保持良好的情绪，有的节目使他捧腹大笑。他除了看有趣的节目，平时还有意识地和家人开玩笑。一年后医生对他进行血沉检查，发现一些指标开始好转了。后来，他撰写了《五百分之一的奇迹》，书中提出："如果消极情绪能引起肉体的消极化学反应，那么，积极向上的情绪就可以引起积极的化学反应。爱、希望、信仰、笑、信赖、对生的渴望等，也具有一定的医疗价值。"

二、负面情绪的影响

人类的情绪产生方式众多，非常复杂。当情绪产生的时候，人会表现出各种各样的行为。我们要做的是针对负面情绪进行管理，避免其产生不良的影响。

情绪会自然发生，一旦产生情绪波动，个人会有愉快、气愤、悲伤、焦虑、失望等各种不同的内在感受，假如负面情绪常出现而且持续不断，就会对个人产生负面的影响，如损害身心健康、破坏人际关系等。

（一）损害身心健康

不同的情绪会给人们的身体带来不同的影响。古人云"心宽体胖"，意思就是当人们心情舒畅时，身体自然舒坦。当有人说"你最近怎么面黄肌瘦的？"就说明你最近心情低落，导致身体出了状况。这就是心理学上所说的心身症，也就是心理上生病，如过度焦虑、情绪不安，或不快乐，导致生理上的疾病，另外有研究指出，一个人常常有负面或消极的情绪，如愤怒、紧张，人体内分泌亦受影响，并导致内分泌不正常，从而形成生理上的疾病。由此可见，时常面带微笑，保持愉快心情，并以乐观态度面对人生，则有助于增进身心健康。

（二）破坏人际关系

人际关系是否良好取决于一个人情绪表达是否恰当。倘若常在他人面前任由负面情绪决堤，丝毫不加控制，如乱发脾气，久而久之，别人会视我们为难以相处之人，甚至将我们列为拒绝交往的对象。反之，若常面带微笑，多赞美他人，以亲切态度与别人和谐相处，人际关系自然会逐渐改善，也不会感到寂寞、孤独。

情绪管理是一门学问，也是一门艺术。要掌控得恰到好处，要成为情绪的主人，必先觉察自我的情绪，并能觉察他人的情绪，进而能管理自我情绪，尤其是要常持愉悦的心情面对人生。

三、情绪管理的方法

情绪管理是指通过研究个体和群体对自身情绪和他人情绪的认识、协调、引导、互动和控制，充分挖掘和培植个体和群体的情商、培养驾驭情绪的能力，从而确保个体和群体保持良好的情绪，并由此产生良好的管理效果。

情绪管理不是消除或者压制情绪，而是让情绪适度表达。情绪管理帮助我们掌握自我，调节情绪，对生活中的事件引起的不良反应能适当地排解，能以乐观的态度、幽默的情趣及时地缓解紧张的心理状态。

情绪管理常用的方法主要有体察自己的情绪、适当表达自己的情绪、用适当的方法疏解情绪、培养积极的心态。

第一，体察自己的情绪。

在生活中要常常问自己：我现在的情绪怎么样？是不是合理健康的情绪？例如，你和朋友约好了时间，对方却迟到了，你很生气。这时就可以问问自己：我为什么这么生气？对方会对我有什么感觉？有许多人认为人不应该有情绪，所以不肯承认自己有负面的情绪，要知道人一定会有情绪，压抑情绪反而会带来不好的结果。学着体察自己的情绪，是情绪管理的第一步。

第二，适当表达自己的情绪。

拿前述例子来讲，朋友迟到让你生气可能是因为你比较担心，你会想"是不是出了什么意外"，这时你可以委婉地告诉他："到了约定的时间还没来，我好担心你在路上是不是出了意外。"尝试把"我很担心"的感受传达给他，让他了解他的迟到会带给你什么感受。

这其中就涉及沟通的技巧，有些时候运用一些沟通的技巧，既能清晰地表达自己的意思，又不至于让对方反感。假如你无意识地随心而说，往往容易让对方难以接受，对方的负面情绪反过来又会导致你更加生气。当你明显责怪对方时，对方就会本能地产生一种防御机制来与你对抗。这样本来是一次愉快的见面，最后变成了一场不欢而散的争吵。所以表达情绪要适当，沟通是一门艺术。

第三，用适当的方法疏解情绪。

生活中在遇到负面情绪时，我们可以选择很多适当的方法疏解，如逛街、听音乐、散步、打球、找好友吃饭。不建议的方式是喝酒，或者做一些刺激性的运动，如飙车等。找到适合自己的方法很重要。

如果用某种方法只能让我们暂时逃避痛苦，甚至后续还要承受更多困扰，这便不是一个好的方法。例如，喝酒只能暂时麻醉自己，喝多了还会损害身体。选择采用的方法时应该理性思考我为什么会难过，我通过这种方法是否变得快乐，这样的方法会不会带来其他的伤害等，慢慢地找寻合适的方法，在今后遇到消极情绪时就可以很快运用。

第四，培养积极的心态。

心态的好坏直接决定情绪对自身造成积极的影响还是消极的影响。第一，我们应该明白情绪的出现是一件很正常的事，明确自身的需要是什么，理性对待不同情绪，进而找出应对的方法。第二，任何事情都有两面性，当发生负面事件时，要善于从中提取正面信息，进而减小负面情绪对自己的影响。

◉ **案例分析**

人物一：小张（急性子、执行力强）。

人物二：小王（随性、做事拖延）。

小张和小王都是即将毕业的学生，两人不仅是同一个专业的，而且住在一个宿舍，都活泼开朗。但是在毕业前，两人的状态却完全不同。

小张是一个急性子的姑娘，刚开学的时候，老师布置了一项看一本书并且写一篇读后感的任务，要求三千字左右，截止日期是期中考试的前一天。小张在收到老师布置的任务后，回寝室开始挑选书，计划在一周之内看完，再花两三天的时间将读后感写好，她按计划实施，很快将任务完成了。

当时同寝室的小王问道："为什么要这么早写啊？不是还有很多天吗？"

小张说："早点写完可以多修改几次，争取拿高分。"

小王却不以为然地说："那也太着急了吧，反正有的是时间，考试前做也来得及。"

就这样，每次一有任务，小张总是立马就做，她写完了许多读书报告、英语作文、会议感想等。

而小王平时优哉游哉，玩得不亦乐乎。在截止日期的前几天，小王却叫苦不迭，因为平时堆积的事情太多了，小王忙得手忙脚乱。

小张虽然在考试前也有很多事情要做，但由于很多任务她都提前完成了，所以她不慌不忙，也越来越自信。

毕业在即，小张在毕业前已经收到了好多家公司的录用通知书，由于不知选择哪个公司更合适，来找老师咨询。而小王却焦虑重重，她没有收到录取通知书，对自己的未来非常担忧。其实早在平时的学习生活中，两人的差别就体现出来了。

• 本章小结 ·····················

1. 时间管理是指通过事先规划和运用一定的技巧、方法和工具，实现对时间的灵活及有效运用，从而实用既定目标的过程。时间管理的重点是找到那些重要的、价值高的核心任务，决定哪些事情该做、哪些事情不做、哪些事情需要多花时间做。

2. 现代社会人们面临的压力各种各样，压力无处不在。压力会对人们的工作、生活，甚至身心健康产生各种影响。对于过大的压力，要积极进行压力管理。学习并实践压力管理的一些方法，可以使工作和生活更加顺利，有利于身心健康，创造幸福人生。

3. 情绪管理主要有4种方法：体察自己的情绪、适当表达自己的情绪、用适当的方法疏解情绪、培养积极的心态。

• 课后练习 ·····················

1. 请简要描述时间管理4D原则和优先矩阵。

2. 请简述进行压力管理的具体技巧。

3. 请结合自身的实际情况谈谈在生活中你是如何进行情绪管理的。

扩展文件：

时间管理让你
更有效率

第七章

职场素养

　　职场素养是个体在工作过程中表现出来的综合素质，包含职业道德、职业技能、职业行为、职业作风和职业意识等。职场素养是影响一个人职业生涯成败的关键因素。本章主要讲述了职场素养中十分重要的职业价值观、细节的把握及正确思维方式的养成等内容。

第一节　职业价值观

一、态度决定行为

态度是人在成长过程中逐渐形成的，是人们在周围环境的直接影响下，产生的内在个体心理变化，是个体与周围环境交互作用的结果。行为本质上是人们内在态度的外在表现形式，态度决定着人们怎样处理接收到的信息，决定着人们对目标对象的感受，决定着人们随之而产生的一系列反应和行为，即态度决定行为。态度不仅是人们行为的重要决定因素，也是人们预测未来行为的有效途径。

（一）职业心态的分类

一家机构对一家大型企业的100位员工进行了一项职业调查，发现其中85位员工能够获得出色工作业绩的主要原因不是他们自身专业能力特别突出，而是他们拥有的职业心态非常显著。职业心态对员工工作业绩和职业发展的影响有时甚至超过了员工的专业能力。

在整个职业生涯中，态度无疑是根本且核心的竞争力。为什么有的人明明已经具备了丰富的专业知识，但他的工作业绩总是不突出呢？究其原因，在实际工作过程中，这类人缺乏职业心态，严重阻碍了自身的发展。

职业心态一般可以分为三类。

1. 创业心态

创业心态是十分积极的职业心态，是指面对自己的工作就像在经营自己的公司一样的心态。

图7.1所示为一般的职业生涯。对一个职业者来说，22～35岁，是他/她经营自己个人职业品牌的起步和关键阶段，只有在35岁之前积累大量的个人品牌积分，才有可能在未来获得卓越的成就。个人品牌积分较多，就有可能在35岁之后运用这些个人品牌积分获得更多的工作机会、更广的发展平台。

图 7.1　一般的职业生涯

拥有创业心态是成功经营自己职业品牌的重要因素。因为一个拥有良好创业心态的人会积极思考问题、面对职场中的压力、承担相应的责任。良好的创业心态能够让职业者更快地在职场中脱颖而出，因为具有这种良好的心态的职业者在其工作中会表现得更出色、更努力，最终被领导认可。

拥有创业心态的职业者都能够真正意识到他们是在为自己工作，是在为自己的个人职业品牌工作，并且坚信自己努力付出后一定会获得相应的回报，因此在工作过程中会更轻松、更快乐。

职业者以创业心态来工作时，会为自己设定一个长远目标，不断检视自身的不足，持续进步，最终获得成功；而只拥有就业心态的职业者，一般没有长远的目标，最终自身的职场竞争力会逐渐削弱。

2. 积极心态

积极心态主要是指积极的心理状态或态度，是个体对自身、他人或事物的积极、正向、稳定的心理倾向，是一种良性的心理状态。具备积极心态的人更容易从事物中发现积极的方面。在职场中具备积极心态的职业者适应能力较强，能够将职场中负面的事情以积极的状态处理。

拥有积极心态的职业者，可以做到让一切的阻力变成无穷的动力、让绝望变成希望、让坏事变成好事。乐观的人，即使自身的条件和拥有的资源不够好，也会想办法创造条件，改变困境，获得成功；悲观的人，即使拥有的条件和资源再好，由于受自身消极情绪的影响，也可能会一事无成。

3. 游戏心态

游戏心态是指在巨大的工作压力下能够长久保持工作乐趣的轻松状态。游戏心态有投入、松弛以及平和三种主要的表现形式。

（1）投入。

投入是指全身心地投入工作，忘记了个人利益得失。在工作中，拥有这种游戏心态的人往往善于充分感受自己工作的各种乐趣，从解决一个又一个工作难题中感受到乐趣。

（2）松弛。

工作时能保持身心放松的职业者，能够让工作过程保持张弛有度的状态，使得工作状态保持在较高的水平，从而将实际工作成果演绎得更加精彩。

（3）平和。

职业者在平和的工作心态下，更容易冷静地仔细分析自己的核心优势和缺点，找出能够解决自身问题的最佳方法。真正拥有平和心态的职业者一般不会太过于看重工作结果，他们一般更用心享受工作过程，容易迅速取得更多令自己感到满意的工作结果。

投入、松弛、平和这三种心态带来的结果是不急、不贪、不乱。

急、贪、乱是工作中的大忌。"急"其实主要是指着急看到工作结果，在实际中，行为一定要积极，但对结果一定不要太着急，要讲求水到渠成。"贪"是指典型的贪婪急躁的工作心态，如自己本身能力不足，却好高骛远，总想自己能够获得更多的职业发展机会和空间。"乱"是指当自己的努力以及付出和最终的收获不成正比的时候，自乱阵脚。正确的做法是冷静思考并分析工作失败的根本原因，做出有利于不断改善自己职业工作境况的积极对策。

（二）固有心态的危害

每个人都拥有特有的固定思维模式，为了未来职业和人生的成功，一定要先拓展自身的思维宽度，打破自己长期以来形成的固有心态。

固有的心态具有一定的危害性，具体如下。

1. 使人缺乏创造力和创新精神

人们在社会中逐渐形成固有的心态或者思维模式，人们慢慢会发现自己可能会缺乏创造力和创新精神。人们只要进入这种状态，生活和工作就会变得刻板。

2. 让人变得自卑

有些年轻人总是否定自己，说："我不行！我太年轻。"常常被一些固有的心态及其表达模式局限，长此以往人们就很有可能会封闭自己的思维，总是认为自己不行，事事否定自己，结果可能是逐渐变得自卑。

3. 破坏人际关系

一个人与别人相处时总是抱有成见，总是习惯性地看到别人的缺点，不能发展良好的人际关系，甚至会阻碍自己在职场中的正常的人际关系，最终阻碍职业发展。

一个人在某大型企业已经工作5年了，看见很多比自己资历浅、年纪小、学历低的年轻人都已经成功得到了公司的认可和晋升机会，自己只能一直停留在原来的位子上，心里很不开心。有一天，他和一位朋友聊天，他和朋友抱怨说："我在公司已经工作了5年，也没有被正式提拔，我还是辞职去创业算了，在这个公司待着太浪费时间了。"

他的朋友问："在这5年中，你的销售业绩拿过第一名吗？"他说："没有。"朋友又问："在这5年中，你是否掌握了对企业非常重要的客户资源和信息呢？"他想了想，说："没有。"朋友就劝他："算了吧，你还是1年以后再辞职吧。你现在辞职是在逃避。"这个人听了这番话后认为很有道理，高高兴兴地回去工作了。1年之后，这个人和他的朋友又见面了。朋友问他现在在哪里工作，他说还在那家公司，成了公司的副总，他不想辞职了。

有专业知识、有工作能力的人，如果缺乏正确的职业心态，不会敢于创造和做出优秀的成绩，但是打破了固有心态后，结果就完全不同了。所以，职业者如果想认真干好一项工作，就必须同时具备丰富的知识、优秀的能力以及职业心态。综上所述，固有的心态或者思维模式对每个人来说危害无穷，人们不能总是以固有的心态和思维看待问题，否则就很有可能会严重地影响实际工作状态，无法对身边的情况做出相对正确的分析判断。人们应该随时进行自省和调整，保持正确的职业心态。

（三）培养良好的职业心态

1. 热爱工作

刚进入职场，少数年轻人对待工作时会敷衍了事，不愿意多付出一点，不认为工作需要付出努力，很多时候尽可能避开那些较为棘手的工作内容，希望做的事情少但挣的钱多，这是不正确的态度。

既然已经选择了这份工作，就应该接受工作。俗话说"一分耕耘一分收获"，我们应该持续播种，待来日开花结果。

每一份工作都不轻松，我们应该正确看待工作中的辛劳。做一份工作爱一份工作，接纳工作中遇到的挫折、压力，将这些转化为成长的经验和动力，对工作保持热爱。

2. 为自己工作

"我是在为谁工作？"这是上班的第一天就应该想清楚的问题。正如老师经常问的那个问题："你是为了谁而学习？"有的学生认为学习是为了老师、为了家长，长大后在激烈的社会竞争中，方知当年读书少，逐渐深刻地领悟到老师当年的教诲，以至于发出"少壮不努力，老大徒伤悲"的感叹。然而，他们真正走入社会后，又在不知不觉中陷入错误认知，认为在"为他人工作""为老板工作"。事实是"工作是为自己做的"。

其实努力工作最大的受益者不是别人，而是自己。因为职业者通过工作实践和锻炼，提高了自身的专业能力，增加了个人阅历，拓宽了职场人际关系。一个职业者如若没有积极的职业态度，没有正确的价值观念，就很有可能会在职场中碌碌无为。所以，职业者在职业生涯的各个阶段都应该持有正确的职业观念，这样才能不断做出正确的职场行为，才能获得自己期待的结果。

在职场中，一些人原本拥有丰富的知识、非凡的能力，但认为工作是为了企业，所以总是会抱怨，常常面临如何找到下一份工作这样的难题。部分职业者常因这些错误的观念而自毁前程，影响自己的职业生涯发展。

人们其实不是在为企业工作，更不是在为领导工作，每个人都是在为了自己而工作，而每一分努力和付出，都可能在未来得到回报。

一位专业建筑师马上要退休了，他的儿子多次询问他是否能再修建最后一栋房子。建筑师虽然一口答应了，但他每天根本不想花时间在这件事情上。他常常偷工减料，做事马马虎虎，用劣质的建筑材料随便把一栋新的房子建好了。完工后，建筑师的儿子说："房子归你了，这是我送给你的退休礼物。"这个建筑师后悔莫及。

态度决定行为，人们在认为每一份工作都是为了自己而做时，就会保持热情，尽全力完成，最后也会得到回报。所以在职场中要时刻记住"每一项工作都是为自己而做的"。

二、变被动为主动

（一）被动工作的消极影响

被动工作很多时候是因为现在从事的工作并非自己真正期望从事的那份工作，但是迫于现实压力又没有更多、更好的工作，只能被迫接受现实。被动工作的职业者往往没有明确可行的工作目标和发展方向，工作时也没有热情，一遇到困难就怨天尤人，常常为无法完成工作而找各种借口和理由，很少为完成工作而开拓创新，往往喜欢想各种方法尽量减少工作量。

处于被动工作状态的人们，常常安于现状，竞争能力会逐日递减，逐渐丧失了斗志和对工作的激情，最后会被市场淘汰。因为被动工作，会面临就业危机，与其那个时候抱怨，不如现在就做出实际行动，让自己保持主动的工作状态，把自己变得优秀，给自己的未来储备能量。

（二）主动积极概述

主动积极即勇于采取行动，对自己过去、现在及未来的各种行为主动负责，并且依据科学的方法，而非基于情绪做任何决定。

1. 发挥四项禀赋

主动积极的人一般不会成为被动者，在工作中他们会主动发挥自己的四项禀赋，即自觉、良知、思维和意志，同时在日常生活和工作中主动积极地大胆创新，积极乐观地面对一切。他们会选择积极主动地创造自己精彩美好的人生，这也是年轻人应该具备的人生价值取向。

（1）自觉，就是自己有所认识而且主动去做，能够积极主动地做事情。一般来说，一个人只有努力抓住机会，才能拥有成功的可能，所以每个年轻人都要随时随地做好心理准备去抓住机会，主动积极地发现和争取身边的机会。

（2）良知，就是人们能够明辨自己是对是错，并始终保持正直。

（3）思维，是指通过其他媒介认识客观事物，及借助已有的知识和经验、已知的条件推测未知的事物。思维能力能够通过训练逐渐提高。

（4）意志，就是一个人能够管理自己，管控自己的强烈意愿。一个人成功的关键在于，在他的职业生涯发展中，坚定意志，坚持不懈地通过自身的努力实现职业目标。

2. 主动积极的人的特征

主动积极的人一般都有自主选择的自由，并且可以对自己身处的生活环境进行积极适应并做出合理回应，对自身负责，为自己创造机会。主动积极的人的特征如下。

（1）不受制于客观条件。

主动积极的人往往可以充分发挥自己的主观能动性，更好地克服存在于客观环境中的不利因素。

（2）有选择的自由。

任何自由都是有条件的，没有无条件的自由，自由一般有一定的范围，主动积极的人在这个范围内能够进行自主选择。

（3）积极回应现实环境。

主动积极的人对现实环境的积极回应包含三层含义。

第一，在有能力的情况下，改变自己可以改变的事情。

第二，对自己不能改变的事情以平静的心态接受。

第三，在现实环境下，积极、主动地思考事情能否改变。

在工作中不过度抱怨，因为过度抱怨不但不能改变工作现实，反而会严重破坏自己和他人的心情，应该积极主动地去迎接挑战、解决问题。

（4）对生命负责。

每个人的生命只有一次，积极主动的人懂得将生命的价值最大化，对自己负责。

（5）为自己创造有利的机会。

每个人都不可能是完美的，都有缺点和优点，人们容易发现自身优点，而较难发现自身缺点。积极主动的人能最大限度地发现自身的优点，并且在工作中利用这些优点为自己创造有利的机会。

3. 提升积极主动性

（1）多做一点。

我们需要特别注意：主动的人越主动，被动的人越被动，越主动越能不断挑战自我。

"我没空"是代价很高的三个字，其使人们躲过额外工作的同时，也错失了伴随而来的机会，很多人就是因为不愿多做一些事情而失去了很多机会。当责任从前门进来时，你从后门溜走，你躲的不是责任，而是一次机会。因此，如果想要获得更多的机会，就不要说"我没空"这三个字，特别是面临一些艰巨任务时，更需要紧紧抓住它。

有些时候因为恐惧、推卸责任不去解决问题，机会也就因惧怕或者推卸而溜走。多做一点，虽然我们花费了更多的精力、时间，但可以在职场中赢得良好的声誉，使他人增加对自己的认可，从而有利于自己的职业发展。

相对于人的生理潜能，心理潜能的开发是没有限度的。职业者在工作中要不断挖掘心理潜能，面对不同的挑战，不断实现自己的人生价值。《创业》是一部主要描写中国石油行业工人的电影，"人无压力轻飘飘，井无压力不喷油"，也正是因为他们抱有这种工作理念，才使社会上流传着"石油工人干劲大，天大困难也不怕"这句话。

人如果没有适当的压力就可能会出现萎靡不振的情况。所以，人们需要在压力下不断寻求创造自己的人生价值，发挥自己的无限潜能。

（2）用心一点。

全心全意工作能把一件事情真正踏实做对，用心工作能把一件事情真正踏实做好，这就是用心的价值。

既然我们已经懂得了用心的价值，那我们就应该从"心"开始工作。当然想要真正做到用心，就要做到尽心尽力，也就是把全部的能量都发挥出来，全力以赴地做好自己的本职工作。有些职业者之所以总是完成不好工作，是因为在碰到有些困难的事情时，会打退堂鼓，总是找理由和借口。

（3）勤奋工作。

勤奋非常重要，懒惰危害很大。如果没有努力完成一项工作，那么能力不会真正得到提升，最终就可能直接影响你的发展和前途。

人们懒惰的主要原因有很多，如对自己的薪资不满意，对工作没有热情。但是我们一定要深入了解其中的原因，世上没有绝对懒惰的人。所以，我们一定要不断地培养工作热情，以热情引发工作的动力。

拖拉是懒惰的一大表现，人如果没有完全下定决心去做一件事情，很有可能消极地完成工作，接下来的工作结果就不得而知了。因此，工作中一定要避免出现拖拉的想法，工作中遇到突然需要解决的事情时应马上处理。

（4）优质工作。

我们可以试想如果一个专业建筑师为他家人建造的一栋高层房子不稳固，如果一个律师打官司从来没有赢过，那么很显然这样的人在市场上是没有竞争力的，也终将被淘汰。

我们需要充分了解优质工作的标准，优质工作的标准就是满足客户的需求。因为优质的工作不是由本人自行判断确定的，而是由客户或者领导判断的。

一个人想要不断提高自己的工作质量，就必须不断加强学习，利用学习机会，在每天的学习工作中不断提升自我，促使自己不断进步。

（5）坚决执行。

主动的人具有很强执行力。主动的人需要不断提高自己的执行力。

（6）不找借口。

借口可能会影响工作结果。主动积极的职业者不应该给自己找任何借口。一个没有任何借口的人指的就是在努力完成工作任务的过程中，不因为其他理由而取得不好的工作结果，而是以圆满完成工作为目的，坚定不移地认真实现目的的人。无论是面对困难还是面对失败，正确的做事态度都是绝不找任何借口。

（7）主动完善。

主动的人需要学会主动完善，而不是等待别人提醒。主动完善的过程需要我们不断依靠自己的主动性。我们通过不断自我检讨才会发现问题，并且需要找到不完善之处，再主动找到对应的解决办法。这里我们需要特别注意两点：第一，不要被动等待别人指出你的问题；第二，在发现问题后，要尽快开始想办法解决问题。

等着别人指出自己存在的各种问题，会使自己始终处于被动的尴尬境地，所以应该善于及时发现自身在实际工作和日常生活中可能存在的一些问题。

（8）主动出击。

职业者要学会主动出击，主动探索通向成功的机会。只有主动地争取机会，才有可能成功。主动沟通往往是我们解决实际问题的好方法，学会在主动沟通中寻找机会，在主动沟通中发现问题并快速解决工作和生活中的各种实际问题。

三、责任至上

爱默生说："责任具有至高无上的价值，它是一种伟大的品格，在所有价值中它处于最高的位置。"生活和工作中处处有责任：抚养子女，是一种责任；赡养父母，是一种责任；培养员工，是一种责任；等等。我们为了能够不断更好地担负起自己的责任，要不断提高自己的综合能力。这样我们才能持续进步，社会才能向前发展。

（一）负责任的表现

1. 坚守承诺

一个负责任的人一般都能够坚守承诺。不能坚守承诺的人，必然也很难坚定不移地履行自己的职责。可见，坚守承诺是一种负责任的表现，否则便是不负责任。具体来说，承诺的力量来自两个方面。

第一，下级对上级进行承诺。下级对上级承诺，能够有效激发下级的潜能，使其努力向目标前进。

第二，当众承诺。当众承诺能为自身带来力量，激励自己全力以赴。

做出承诺后，就应该说到做到并且全力以赴，在工作中给上级做出承诺，在生活中给家人做出承诺，能够让自己时时不忘责任在身，永远充满干劲。

2. 结果导向

每个人只有努力提升自己、创造更多的社会价值，才能在社会上立足。我们应该以最终结果为主要目标，向着正确的方向，坚持到底，绝不轻言放弃，这是勇于承担责任者必备的素质。

（二）负责任的方法

我们无论在何种工作岗位，都要相应地承担责任。保家卫国是军人不可推卸的责任；虚心努力学习、做好功课是学生的主要责任。

1. 按质、按量、按期完成工作

完成本职工作，必然是职业者承担责任的第一步。保证质量是企业经营中一项基本的硬性要求，任何一个人都必须按质、按量、按期完成本职工作。

2. 不找借口，不推卸责任

一个人不推卸责任、不找借口，是敢于承担责任的体现。

3. 不怕多做事

在当今这个快速发展的社会中，只有多努力，勇于付出，勇于担当，才有机会真正成为一个受大众欢迎的职业者，才有机会拥有更宽广的职业发展通道。

4. 主动完成自己的工作

在工作中，一定要主动完成自己的各项工作，此外，一定要学会承担责任。而切实承担责任，就是把每件事情都落实，做好、做到位。

5. 对自己100%负责

在对自己100%负责的思维模式中，有一个"非常二加一"模式。其中，"二"指的是没有假如，不把失败的原因归于客观因素；没有借口，不把出现的问题推给别人。"一"是结果，主动承担失败的后果。成功人士从来都采取积极的思考模式，主动承担责任，而不像失败者那样到处寻找借口。

对自己100%负责的思维模式，就是要将消极思维模式转换为积极思维模式，这同样

也是成功者的思维模式。

第二节　细节决定成败

一、注重细节

注重细节，是对微小事物进行把握，也能帮助我们走向成功。多年以前，有一个名叫科尔迪的年轻牧羊人，发现有一只羊每天都非常兴奋，于是他时刻都注意着这只羊的一举一动。他通过连续好几天的仔细观察，终于发现这只与众不同的山羊特别喜爱吃一棵树上的红紫色浆果，吃完之后就突然开始兴奋。在强烈好奇心的驱使下，他吃了那棵树上的红紫色浆果，吃完之后没过多久，就情不自禁地跳起了欢快的舞蹈。直到有一次，他再次准备吃这种红紫色浆果时，恰巧被路边一位匆匆路过的异乡人看见了，科尔迪便将细节慢慢地告诉那位异乡人，随后异乡人也仔细品尝起来。起初，他感觉有点苦，慢慢地回味后便感觉神清气爽，焕发活力。在异乡人的热心帮助和宣传下，周围的群众也纷纷开始吃红紫色浆果，还一起分享食用后的感受。事实上，这种红紫色浆果经过发酵提炼再经过加工，就成为了咖啡豆。

早在很多年前，咖啡的特效就已经得到了商人的广泛证实，并被大力推广，很快就得到了高度重视和认可。这不仅归功于其特效，还在于饮用者对其仔细认真的观察。注重细节是我们获得事业成功的重要帮手。

由此可见，如果想要事业成功则必须从细节开始，时刻关注、认真对待每一个细节。在一些正式的社交场合，大多情况下人们都是通过一些细节观察对他人产生印象的。

（一）成也细节

在职场中，如果一个人总是不注重细节，将越来越不受重用，同时也没有办法获得领导赏识。只有一丝不苟、注重细节的人，才有机会受到领导的赏识和重用。

"天下难事，必作于易；天下大事，必作于细。"不论多么伟大的事业，无一例外都是从细节起步的，且事业最终成功与否，往往受细节影响很大。如果想要成功，必须时刻关注细节。

（二）败也细节

生活往往是由一些琐碎的事情以及那些过后再也不留一丝痕迹的细节慢慢汇集而成的。

许多人认为"行大事不拘小节""小节无伤大雅""何必小题大做"。其实并不是这样的，大事其实是由很多小事组成的，虽然把这些小事全部踏踏实实地完成好，最后不一定会取得惊人的结果，但如果对待小事马虎，那结果必然不佳。

把小事认认真真地做好，是成就大事的必要条件。只有做事认真仔细，才能把每件事情都做得趋于完美。

成也细节，败也细节。我们要善于发现细节背后的机会。

砸冰箱的人

　　1984年12月，张瑞敏临危受命，担任青岛日用电器厂厂长。当时，青岛日用电器厂亏损高达147万元，濒临倒闭，一年内更换了4任厂长，第四任厂长便是后来"砸不合格冰箱"的张瑞敏。1985年，有消费者反馈，工厂生产的冰箱存在质量问题。因此，张瑞敏逐一检查了仓库里的400余台冰箱，发现其中76台冰箱存在质量问题。工厂内部研究决定将这76台存在质量问题的冰箱作为福利，折价售卖给内部员工，遭到张瑞敏坚决反对。"我要是允许把这76台冰箱卖了，就等于允许你们明天再生产760台这样的冰箱。"随后，张瑞敏宣布，所有存在质量问题的冰箱砸掉销毁，并且由制造冰箱的工人亲手来砸。随后，张瑞敏拿起锤头，砸向了不合格冰箱。张瑞敏这一锤，不仅是海尔向品质转型的起点，也唤醒了中国家电行业的质量意识。

　　20世纪80年代中期，国外家电生产线开始大规模涌入中国，我国家电行业进入OEM（原始设备制造商）代工时代。但张瑞敏并不满足于代工，要求海尔必须做到"知其然，也要知其所以然"，先后3次派出技术和质量人员前往德国进行技术培训与学习。由此，海尔走出了一条通过提高员工技术水平来提高竞争力，而非单纯靠技术和设备引进的差异化发展路径。海尔编写了10万字的《质量保证手册》，制订了一百多项管理标准，这些标准都蕴含着张瑞敏的管理思想。张瑞敏着手整理企业内部，而且愿意花大力气、花大价钱，把小事当成大事做，如此海尔才有了今天的成就。

二、如何培养注重细节的习惯

　　培养注重细节的习惯，才能进一步把个人潜力有效发挥出来，在走向成功的道路上更加顺利。要培养注重细节的习惯，可以从以下六个方面入手。

（一）改变观念

　　精打细算的人常常被说成"斤斤计较""小家子气"，这种观念需要纠正。只有在思想上对工作细节足够高重视，才能真正严格要求自己的工作行为。因此，要想成为优秀职业者，必须彻底改变一些旧观念，树立细节决定工作成败的新观念。

（二）保持专注

　　但凡你想真正做好一件大事或小事，必须让自己全身心地投入。如果你想同时追两只兔子，最后的结果可能是哪只都追不到。有道是"十年磨一剑"，古代的铸剑师为了铸就一把宝剑，可以潜心打造十年。可见，只有专注工作才能达到工作效率的最高化。

（三）自我控制

　　一些人因为别人的一句话，便耿耿于怀甚至勃然大怒，造成难以挽回的不良后果，等到冷静下来才懊悔不已。要克服自身的一些弱点和不足，认真检查、及时修正，不断地完善自我，才能不被外界的因素干扰。只有静下心来才能做好一些细小的事情。

（四）从小事做起

　　细节在我们的生活和工作中无处不在。当我们养成时刻关注细节的良好习惯后，一定会发现，无论是日常生活还是平时工作，将小事做好，整体效率会大大提高，从而提升生活和工作的质量。

（五）严格要求自己

对自己要足够严格，每天都要认真做好当日计划，一件一件认真地根据计划按时完成，并且坚决按照上级部门下达的各项工作计划和工作目标进行逐项落实，争取将每件事情都做到位。只有对自己严格要求，才能够及时发现问题并解决问题。

（六）持之以恒

在做一件事情的时候，有的人开始时能够做到认真执行，可是在一段时间过后，逐渐懒散或者松懈，半途而废，无法真正养成注意细节的好习惯。持之以恒地注意无数个细节，这种习惯才是成功者所需要具备的。要做到"曲不离口、拳不离手"，经过韦编三绝，最终真正实现百炼成钢。

第三节　思维决定出路

一、打破思维习惯

每个人都具有独特的思维方式，思维习惯的不同也造成了人和人之间的巨大区别，主要表现在以下四个方面。

（一）看不见

在工作中，我们可以发现有的人能够轻易地发现人生重要的机会和机遇，而有的人却永远看不到，这就是思维方式的不同导致的。发现人生机会无疑是人生不断取得成功的第一步，也是未来走向成功的第一级台阶，我们只有不断地丰富人生经历、积累人生经验才能持续提高判断力和领悟力，创造并发现自己人生中的各种机遇。事实上，很多人因为"看不见"错失了很多人生的机会。

（二）看不惯

"看不惯"也是存在的问题，如自我感觉过于良好，加入企业以后，出现不服从管理的情况，这样会导致很多工作达不到预期，因此我们要努力调整自己的心态和思维方式。

（三）看不懂

有的职业者会出现"看不懂"的问题，这些都是因为能力和经验不足，对一些基本情况认识不清，概念不熟，对社会发展形势和技术发展趋势不了解。

（四）看不远

部分人会因为遇到各种新的问题而寻找各种借口，根本原因就是看得不远，目光短浅，没有长远目标和发展计划，没有着眼于大势，只顾低头拉车，没有抬头看路。他们认为工作就只是为了获得一份薪水，目标设置得较低，没有远大抱负和理想，没有激发内心深处的原动力。

思维方式一旦出错，就无法拥有正确的行为方式，最终会改变自己的命运。思维方式决定行为方式，行为方式决定日常习惯，日常习惯影响个人性格，个人性格影响命运。思维方式不同造成的结果各不相同。因此，我们必须打破固有的、错误的思维方式，重塑正确的思维方式，这样才可能在职场中取得成功。

二、正确面对困境

在这个节奏很快、竞争激烈的新时代，每个人都在为自己的美好生活拼搏，但是到了月底，经过仔细反复盘算，有的人发现自己根本就没有做什么有价值的工作，这样的人往往以"忙"为自己努力过的佐证。以"没办法"为自己工作平庸的理由，也许正是"没办法"浇灭了大多数人创造的火花，阻碍着他们前进的步伐。如何正确面对困境，我们真的没办法走出困境吗，还是说我们根本没好好地去找办法？发动机只有运转起来才能够产生动力。

你只要不断努力地去开发你的工作潜能，就一定会越来越强。只要自己能够努力地去战胜面对艰险的各种畏惧心理，就一定可以快速地找到解决办法。

三、积极寻找方法

在日常生活和工作中，在需要面对一个复杂问题的时候，唯一要做的是积极寻找解决问题的方法。只有找出方法才有机会成功。

（一）积极寻找方法是个人的生存之本

成功者一定善于思考。不管在工作中遇到多大的困难，都有必要暂时停下来好好思考一下，只有在工作中全身心投入并努力去想办法，才能解决面对的困难。众所周知，思考是人类特有的能力，不管遇到什么样的挫折，都要多思考，培养第一时间找方法的良好习惯。所以，在工作中仅仅按上司的吩咐来完成工作是远远不够的，不管什么时候，都应该做一个尽力想办法，把事情做到最好的员工。

（二）积极寻找解决问题的简化方法

在刚开始开展新的工作时，找出可能阻碍成功的因素是非常有必要的，但是要想在开始工作前把所有阻力都彻底清除是不现实的，因为随着工作的不断推进，问题往往会不断产生和变化。事实上，优秀员工不管从事什么行业，遇到麻烦都会立刻想办法解决。在当今社会，什么样的员工最受单位欢迎？那就是能够积极寻找解决问题的简化方法，对自己职业前途上心的员工。

企业的员工其实可以分为以下三种。

（1）敬业并且总是尽可能地迅速找到最佳解决方法的员工。这类员工不仅敬业而且乐于奉献，这样，他们就有机会实现自己和企业的共同发展。

（2）敬业但是缺乏工作方法的员工。企业的发展需要这样的员工，但他们自身发展会受到限制。

（3）既不愿意自己找解决方法又不敬业的员工。他们什么也没有奉献，所以结局也许是离开企业。

因此，我们不难看出：第一种类型的员工既敬业又可以找到最佳解决方法；第二种类型的员工虽然很敬业但总是不会自己找解决办法；第三种类型的员工只会遇到问题就找借口。倘若你的梦想是获得事业成功，那就应该努力成为第一种类型的员工。

有人曾经对企业的100多名管理干部做了一个调查。调查人员问了两个问题：什么样的员工最不受欢迎？什么样的员工最受欢迎？调查结果如表7.1所示。

表7.1 员工对比

最不受欢迎的员工	最受欢迎的员工
工作不努力且找借口的员工	没被安排工作却能主动找事做的员工
损公肥私的员工	通过找方法提升业绩的员工
斤斤计较的员工	从不抱怨的员工
好高骛远的员工	执行力强的员工
受不得委屈的员工	能承受压力的员工

这个调查结果充分证实了那些凡事总想着给自己找借口的员工，大概率会成为最不受欢迎的员工；相反，善于解决实际问题且遇事主动寻找解决方法的优秀员工，大概率在企业里最受欢迎。

（三）积极寻找方法的技巧

1. 挖掘潜能

遇到困难时，畏惧会使人无法真正冷静下来应对问题，甚至会导致行动停滞。但是，换个思路，如果你不先去想问题难不难，而是先问自己是否尽了最大努力，就能挖掘自己的潜能，激发自身的活力，从而找到解决问题的方法。有句话是这样说的：当你把自己逼到"非不可"境地的时候，一定会创造自己都难以想象的奇迹。

2. 从尽力的假象中解放自己

一些人之所以没有办法做到竭尽全力，就是因为他们总认为已经尽力了，并且深信已经没有办法解决问题了，哪怕只是前进一步都不可以了。其实这些都不过是他们不愿意接受挑战所找的借口。

其实，只有真正经过一番努力，才会逐渐明白真正的所谓的难。我们平时所感觉到的危险和恐惧，往往都是预先给自己刻意设置的心理现象，而且会逐渐背离事实真相，其实事情本身根本没有想象的那般严重。只要我们努力地尝试，重新面对恐惧，恐惧早晚会烟消云散。只要不断地尝试再尝试，不断地努力再努力，就能从尽力的假象中解放自己。

3. 树立足够的信心

狭路相逢勇者胜。遇到强劲的竞争对手，恐惧往往是在所难免的。但要记住：竞争对手可能也畏惧你，甚至比你对他的畏惧还要多。在这种情况下，谁更加勇敢大胆地面对，最后谁就有可能获得胜利。我们在遇到困难的时候首先一定要树立起信心，沉着冷静地面对困难，积极有效地解决问题。

我们一定要相信一点——办法总比问题多，所以看待问题的态度非常重要。当遇到一个问题时，成功的人不是主动寻求原因，而是积极寻找解决问题的办法；优秀的人把遇到的困难当作机遇，积极寻找可能解决问题的最佳办法，在解决问题的过程中不断发掘成功的契机。大多数人都是有追求、有理想的人，但只有一小部分人通过踏踏实实的努力跨越所有的困难和不可能，最终实现自己的梦想。

👁 案例分析

　　王某是机电系的一名学生，2017年2月进入双体，在双体接受"技术+职场"的培养。他在双体结业后通过层层选拔，顺利成了腾讯的一员。他能够加入腾讯，与他做事严谨认真和积极的工作态度有着密不可分的关系。

　　王某在腾讯的工作岗位是产品岗位，他本是一个比较活跃的、热爱运动的人，但是有一段时间好像消失了一样，群里没有了他的发言，为什么呢？联系到他后，他说："忙，太忙了，需要学的东西太多，周围的人非常优秀，我必须调整自己的心态。这里的每一份工作都分工明确，我在为自己工作，我必须通过学习来弥补不足，付出比别人更多的时间和精力，重新树立信心，奋力拼搏。"

　　1. 在这个案例中，王某的工作态度怎么样？

　　2. 王某在面对困难时，使用了哪些解决问题的方法？

　　3. 如果是你，你会应用本章所学的哪些知识应对这些困难？

· 本章小结

　　1. 正确的职业价值观有以下几点：态度决定行为，变被动为主动、责任至上。

　　2. 细节决定成败，关注细节是现代职业人士必须具备的基本职业素养。

　　3. 没有什么解决不了的问题，只是我们暂时没有能力找到解决这个问题的正确方法，思维方式决定成败。

· 课后练习

　　1. 请谈谈你理解的正确的工作态度。

　　2. 请谈谈你对细节决定成败的理解。

　　3. 请思考职场素养是什么，结合本章内容谈谈应该如何提升自己的职场素养。

　　附：扩展文件

细节决定成败

第八章

职场礼仪

　　我国是四大文明古国之一，约有五千年的历史，在历史长河中留下了许多宝贵财富，其中，作为思想和行为指导的礼仪文化被很好地保留了下来。并且，不同时代具有相应的行为规范，这让我国一直享有"礼仪之邦"的美誉。随着现代社会的发展，对礼仪规范的要求也越来越多，能够在不同的场合正确运用礼仪规范已成为重要的职场关键能力，也成为影响个人职业发展的重要因素。本章主要介绍职场中常用的着装礼仪、商务礼仪及社交礼仪。

第一节　职场着装礼仪

一、职场着装礼仪的意义

在现代社会中，每个人都不可避免地与他人接触，在这种密集而短暂的现实接触中，个人形象、气质反映了一个人的品位和价值观，直接影响了他人对个人的第一印象。

在第一次交往中给对方留下的印象，能在对方的头脑中长期占据着主导地位，从而影响双方交往关系，这种效应在心理学上称为首因效应。因此，在求职、招聘、交友等社交活动中，灵活把握这种效应，将好的形象展现给他人就显得尤为重要，这也为以后的交流合作打下了良好的基础。当然，这在社交活动中只是一种暂时的行为，更深层次的交往还需要个人在各方面进行努力。

职场着装礼仪会直接影响个人形象，因此，职场人士应注重仪表风度，通常情况下人们都愿意同衣着干净整齐、落落大方的人接触和交往。

礼仪是维系人际关系的纽带，是推动事业成功的必经途径，灵活运用职场着装礼仪不仅对塑造个人形象有非常重要的意义，也是打开交际之门的钥匙。

二、职场着装的原则

依照社交礼仪的现实需求，要真正发挥职场着装的作用，职场人必须兼顾其个体性、整体性、整洁性、文明性、技巧性，并且需在合适的时间、地点、场合将以上几个原则融为一体。

（一）个体性

每个人都是独一无二的，都具备个性。在着装时，既要认同共性，也要保留自己的个性。着装的个体性，具体来说有两层含义。第一，着装应尽量简约大方，在保持自己穿衣风格的前提下，着装在某些方面应当追求创意。第二，着装应当考虑自身的特点，要做到使之适应自身，扬长避短。切忌随波逐流，追时髦，使个人着装毫无特色可言。

（二）整体性

正确合体的着装，应当基于统筹的考量和精心的搭配。着装各个部分不仅要自成一体，而且要相互呼应，在整体上尽可能和谐。若是着装的各个部分之间缺乏联系，着装会令人感觉突兀。着装的整体性主要体现在两个方面。其一，要使服装各个部分相互适应，局部服从于整体，力求展现着装的整体之美、全局之美。其二，要遵循服装约定俗成的搭配原则。例如，穿西装时，应配皮鞋，而不要配布鞋、凉鞋或拖鞋。

（三）整洁性

在任何情况之下，着装都要力求整洁，避免邋遢。着装要保持整洁性，具体体现于下述3个方面。第一，着装应当整齐，不应有较多褶皱，应及时熨烫。第二，着装应当完好。不应又残又破，乱打补丁。第三，着装应当卫生、干净，要勤于换洗，不应存在明显的污渍、油迹、汗味与体臭，以免在与他人交往中给他人造成不便。

（四）文明性

服饰是人类文明的标志。在古代，服饰是阶级地位的象征；在现代，服饰是修养和品位的象征。在日常生活中，我们不仅要懂得合理搭配，更要文明着装。

着装的文明性，主要指着装文明大方，符合社会的道德传统和价值取向。这就要求做到如下4点。一是忌穿过于暴露的服装。在正式场合，切忌袒胸露背，穿露大腿的服装。在大庭广众之下赤膊，更在禁止之列。二是忌穿过透的服装。倘若使人看到贴身衣物，则会给人留下不庄重的印象。三是忌穿过短的服装。不要为了标新立异，而穿着不适宜场合的服装。更忌在正式场合穿超短裤、露脐装、背心、超短裙等布料过少、剪裁过短的服装。它们不仅会给出行带来不便，更会给他人留下不庄重的印象。四是忌穿过紧的服装。不要选择过于紧身的服装，否则容易暴露身材短板，在不适宜的场合反而会弄巧成拙，不得体。

（五）技巧性

不同的服装，有不同的搭配和约定俗成的穿法。例如，穿单排单颗扣西服时，扣子可扣可不扣；穿单排双颗扣西服时扣子可以全扣；穿单排三颗扣西服时，不宜扣最下面的扣子。但穿双排扣的西服时，一定要扣好扣子。女士穿裙子时，所穿丝袜的袜口应被裙子下摆所遮掩；穿西装不打领带时，内穿的衬衫应当不系领扣；等等。这些都属于着装的技巧。

（六）TPO 原则

着装TPO原则是指穿着服装时必须考虑时间（Time）、地点（Place）和场合（Occasion）这三个因素。

"T"原则，即时间原则，主要指着装时应考虑时代性、季节性、早晚性。所谓时代性，是指着装要与时代合拍，过分超前或落后都会不合时宜。所谓季节性，是指着装应考虑春、夏、秋、冬四季，尤其是在色彩选择上应随季节变化：夏天的服装应简洁、凉爽、大方，避免使人感到闷热烦躁；冬天的服装应保暖、轻快、简练。所谓早晚性，是指着装应根据一天里早、中、晚的气温，光照的变化及所从事的活动不同而调整。

"P"原则，即地点原则，主要指着装应适合所处的环境。环境的概念较广，有办公室、码头、车站，有高级酒店及公园，有繁华的大街及偏远的乡村等，应对即将到达的地点有所了解和评估，然后选择恰当的服装。

"O"原则，即场合原则，主要指着装应与活动场合的气氛相符。例如，参加庄重的仪式或重要典礼等重大公关活动时，着装应正式；参加生日聚会、联欢活动等，服装的色彩可以适当丰富，男子若穿西装，可不系领带；参加郊游、户外运动时，则以舒适便利为主，可随意搭配，穿休闲便装；参加丧礼等肃穆活动，应穿深色或素色服装，表达对逝者的哀思和尊重。

职场人士应严格按照工作要求，保持着装的正式性；社交时更多展示个性，着装应与性格特质、时尚要求一致，突出个体差异及新颖性。若参加面试，首先应考虑应聘工作的性质，然后选择适合这一工作的衣着，以体现自身的修养、气质及能力。应聘职位较低的工作如业务内勤人员，着装力求给人以勤勉踏实、利落大方、清爽整洁的印象；应聘职位较高的工作，着装要给人以稳重的感觉。

三、职场着装规范

（一）女士职场着装规范

1. 着装的常见问题

相对于偏向稳重单调的男士着装，女士着装则亮丽丰富得多。得体的着装，不仅可以凸显一个人的美丽，还可以体现其良好的修养和独到的品位。

职业女性应该学会如何适宜地装扮自己，在日常生活中，职业女性的着装常会出现以下问题。

（1）过于时髦。

现代女性热爱流行的服装是很正常的现象，流行会影响她们的审美，即使本人不去刻意追求流行。但有些女性却往往因盲目追求时髦而导致负面作用产生。例如，一位公司女职员在指甲上同时涂了好几种鲜艳的指甲油，当她与人交谈时，双手暴露在他人面前时，就会给人一种压迫感和烦琐感。职业女性对着装的选择必须要有正确的判断，要记住，经典的才是永恒的。切记：在办公室的着装需要表现工作干练的能力，而非赶时髦的能力。

（2）过于随意。

典型的形式就是穿一件吊带背心，配上一条泛白的破洞牛仔裤，不顾及办公室的原则和体制。这样的穿着与职场着装礼仪要求出现偏差，易产生负面影响。

（3）过于可爱。

市面上流行的许多可爱俏丽的服装不适合工作场合，穿着这样的服装会给领导以及合作伙伴不稳重、不成熟的感觉。

2. 着装技巧

职业女士着装（见图8.1）应该符合本人体形特征、职位、所在企业的文化、所处的办公环境等。职业女士的着装应体现女性特有的柔美，体现女性的魅力。

图 8.1　职业女士着装

（1）服装。

庄重典雅的服装会让女性更有职业气质。职业女装一般分为西装套裙、夹克衫或衬衫，以及连衣裙等。在选择时，要考究其面料和颜色。其中西装套裙是女性的标准职业着装，不论年龄，穿一套剪裁合体的西装套裙和一件颜色合适的衬衣，会使职业女性看起来优雅而自信。同时，应注意裙子长度须在膝盖处或以下，不宜太短，以免有失庄重。

服装颜色以淡雅或同色系搭配为宜，穿着应显示职业女性的干练。推荐的服装颜色有：藏青色、灰色、淡蓝色、黑色、棕色，特别需要指出的是要避免浅黄色、粉红色、浅绿色或橘红色等。

（2）鞋袜。

传统的皮鞋是十分畅销的职业用鞋。建议鞋跟高度为3～4厘米，在面试等场合不宜穿运动鞋或过高的高跟鞋。正式的场合不要穿露脚趾的鞋。鞋的颜色应与衣服颜色相适应。如果鞋与衣服的颜色反差大，人们的目光就会被吸引到鞋上。推荐中性颜色的鞋，如黑色、藏青色、暗红色、灰色。建议不要穿大红色、粉红色、玫瑰红色和黄色的鞋。

在正式的商务场合，在穿着裙装时最好穿丝袜。丝袜颜色以肤色、黑色为宜，切忌颜色大紫大红，切忌图案花哨，切忌露出袜口。女性外出最好随身携带一双备用的丝袜，以备不时之需。

（3）首饰。

女性首饰泛指耳环、项链、戒指、手镯、手链、胸针等。职业女性希望表现聪明才智、能力、经验和独特的品位等，所以佩戴首饰讲究契合整体妆容，达到画龙点睛的作用。这就要求选取的首饰要简约淡雅。佩戴时以少为佳、同质同色、风格统一。

（4）眼镜。

眼镜会给人文雅稳重的印象，但佩戴不合适也可能会显得不协调。尽量选择适合自己的镜框，另外，千万不可戴太阳镜去面试，也不要戴没有镜片的纯框架眼镜去面试。

（5）包。

作为一名职场女性，携带一个包即可。在多数商务及面试场合，携带单肩背包比手提小包更合适，能体现为人务实。如果个子较矮小，包则不宜过大，否则极不协调。

（二）男士职场着装规范

服饰表达心声。男士合乎场合的着装在交际活动中是社交礼仪的重要体现。商务男士着装要注意的事项如下："三色原则"——全套装束颜色不超过3种；"三一定律"——皮鞋、手袋、皮带的颜色保持一致；"三大禁忌"——穿西装忌不打领带；西装上的标签忌不拆除；穿深色西装忌配可爱袜子和白色袜子。总之，男士着装要简约而不简单，个性而又和谐，让他人感觉沉稳。

1. 服装与场合相匹配

根据TPO原则，不同场合需要不同的着装，如在隆重的场合穿着剪裁得体的礼服。另外，将夹克、衬衣、T恤衫及各式休闲西服等便服用于商务场合时需要注意如下4点。

（1）可不打领带，但建议将衬衣第一个扣子（即领带扣）解开。

（2）穿质地较好的带领T恤衫，风格简单即可，忌衣料材质透明或图案花哨。

（3）穿非运动类的皮鞋，不可穿运动鞋、棉鞋或布鞋。

（4）建议不穿牛仔裤。

2. 慎选服装色调

首先从色调入手，色调是整体色彩的基调。男士要慎选职场服装的色调。黑白灰的整体色调对于男士服饰色彩极为重要，它所体现的稳定性因素是男服常有的因素。要注意的是，铺设颜色应当以主流颜色为主，如深蓝色、咖啡色、黑色、灰色等，尽量不要穿带有格、条等花纹的服装，否则会显得不够大气。

3. 男士西装规范

（1）西装的选择。

不同的西装适合不同的人群，如美式西装适合朋友聚会等休闲的场合，适合身材高大魁梧，特别是体形较胖的男士。欧式西装适合身材高大且上身较长的男士。口式西装则适合肩部不宽，身材不高不壮的男士。穿西装除要合体以外，还要注意颜色的选择，一般在隆重、正式的场合，会选择黑色；参加婚礼等，推荐深蓝色、深灰色。需要注意的是，切忌在正式场合穿浅色西装。浅色容易给人轻浮和随意的感觉，所以浅色西装不适合正式场合，但是可以在休闲场合穿着。

面料：质感上乘，首选垂感好的面料。

色彩：庄重正式，不可轻浮随便。

图案：无图案为好。

尺寸：大小合身，宽松适度。

穿西装的基本要求：平整、系扣、不卷、口袋里少装东西。

西裤是西装的组成部分，要与上装协调；裤子不得有褶；裤长以裤脚能接触脚背为合适；裤扣要扣好，拉链要拉严。

（2）扣子的系法。

常见的西装是双排扣的，或者是单排扣的，粒数通常为两粒、三粒。西装扣子可以不系，特别是单排扣的西装（特别放松的场合，意欲表达自己的潇洒和自如的时候，可以不系）。穿各种款式的西装，基本的原则就是最后一颗扣子不系。

（3）衬衫的选择。

挺括整洁无褶皱，单一颜色，以白色或浅色为主，白色衬衫比较经典，较好搭配领带和西裤。深色西装配上白色衬衫，给人以风度翩翩、潇洒大气的印象；而蓝色衬衫则是IT行业男士的不错选择，能体现智慧、沉稳的气质；衬衫应该是硬领的，领子要干净、挺括，短袖衬衫和圆领衫在正式场合不宜穿着；衬衫下摆需放入裤腰。

衣扣要扣好，衬衣衣领高出西装领口1～2厘米，衬衣袖长应比西装袖长长1厘米左右，衬衣下摆要均匀地掖进裤腰里。

（4）领带的选择。

领带要外形美观、平整，不变形；领带的颜色一定要比衬衫的颜色深，蓝色、灰色、棕色、黑色等单色领带是不错的选择，最好是无图案的，或以条纹、圆点、方格等规则几何图形为主要图案；领带的宽窄要与本人的胸围和西装上衣的衣领协调；领带不宜过长也不宜过短，领带尖应该触及皮带扣，尽可能别上领带夹；穿毛衣或马甲时，领带应放在毛衣或马甲的里面，即紧贴衬衣；领结要打得坚实、端正，切忌松松散散。

注意：不挑时尚、颜色打眼的领带；不挑怪异的领带；商务场合不用领结。领带的颜色和花纹有很多，但不会出错的颜色是蓝色，不会出错的花纹是粗或细的斜条纹或者圆点。

（5）鞋袜、腰带的搭配。

皮鞋以黑色或深咖啡色为宜，真皮质地；尽量不要选给人攻击感的尖头皮鞋，比较好的选择是方头系带的皮鞋，最好是三节头系带的，常说的不系带的皮鞋是休闲款皮鞋。以舒适大方为度，不要以为越贵越好，穿时务必系牢鞋带；皮带和皮鞋应是同一质地的，如若不是，要做到颜色统一。袜子的颜色也有讲究，穿西服时忌穿白色袜子，特别是深色西装，一定要搭配同色系的袜子，如果没有，也尽量搭配深灰色、蓝色、黑色等深色系袜子，袜子颜色最好和鞋的颜色一致，这样在任何场合下都不会有失礼节；袜子要足够长，以袜口抵达小腿为宜。优先选择黑色皮带，皮带扣不宜花哨。

（6）穿着的禁忌。

忌西裤过短，西裤以裤管盖住皮鞋背为标准；忌衬衫放在西裤外；忌佩戴领带时不扣衬衫扣；忌西服袖子长于衬衫袖；忌西服的衣、裤袋内鼓鼓囊囊；忌西服配便鞋。图8.2所示为职业男士着装规范。

领带紧贴衬衣，美观大方

袖口无污迹

衬衫为白色或单色，以浅色为宜，无污迹

正确佩戴司徽

西装平整、清洁

西装口袋不放物品

西裤平整，有裤线

皮鞋光亮、无灰尘

图 8.2　职业男士着装规范

"着装不能造出完人，但是80%的第一印象来自着装"。良好的职场着装将会成为迈入职场、助力职场奋斗的金拐杖。在人际交往过程中职场着装礼仪表达的意义在一定程度上超过语言，它能够直接体现一个人的内在品质。因此，正确的着装、文明的着装不仅会让职场人士在人际交往中得到信任和尊重，还会助其迈向成功。

第二节　职场商务礼仪

一、职场商务礼仪概述

职场商务礼仪就是从业人员在商务活动中应遵循的行为规范。商务活动中对人的仪容仪表和言谈举止的普遍要求是，在商务活动中体现对他人的尊重。而在职场往来中，任何一个表现都可能会起到意想不到的效果。

（一）职场商务礼仪的特点

职场商务礼仪具有以下4个特点：规范性、多样性、差异性、继承性。

1. 规范性

规范性，是指标准化要求。商务礼仪的规范体现了一些人际交往原则。例如，理论上客人有优先了解权，这体现了客人至上的原则。

2. 多样性

职场中不同场合都讲究礼仪，因此，存在着多种多样的商务礼仪，如个人方面的礼仪、交际方面的礼仪等。

3. 差异性

区分对象，因人而异，跟什么人说什么话。例如，宴请客人前考虑菜肴的安排，要问对方不吃什么，有什么忌讳。不同的民族有不同的饮食习惯，必须尊重民族习惯。因此，对不同的对象要安排不同的菜肴。

4. 继承性

礼仪规范将人们交往活动中约定俗成的程式固定下来，这种固化程式随着时间的推移沿袭下来。例如，在重大活动中，座次以右为尊，是现今人们沿用的礼仪规范之一。由此，人们对流传下来的礼仪规范应汲取精华、去其糟粕，从而古为今用。

（二）职场商务礼仪的作用

1. 规范行为举止

礼仪最基本的功能就是规范约束各种行为。在商务交往中，人们相互影响、相互合作，如果不遵循一定的规范，双方就缺乏协作的基础。在众多的商务规范中，礼仪规范可以使人明白应该怎样做、不应该怎样做，哪些可以做、哪些不可做，有利于确定自我形象，尊重他人，赢得友谊。

2. 传递友好信息

礼仪是一种信息，可以传递尊敬、友善、真诚等感情，使别人感到温暖。在商务活动中，恰当的礼仪可以获得对方的好感、信任，有助于事业的发展。

3. 增进彼此感情

在商务活动中，随着交往的深入，双方可能都会产生一定的情绪体验。情绪体验表现为两种情感状态：一种是感情共鸣，另一种是情感排斥。遵守礼仪容易使双方互相吸引，增进感情，促进良好的人际关系的建立和发展。反之，不讲礼仪，粗俗不堪，就极容易使双方相互排斥，造成人际关系紧张。

4. 塑造良好形象

商务礼仪是在商务活动中体现相互尊重的行为准则。一个人讲究礼仪，就会在众人面前树立良好的个人形象；一个组织的成员讲究礼仪，就会为自己的组织树立良好的形象，赢得公众的赞美。现代市场竞争除了产品竞争，还有企业文化竞争。一个具有良好信誉和形象的企业，容易获得社会各方的信任和支持，就可在激烈的竞争中处于不败之地。所以，商务人员时刻注重礼仪，既是个人和组织良好素质的体现，也是树立和巩固良好形象的需要。

二、职场商务礼仪的原则

职场商务礼仪的原则是指从事某一具体职业的人，在其工作岗位上所遵循的与职业活动紧密联系的行为准则。美国学者布吉尼（Buggini）提出的"三A原则"被公认为商务礼仪的立足之本，"三A原则"就是"接受别人（Accept）""重视别人（Attention）""赞美别人（Admire）"。

同时，职场商务礼仪的"黄金法则"与"白金法则"在指导职场人处理人际关系时也与"三A原则"有着异曲同工之妙。这里着重介绍职场商务礼仪的"黄金法则"与"白金法则"。

（一）黄金法则

黄金法则指的是你需要别人怎样对你，你就怎样对别人。黄金法则又称为为人法则，它几乎成了人们普遍遵循的处世原则，人们往往将之简称为"你想人家怎样待你，你也要怎样待人"。

世界各民族文化中都有类似的训言，并且将其奉为一条基本准则。

美国智威汤逊广告公司原董事长伯特·曼宁（Burt Manning）曾向一群年轻的广告撰稿人进行了一次演讲。这些二三十岁的青年男女在这个人才济济、竞争激烈的广告业中刚刚起步，每个人都渴望向广告界传奇人物多学几招。曼宁那天向这群才智不凡的听众说道："这是一场真正的竞赛，智能、才气与精力都只是这场竞赛的入场券。没有这些条件，你根本不具备进入这个行业的资格。但是，要想赢得比赛，你还需要具备更多的条件。你必须懂得成功的诀窍，并把它贯穿人生。那么，什么是成功的诀窍呢？那就是：你希望别人怎样对你，你就先怎样对人。"

正如伯特·曼宁所说的那样：实践黄金法则是成功的诀窍。但是，黄金法则也难以解决所有问题，需要根据实际情况来灵活应用。

智威汤逊的企业文化

智威汤逊广告公司（以下简称"智威汤逊"）创始于1864年，是全球第一家广告公司，也是全球第一家开展国际化作业的广告公司。自成立以来，智威汤逊一直以"不断自我创新，也不断创造广告事业"著称于世。智威汤逊第一次进行顾客产品需求调查，开创第一本杂志指南、第一本农业指南，提供给国际投资人第一本行销指南，制作第一个电台表演秀，制作第一个商业电视传播，第一个使用计算机策划……智威汤逊以全方位创建品牌（Thompson Total Branding），结合广告、促销、赞助及公关等活动，致力于协助顾客达成短期业绩增长，并创造长期的品牌价值。

时至今日，智威汤逊风采依旧，有300多个分公司，办事处的10 000多名成员遍布在全球六大洲的主要城市，为顾客提供全方位的品牌服务。目前智威汤逊隶属于全球最大的传播集团WPP。

智威汤逊的"第一"：

全球第一家提出"广告不仅是卖产品信息而是与消费者建立关系"理论的广告公司；

全球第一家提出并执行"Brand Idea"（品牌理念）的广告公司；

全球第一家以Research（市场调查）来企划品牌的广告公司；

全球第一家运用电台广播剧及电视剧做置入性营销的广告公司；

全球第一家设立"品牌策略规划部门"的广告公司；

全球第一家与客户（联合利华）合作关系超过100年的广告公司。

（二）白金法则

白金法则指的是别人需要你怎样对待他，你就怎样对待他。白金法则是美国最有影响力的演说人之一和十分受欢迎的商业广播讲座撰稿人托尼·亚历山德拉（Tony Alessandra）博士与人力资源顾问迈克尔·奥康纳（Michael O'Connor）博士的研究成果。白金法则的精髓就在于从别人的需要出发，然后调整自己的行为，运用智能和才能使别人过得轻松、舒畅。

简单地说，就是学会真正了解别人，然后以他们认为最好的方式对待他们，而不是自己中意的方式。这一点意味着你要花些时间去观察和分析身边的人，然后调整自己的行为，以便让他们觉得更称心和自在。这当然就使得他们更容易认同你。

"空中客车"推销人才伯纳德·拉尔迪埃（Bernard Lardiere），从1975年受聘以来业绩非凡。他成功地推销了230架飞机。他用的是"情感推销法"。伯纳德来到印度推销飞机时，接待他的是印度航空公司主席拉尔（Lale）少将，伯纳德的第一句话便是"正因为你，我有机会在我生日这一天又回到了我的出生地"，这句话直接向对方表明，感谢你慷慨给予的机会，使得他能在自己生日这么一个特殊又具有纪念意义的日子里来到该国，而且最具意义的是该国还是他的出生地。同时他又谈到他与某位印度伟人的交情。这使拉尔少将大为感动，很快与之签订了合同。

上述案例中，伯纳德就成功运用了白金法则。在现今价值观多元的社会里，大家的喜好、需求千变万化。所以在待人接物、处理人际关系时，先考虑他人的感受，再从自己出发。"我希望别人如何对待我，我就如何对待别人"，这样往往只能达到"自己"猜测对方满意，而未必会使"对方"真正满意。如果想要使对方完全的满意，就必须从对方的立场来考量，"别人希望我怎么对待他们，我就怎么对待他们"，现今大家耳熟能详的"以客为尊""顾客满意"其实体现的就是这个道理。

"己所不欲，勿施于人"，这是人际互动的基本原理，至少不会冒犯别人。

"己之所欲，施之于人"，这只是人际交往中的黄金法则，适用于价值需求一致的文化社会。

"人之所欲，才施于人"，是人际经营的白金法则，唯有如此，才能在价值观多元化的现代职场中真正使人满意。

在某公司，职员小A和上级不合。小A认为上级总在处处为难自己，自己提交的方案总是一遍遍被打回来重写，同时，上级经常在言语上对小A进行批评，如"你根本不适合这份工作"。听多了这类严厉的批评，小A越来越没自信，工作也越干越没劲，这时，同学推荐他看了一本书——《魅力的力量》，从这本书里，小A学习了一种人际交往法则，叫作"白金法则"，他很受启发。他开始思考：上级为什么会那么严厉地批评我的工作成果和工作能力呢？如果我是上级，我会希望下级怎么做呢？我会希望下级怎么汇报工作呢？我会希望下级呈现给我的工作成果是怎样的呢？当把这些问题梳理清楚之后，小A就拟定了一个工作计划，开始转换身份和角色，一点一点去改变。三个月之后，小A的上级欣喜地发现了小A的变化，也肯定了他的进步和成长。小A的工作也越做越顺，成了自己曾经想成为的那个人。

每个人都有自己传达个性风格的方式，如握手的方式、碰到不开心的事时排解情绪的方式、办公室的布置方式、拒绝别人的方式、做决断的方式等。能"读"懂这些信息，准确捕捉和识别他人的个性风格，可算得上是一种本事，其目的是据此调整行为方式，减少和避免冲突。在此基础上，依据白金法则，根据他人的性格特征、兴趣爱好，采取相应的行动。由此可见，在职场中与100个人进行商务社交时，就必须用100种有针对性的礼仪方式，这样才能使事业获得极大的成功。

三、遵守商务礼仪的体现

与应届毕业生关系紧密的职场商务活动应当是求职过程中的面试，而是否能在面试环节遵守职场商务礼仪，则往往关系到面试的成败。遵守商务礼仪体现在以下3个方面。

（一）守时

守时是职业道德的基本要求之一。提前10～15分钟到达面试地点为宜，这样除了可以熟悉环境、稳定心神，也可以体现对此次面试的重视程度以及对招聘人员应有的尊重。面试时迟到或者匆匆忙忙赶到是不可取的，求职者如果迟到，那么不管其有什么理由，都会被视为缺乏自我管理和约束能力，即缺乏一定的职业能力。而且大公司往往一次要安排很多人面试，迟到几分钟，就很可能与这家公司失之交臂，所以求职者一定要把握好时间。

同时，上班第一天也一定不要迟到，上班第一天迟到会给上级留下不好的印象。

（二）形象塑造

面试时，给面试官留下的第一印象十分重要。面试时，要做到举止得体、仪态大方。必要时，可借助语言树立自己良好的形象。如果能给一个人留下好印象，那么也就可能给周围的每一个人甚至更多的人，都留下不错的印象。

一个有风度的人深知礼仪的重要性，既要彬彬有礼，又要落落大方。形象塑造可从以下5个方面入手。

1. 待人礼貌

走进公司之前，整理仪容仪表；进入面试单位，不宜四处张望，以免给人以散漫的感觉；注意手机应调至静音或关机状态，避免面试时因突然的来电铃声造成尴尬局面，也避免分散面试者的精力，影响成绩。

进入面试单位后，应至前台办公人员处说明来意，经引导到指定区域落座，若无前台，则找工作人员求助。这时要注意用语文明，开始的"您好"和被引导后的"谢谢"是必说的，这代表良好的教养；一些小企业没有等候室，那么就在办公室的门外等候。当办公室门打开时应有礼貌地说声："打扰了。"然后向室内面试官表明自己是面试人员，绝不可贸然闯入。假如有工作人员告知面试地点及时间，应当及时表示感谢；不要询问敏感话题，且不要对单位的装修进行点评；不要驻足观看其他工作人员的工作，不要在落座后对工作人员所讨论的事情或接听的电话发表意见或评论，以免给人不好的印象。

2. 坐姿得体

图8.3所示为正确与错误的坐姿对比。

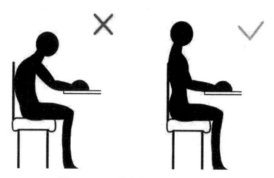

图 8.3　正确与错误的坐姿对比

进入面试室后，在没有听到"请坐"之前，切不可随意落座，直到面试官说"请坐"后才可坐下，并道声"谢谢"。坐姿也有讲究，"站如松，坐如钟"，面试时也应如此，良好的坐姿可给面试官留下好印象。坐时最好上身挺直，这样显得精神抖擞；保持轻松自如的姿势，身体可略向前倾。有两种坐姿不可取：一是弓着背坐，显得太放松，松懈的姿势会让人感到你疲惫不堪或漫不经心；二是只坐在椅边，显得太紧张，这样会给人留下死板的印象，应该自然地将腰伸直，并拢双膝。切忌跷二郎腿、抖腿，两臂不要交叉在胸前，更不能把手放在邻座椅背上，也不要做玩笔、摸头等小动作，否则容易给别人一种轻浮傲慢、有失庄重的印象。

3．眼神恰当

面试时留心自己的身体语言，特别是自己的眼神，眼睛是心灵的窗户，恰当的眼神能体现智慧、自信以及对公司的向往和热情。对面试官应全神贯注，目光始终聚焦在面试官身上，用肢体语言展现自信及对对方的尊重。注意眼神的交流，这不仅是相互尊重的表现，也可以更好地获取一些信息，与面试官达成默契。正确的眼神表达应该是：礼貌地正视对方，注视的部位最好是面试官的鼻眼区域；目光要平和而有神，专注而不呆板；如果有几个面试官在场，说话的时候要适当注视其他人，以示尊重；回答问题前，可以把视线投在对方背面墙上，约两三秒，做思考状，不宜过长，开口回答问题时，应及时把视线收回。切忌将目光投向地面或天花板。

4．微笑自信

微笑是全世界通行的法宝，也能表现自信，缓解紧张，提高亲和力。面试时要面带微笑，谦虚，有问必答。面带微笑会增进与面试官的沟通，会改善面试官对你的印象。面带微笑的人，其应聘的成功率远高于那些一脸冷漠的人。听面试官说话时，要时有点头，表示自己听明白了，或正在注意听。同时也要不时面带微笑，当然也不宜笑得太过僵硬，一切都要顺其自然。表情呆板、大大咧咧、扭扭捏捏、矫揉造作，都会破坏自然的美。

5．手势适度

美国加利福尼亚大学洛杉矶分校的一项研究表明，一个人给他人留下的印象，7%取决于语言，35%取决于音质，58%取决于非语言交流。非语言交流的重要性可想而知。在面试中，恰当使用非语言交流的技巧，将带来事半功倍的效果。

非语言主要有手势语、目光语、身势语、面部语、服饰语等，非语言交流即通过仪表、姿态、神情、动作来传递信息，它们在交谈中往往起着语言交流无法比拟的效果，有利于塑造职业形象。非语言对面试成败非常关键，有时一个眼神或者手势都会影响整体评分。例如，适当微笑能显现一个人的乐观、豁达、自信；服饰大方得体，能反映一个人有知识、有修养。合理进行非语言交流能增强求职竞争能力。

要注意合理运用，用错手势会造成误解。在交谈过程中，可适当地配合一些手势，但不要频繁耸肩，手舞足蹈，或者摇头晃脑。有些求职者由于紧张，在交谈时，双手不知道该放哪儿，而有些人过于兴奋，在侃侃而谈时挥动双手，这些都不适合。

由此看来，说话时合理做些手势，辅助说明某个问题是好的，可手势太多会分散人的注意力，所以手势等非语言的运用要适度。

（三）面试表现

1. 耐心等待面试

在面试的过程中，不应该局限于现场面对面的交流，事实上，等待面试、面试结束后的表现都在面试官的考核范围中，因此，等待面试也应注意表现。到达公司前台后，应向前台人员表述，自己是来参加面试的求职者，并报上自己的姓名。到达面试地点后，请在等候室耐心等候，保持安静，坐姿正确。不要不停地走动，应小声地和其他面试者交谈。等待过程，其实是一个放松的过程。在面试等待时，要坚决制止的是：在等候室中偶然遇到朋友或熟人，就毫不顾忌地大声说话或大笑，嚼口香糖、玩手机等。

2. 抓住时机进入面试室

如果没有人允许，即使前面的人已经结束了面试，也要在门外等待。未经允许不要进入面试室。你被叫到时，要响亮地回答，然后敲门进去，敲两次到三次是比较合适的。不要使劲敲门，要以面试官听得见的力度为准。当你听到"请进来"时，在进入房间之前记得说"打扰了"。进门后用手轻轻将门关上。上身前倾30度，向面试官鞠躬并微笑着说一声"您好"。要大方得体，不要过分殷勤或过分谦虚。

3. 礼貌握手

在一些面试中，握手是十分重要的肢体语言。礼貌握手能营造平等、和谐的气氛。如何握手？握多长时间？这些都很关键。因为面试是求职者和面试官的第一次见面，礼貌握手是建立良好第一印象的开始，很多企业用握手检查求职者是否专业、自信。所以当面试官把手伸出来的时候就轻握住他的手，确保你的手臂呈L形，前臂与上臂呈90度。持续两秒，然后自然地放下你的手。握手时注视对方的眼睛，自信地说出姓名，但不要太使劲，更不要使劲摇晃；不要用两只手，这不是一种专业的握手方式，同时，你的手应该是干燥和温暖的。如果求职者刚到面试现场，应该先去洗手间洗掉手掌上的汗渍，以避免失礼。如果你的手掌是冷的，可用双手揉搓几下帮助手心达到正常的温度。

4. 表达得体

自我介绍是面试中非常关键的环节，2～3分钟的自我介绍定下了面试的基调。面试官会根据求职者的面试材料和自我介绍来提问，一个得体的回答在很大程度上决定了求职者在面试官心目中的形象，求职者只有塑造良好的形象，才能得到面试官的重视。

语言艺术是一门综合性艺术，蕴含着丰富的内涵。一个语言艺术造诣高的人具备多方面的素质，如较高的理论水平、广博的知识、扎实的语言技能等。如果说外在形象是面试的第一张牌，那么语言就是第二张牌，它客观地反映了一个人的文化素质和内涵修养。谦虚、真诚、自然、自信的谈话态度会让求职者在任何场合都受到欢迎，动人的语言、较好的口才会帮助求职者成功。面试时应在现有的语言水平上，尽量发挥雄辩的作用，要恰到好处地把问题提出来，而不要自吹自擂，夸大其词。自我介绍是展示自己的好机会，要把握好以下六个要点。

第一，要突出个人的特长和专长，并要有较高的可信度。特别是那些有实际管理经验的人，应该突出个人在管理方面的优势，最好列举个人做过的项目。语言应该简洁。重复的语言虽然有强调的作用，但也可能会使面试官产生厌烦的情绪，实在要重复时，应浓缩精华，突出自己鲜明的个性和特长，给面试官留下难忘的印象。

第二，要展现个性，使个人形象鲜明，可以适当引用他人的评论，如老师、朋友等的评论来支撑自己的描述。

第三，实事求是，少用虚词和感叹词。切忌使用太多的口头禅和短语，如"呃""啊""然后"等。

第四，引言的内容和层次应合理有序。要注意语言逻辑，引言要结构突出，使自身的优势自然逐渐显现。

第五，尽量不要使用缩写、方言、口头语，要直接表达，以免对方难以理解。你不能回答某一问题时，应该如实告诉对方。含糊其词和胡说八道会给面试官留下不诚信、不踏实的糟糕印象，可能会直接导致面试失败。

第六，自我介绍尽量是简历上没有写的内容，不要盲目背简历。

第三节　职场社交礼仪

一、会面礼仪

职场中，我们会与不同的人会面，那么如何为后续的沟通奠定良好的基础呢？会面礼仪是每一个成功人士的利器。双方或多方见面时需通过问候、介绍、被介绍等体现亲切感、精干和可靠性，这是会面礼仪的精髓。

（一）问候礼仪

第一印象的重要性不言而喻，职场上问候他人是否恰当，往往决定着一个合作项目是否有继续下去的可能性，往往决定着商务洽谈或面试是否成功。

如对方是熟人，应主动向对方问候，让对方感觉到亲切和受尊重。如对方是陌生人，可以采用"久仰"等话语打破初次见面的僵局。整个问候过程中应始终保持微笑。除此之外，应用善意的眼神注视对方，让对方产生信赖感，而且在合适的时候应多用"指教""包涵""劳驾""打扰"等体现个人修养的敬语。

在职场中问候他人时需要注意对他人的称呼，普遍的、适用的称呼方式是：称行政职务、技术职称或称先生、女士等。除此之外，和外商打交道时，要习惯称对方先生、女士，慎用简称。

致意也是一种常用的问候方式，主要是以微笑、点头、举手、欠身等动作问候朋友。其基本规范是：男士首先向女士致意；年轻者首先向年长者致意；学生首先向老师致意；下级首先向上级致意。

常用交际用语如下。

初次见面应说：幸会。

看望别人应说：拜访。

等候别人应说：恭候。

麻烦别人应说：打扰。

请人帮忙应说：烦请。

求给方便应说：借光。

托人办事应说：拜托。

请人指教应说：请教。

请人解答应用：请问。

欢迎顾客应叫：光顾。

好久不见应说：久违。

客人来到应用：光临。

（二）介绍礼仪

介绍有两种类型：正式介绍、非正式介绍，选用哪种取决于场合和对象。在介绍他人的过程中，有时可遵循先提到名字者的原则，同时，手掌向上，指向被介绍的人。

1. 正式介绍

正式介绍是指在较为正式、庄重的场合进行的一种介绍活动。正式向一方介绍另一方时，一般采用"请允许我向你介绍……"的句式，重点是介绍后，介绍人不要马上离开，避免双方因第一次接触而尴尬。

2. 非正式介绍

非正式介绍是指在一般、非正式场合进行的介绍活动。在非正式场合气氛会较为轻松，大家无须过分拘于礼节，向一方介绍另一方时，介绍人可以根据与双方关系的亲疏和当时情形，做让双方都觉得轻松的介绍，一般采用"这就是……""这是我朋友、同事……"等句式。

正式介绍和非正式介绍中都有自我介绍的形式。自我介绍是职场交际中常用的介绍方式。自我介绍发生在主人无法抽身介绍、忘记介绍，或想要主动结识对方的场合。自我介绍前应向对方打招呼（或点头），使对方有思想准备，语言组织应适当，表达要清楚，使对方第一时间了解自我介绍人的姓名、工作情况。在自我介绍时要做到明快、直爽、自然，流畅而不炫耀，冷静而自信，要表达出渴望了解对方的热情。

自我介绍在社会中被广泛使用，如求职、与陌生人相处、首次通过大众媒体向公众自我推销等。自我介绍通常有以下三种形式。

第一，应酬式。这种形式常适用于某些公共场合和一般性的社交场合，这种自我介绍十分简洁，往往只介绍姓名，如：您好，我叫……

第二，工作式。这种形式主要适用于工作场合，介绍内容应包括本人姓名、供职单位及部门、职业或从事的具体工作等。

第三，交流式。这种形式适用于社交活动，以表达希望与交往对象进一步交流沟通，介绍的内容应包括介绍者的姓名、工作、籍贯、学历、兴趣及与交往对象的某些熟人的关系等。

要掌握自我介绍的语言艺术，应注意以下几个方面的问题。

（1）沉着自信，发音清晰，善于运用肢体语言，表达友好、真诚。如果自我介绍含糊不清，表现出害羞和自卑，会让人觉得你不自信，会影响彼此进一步交流。

（2）根据不同的交际目的，注意介绍的针对性。在长辈或前辈面前，语气要谦恭；在同事和朋友面前，表达应该直接和幽默。

（3）把握自我评价。自我评价时一般不应用"非常""最""第一"等词，也不必刻意贬低，整个人应自然、亲切、庄重、大方、沉着自信，表现出想要认识对方的热情和真诚的态度。

（三）被介绍礼仪

当你在工作场所被介绍时，首先要站起来，尤其是面对长辈的时候，面向对方微笑。被介绍的人要注视着对方的脸，不要让其他事情分散注意力，不要环顾四周，以免给对方留下心不在焉、冷漠或不耐烦的印象。

如果双方都是男性，握手是有必要的，以表示信任和尊重。如果一个女士被介绍给另一个女士，当她觉得有必要握手时，她可以先伸出手来，表示她愿意认识和了解。

被介绍时，可以说：“很高兴认识你，王先生。”或“你好，王先生。”

在谈话结束后，要和对方说再见，这样会给人留下好印象。

（四）介绍的基本规则

在日常商务社交场合中，中间人常常介绍人与人认识，因此，职场人需要掌握介绍他人的一些原则。为他人做介绍时，必须遵守“尊者优先了解情况”的原则，介绍的基本规则如下。

（1）介绍上级与下级时，先介绍下级，后介绍上级。

（2）介绍长辈与晚辈时，先介绍晚辈，后介绍长辈。

（3）介绍客人与主人时，先介绍主人，后介绍客人。

二、通信礼仪

（一）微信礼仪

在现代社会中，互联网技术十分发达，使用微信等工具聊天沟通已经成了我们生活中的一部分。那么在使用微信与人沟通时，需要注意哪些礼仪呢？

1. 表明添加好友的目的

对陌生人添加好友的请求每个微信用户都是有权利拒绝的。在添加好友时，建议在申请的时候做一个正式简短的介绍，添加成功后不要不说话，要主动发消息将自我介绍再详细地描述一遍，然后再表明自己的目的，这样可以迅速拉近双方关系，快速进入沟通状态。

2. 不发长串语音

在发语音之前问问对方是否方便，不要不经询问和同意就发一长串语音信息。这种情况我们在使用微信沟通时可能经常遇到，有时候自己不方便听语音信息，对方却一直发语音信息过来，确实让人反感。尤其是在谈重要的工作时，切记不要发语音信息。必须发语音信息时，不要发超过10秒的语音信息。

3. 及时解释说明

对职场人员来讲，很多时间处于忙碌状态，来不及回复别人发的消息时，一定要礼貌地解释原因，避免产生误会，特别是没及时回复公司的领导或客户时，一定要在忙完后及时回复和说明原因。

4. 注意潜台词

聊天时要注意别人的潜台词，如别人回复“晚安”“开会去了”“吃饭去了”等，就不要再继续聊天了，很可能对方想结束聊天。同时，在与别人聊天时尽量避免出现

"嗯""哦""啊"等，在别人看来这种回复很敷衍，没有礼貌。

5. 不要群发祝福

每逢节日向微信好友发祝福语时，不要将通用的祝福语群发过去。当别人看到你发的太过于明显的群发祝福语时，不仅不会感动，可能还会觉得不被重视。在这里，并不是反对通过微信发祝福，而是说要注意发送的方式和技巧。针对个人，量身定制的祝福语比较容易打动人。另外，有必要的话，可以直接打电话问候和祝福，这样更能表明我们的用心和诚意，也能加深对方对你的印象。

6. 适度发朋友圈

很多人喜欢在朋友圈分享记录美好的生活，这也是与朋友沟通的一种方式。但是发朋友圈切忌过度，如有人喜欢在朋友圈一天内发无数张自拍或美食图片。这种情况会让人反感，尤其是当朋友圈还有你的同事和领导时，这会让大家觉得你是一个肤浅的人。所以发朋友圈要适度。

7. 不分享不良内容

不要向同事或好友分享不良内容。相信不少人被分享过不良内容，如朋友转发消息让你帮忙转发点赞等，这类内容容易引起他人反感。

8. 不打断、不攻击、勤回复

在微信群里聊天时，需要注意，当别人正在沟通讨论一个问题时，不要打断。同时，注意措辞，不要攻击别人。上级或同事在工作群里分配任务时，要及时查看并回复"收到"，切忌默不作声，这些都是基本的职业素养。

9. 发送表情包分场合

表情包是聊天时使用的有效工具，很多时候可以活跃气氛，但如果是在比较正式的聊天场合或工作群，就必须注意表情包的风格和使用频率。例如，有些公司的领导不喜欢员工经常发表情包，认为发表情包幼稚、不严肃，这时你如果经常不分场合地在工作群里发各种表情包，想营造氛围，很可能会适得其反，甚至被领导讨厌，从而失去一些机会。

（二）电话礼仪

电话被现代人认为是方便的通信工具，随着科学技术的发展和人们生活水平的提高，几乎每个人都有一部到两部手机，每天都要打大量的电话。在日常工作中，遵守电话礼仪是至关重要的，直接影响公司的形象。在日常生活中，人们可以通过通话大致判断对方的性格、个性和行事风格，所以掌握电话礼仪是非常必要的。电话沟通听起来似乎很容易，只需对着话筒与对方交谈，觉得和面对面交谈一样简单。实际上，电话礼仪是非常讲究的，可以说是一门学问，更是一门艺术。

1. 电话礼仪的基本理念

电话礼仪包含同理心理念和随机应变的判断理念。同理心理念也就是指人们平时所说的换位思考、将心比心的观点。随机应变的判断理念是指在互通电话过程中，双方必须认真倾听对方所述、思考对方所想，从而进行自我的理解与判断。只有掌握了电话礼仪，双方才能充分利用电话进行沟通，才能更有效地理解对方表达的意思。

同时在电话沟通中要把握如下5个要点。

（1）语气要温和，音量适中，让对方觉得在通话过程中你是面带微笑的，是愿意倾听和交流的，让其觉得舒服，从而使其更想沟通。

（2）口齿清楚，语速合适，不可太快也不可太慢，切忌不管对方是否清楚，只以自我为中心进行表述。

（3）学会倾听，在电话交谈中，双方靠声音传递信息，倘若不认真听，就无法准确地接收和反馈信息。

（4）尽量长话短说，无论是接听还是拨打电话，都要尽量控制时间，避免浪费自己和对方的时间。

（5）掌握分寸，根据自己与对方关系的亲疏，合理把握自己的说话分寸。

2．接电话的基本礼仪

（1）接听电话时，要尽量在电话铃声响后三声内接听电话，铃响后太久不接，会让对方觉得等得过久，影响情绪且觉得未得到应有的尊重。

（2）在接通电话后，不要习惯性地说"喂，哪位？""谁？""说！"。一般情况下，要主动问候，做自我介绍，有必要时要报上部门，如"您好，我是××单位××部门的×××，请问……"，然后再询问对方的姓名和对方要找的是谁，之后再表示问候。

（3）问清楚来电意图，对待推广来电不要语气不善，要有礼貌、有技巧地拒绝对方。

（4）在通话即将结束时，最好将已掌握的通话内容进行简单总结，问问对方是否有遗漏或理解不到位的地方，确认完毕以后，感谢对方来电，等待对方挂断电话。

3．打电话的基本礼仪

（1）拨打电话前先准备内容，避免在通话过程中，忘记某件事情或表述不清。若语言表达能力较弱，建议提前将要表达的事情记录在本子上，在通话过程中，按本子上的提示叙述即可。

（2）除紧急事情，否则在适宜时间拨打对方电话，若是工作上的事情，在对方工作时间内拨打，不要占用别人的私人时间。

注意：不要选在中午吃饭时间、上下班时间，以及休息时间打电话。

（3）在电话拨通之后，先行问候，视情况决定是否做自我介绍，然后确认对方是否是通话对象。如果事情比较烦琐，先表述整个通话中有几件事情或事情的主要内容，然后再详细介绍。在整个通话过程中要时时注意自己的语言逻辑和语气，通话结束时，要答谢对方以后再挂断电话。

（4）打电话时不要喝茶、吃零食等，因为可能被对方察觉，从而认为你不礼貌。

（5）如果打错电话，一定要记得主动道歉，不要没有任何解释就挂断电话。

4．代接电话的基本礼仪

（1）首先，应告诉对方他要找的人不在，然后再问对方是哪位，有什么事情需要转达。

（2）一般来说，要准确地记住对方想表达的简易内容和对方告知的关键点，如数据、时间、地点等，最好做记录，对方讲完之后，重复要点，以免遗漏了事项。记得记录呼叫对象、呼叫时间、呼叫内容、是否回电、回电时间等详细信息。

（3）代接电话时要注重不侵犯他人隐私，在代接过程中，不该问的不要问，不要"打破砂锅问到底"。

（4）转达信息除了要准确还要及时，避免误事，不到万不得已，不要请他人代为转达内容。

5．挂电话的基本礼仪

（1）如果想暗示对方结束通话，可以重复一遍通话要点。

（2）结束通话时，地位高者先挂电话，如长辈、上级等；求人的时候，被求人先挂。

（3）如果是座机，请轻放电话，否则那声巨响会把你树立的好形象都给抹掉。

总之，电话礼仪是非常重要的礼仪，请大家在与他人通过电话沟通时慎重把握自己的言行，多用"请""谢谢""对不起""辛苦您了"等话语，因为这样说能体现感恩之心、素质修养和对他人的鼓励。

（三）邮件礼仪

在职场工作以及商务往来中，发邮件已经是一项必不可少的工作，而如何发一封符合礼仪规范的邮件就成了一项非常重要的职场技能，下面我们就来看看有哪些具体的步骤和注意事项。

（1）优先使用企业邮箱发送邮件，如果没有，那么也要使用知名服务商提供的邮箱来发送邮件。

（2）邮件主题要简洁明了地表明整封邮件的主旨，并高度概括关键信息。书写要规范，注意标点符号不要用错和不要出现错别字。

（3）邮件正文开头需写明收件人称呼，称呼可以是"姓氏＋职位"，并在称呼后另起一行进行问候，首行缩进两个字符。正文内容尽量不要太长，一定要注意内容与格式的匹配，做到条理清晰、重点突出。如有大段的文字（超过500字），建议以附件的形式发送。

（4）应在正文的结尾部分对重要的部分进行强调，另外，留下发件人的姓名和联系方式，也可以在邮件中添加自己的名片。

（四）名片礼仪

名片，又称卡片，中国古代称名刺，是标示姓名及其所属组织、公司单位和联系方法的纸片。名片是帮助陌生人相互认识的有效的工具，也是一个人身份、地位的象征，是帮助使用者获得社会尊重的一种方式，对职场人员来说，它还是所在组织形象的一个缩影。所以交换名片时应重视礼仪，恰到好处地使用名片，这样会给人一种文明有礼的感觉。

交换名片是商务交际中的一个标准的官方行为，也是人际交往中常用的一种介绍方式。一般来说，在你刚认识某人，介绍自己或其他人之后，应该交换名片。

1. 递送名片的礼仪

递送名片没有严格的规定，一般来说，地位低的人先把名片递送给地位高的人，男性先把名片递送给女性。在公务和商务活动中，女性也可以先把名片递送给地位高的人。当对方不止一个人时，要先将名片递给更高职位或年长的人。如果不清楚职位和年龄，你可以根据座次提供名片给在场的每个人，这样不会让人感觉厚此薄彼。如果自己这方的人很多，则请职位更高的人把名片递送给对方。

递送名片时，站起来身体略前倾且面带微笑，将名片正面朝上递给对方，并表达感谢或说"请多关照"等礼貌用语。

2. 接受名片的礼仪

接受别人的名片时，应站起来低下头，面带微笑，表示感谢。收到名片时要在对方面前仔细地看对方的名片，最好能够简易表述名片信息以表示尊重，然后郑重地将其放入自己的名片夹（或钱包）。

注意：切忌随意乱放、用手把玩，或漫不经心地随手塞放在手袋里，或随手扔到办公桌上。

三、乘车礼仪

乘坐轿车时，应该注意的礼仪问题主要涉及乘车座位、上下车顺序、车上言行举止3个方面。

（一）乘车座位

在比较正式的场合，乘坐轿车时一定要分清座位的主次；而在非正式场合，则不必过分拘礼。轿车上的座位，主要根据以下两个因素来考虑。

1. 轿车的驾驶者

若为双排座轿车，由主人亲自驾驶轿车时，一般前排座为上，后排座为下，以右为上，以左为下。乘坐主人驾驶的轿车时，最重要的是不能令前排座空着。一定要有一个人坐在那里，以示相伴（见图8.4中左图）。由专职司机驾驶轿车时，优先顺序变化为后排为上，前排为下（见图8.4中右图）。

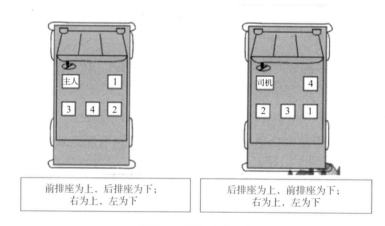

图 8.4　乘车座次示意

2. 乘车人的意愿

客人在正式场合乘坐轿车时，应坐上座，这是他们应享有的一种礼遇。主人应尊重并重视客人的意愿。客人坐在哪里，哪里就是上座。即使客人不知道座位顺序，或者坐错了位置，主人也不要轻易指出或纠正。

在考虑以上两个因素的基础上，可以根据具体情况安排乘车座位。

（二）上下车顺序

上下车顺序的基本要求是：倘若条件允许，主人须先上车，后下车。

1. 主人亲自驾车时的上下车顺序

当主人亲自驾车时，主人应后上车，先下车，以便照顾客人上下车。

2. 专职司机驾车时的上下车顺序

在主人乘坐专职司机驾驶的轿车之前，应先请客人从右侧车门上车，自己再从车后绕到左侧车门后上车。主人下车时，应先从左侧车门下车，再从车后绕过去帮助客人下车。如果左侧车门不宜打开，从右侧车门上车时，坐在里面的座位上的人先上，坐在外面的座位上的人后上。下车时，先下外座，后下里座。总而言之，以方便为准。

（三）车上言行举止

1. 讲卫生

不要在车上乱扔食物和饮料瓶等。不要向车外扔东西，不要随地吐痰，不要擤鼻涕。不要在车里脱鞋、脱袜、换衣服。另外，不要用脚踢座位。更不要将手、脚、头伸出窗外。

2. 注意安全

不要和司机长谈，以免司机分心走神；不要主动让司机听广播；不要将手、脚、头伸出窗外；协助客人乘车时，应主动打开车门、关闭车门、关闭顶棚（如果有）。打开和关上车门的时候，请不要发出很大的声音。在为他人开关门时，要一手开门，一手挡住门框上端，以防止门框撞到人或车门夹到人。自己上下车或开关车门的时候，要仔细观察，不要大意，要注意安全。

3. 声音要小

不可在车上喧哗，以免影响司机开车以及影响车内其他人员。

四、电梯礼仪

电梯在大多数人的生活中是重要的工具，了解电梯礼仪，以及乘坐电梯时的注意事项，会给领导、同事或者客户留下好的印象，体现的不仅是个人素质，还有组织的形象。

（一）搭乘电梯的一般礼仪

等候电梯遵循先出后进的礼仪。特别是在电梯门口等待的人较多的时候，不要挤在一起或堵塞电梯门，以免妨碍电梯内的人出电梯。

乘坐电梯遵循先来后到的礼仪，不要拥挤。第一个人进入后，按"开门"按钮，待人全部进入后关门。出电梯时，离电梯门最近的人应先出电梯。乘坐电梯时，不要谈论与工作有关的内容，不要谈论他人的隐私等敏感话题，最好保持安静或礼貌问候。

在电梯里说话时，不要一直盯着别人的眼睛，目光可以适当下移，但要保持在脖子以上。

在电梯里，尽量站成"凹"字形，挪出空间，以便让后进入者有地方可站，进入电梯后，应面朝电梯口，以免造成面对面的尴尬。

注意：电梯里只有两个人时，无论别人是男士还是女士，千万不要站在别人正后方或站在别人的左侧/右侧并面对对方，否则会给对方造成极大的压迫感和不安全感。

（二）共乘电梯所要注意的礼仪

1. 与上级共乘电梯所要注意的礼仪

（1）和上级在一起的时候，需要适度热情，下属站在电梯口。理想的做法是，两个人保持适当的距离，为了减轻下属的心理负担，上级应该站在对角的位置。

（2）有人控制的电梯，下属后进去后出来，让上级先进先出。进出无人控制的电梯时，下属要先进后出，并且按"开门"按钮。

（3）由于电梯空间很小，说话时不能挥手，动作不宜过大。

（4）打破沉默并不是下属的专利。上级也能在这几十秒内加深对下属的了解。如果上级跟你闲聊，你要积极热情，对他的关心表示感谢。在电梯里有陌生人的情况下，切记不要和上级谈论家事。

（5）在上级正在思考的情况下，或者明显不想说话的情况下，完全没有必要寻找话题。只要保持沉默就好。

2. 与客人共乘电梯所要注意的礼仪

（1）伴随客人或长辈来到电梯门前时，先按上楼/下楼按钮。电梯门打开时，若客人不止一人，可先行进入电梯，按"开门"按钮，礼貌地说"请进"，请客人们或长辈们进入电梯。

（2）进入电梯后，按客人或长辈要去的楼层按钮。如果电梯行进中有其他人进来，请询问他要去几楼并按楼层按钮。一边观察电梯内的情况，如没有其他人可与客人寒暄，有其他人的时候斟酌问候的必要性。

（3）到达目标楼层后，一只手按"开门"按钮，另一只手做"请"的动作，可以说"到楼层了，您先请"，客人下了电梯后，要立刻跟上，并热情地引导他。

五、餐宴礼仪

（一）餐前礼仪

餐前礼仪指的是准备用餐、等候用餐时所需要注意的礼仪，主要注意事项如下。

1. 守时守信

若应邀赴宴或者参加聚餐，一定要准时到达约定地点。严格地讲，过早抵达或迟到都是失礼的表现，过早到达也许会导致主人措手不及，迟到的话会让其他人等待，是对其他人员的不尊重。

2. 合理就座

就餐时要合理就座。就餐时，若主人有安排一定要按照主人的意思就座，倘若无明确安排，则需要谦让，务必不要争前恐后，不守礼仪，应在长辈、领导或主人就座之后就座。如他人因特殊情况迟到，在其到达后，要起身示礼，表示尊重。

3. 认真倾听

就一般情况来说，聚餐或宴请之目的都是交流感情或工作，所以在用餐前主人或他人会对聚餐人员进行介绍，用心倾听并记忆，记住他人的姓名、职称或单位，以便在就餐过程中有效地进行沟通。在正式就餐之时，领导或主人往往会致辞，致辞之时，切忌与人交谈或暂时离开，否则是缺乏文明修养的一种表现。

4. 积极交谈

不管是主人还是客人，都要积极参与同桌人的对话和交流，特别是邻座。不要只和认识的人或一两个人说话。如果邻座没有熟人，首先要自我介绍，打破用餐僵局。

（二）餐时礼仪

餐时礼仪主要是指在用餐期间的礼仪，也是体现餐宴礼仪的重要的部分。综合国内外的礼仪要求，下面以"九要十不要"来提醒大家用餐时哪些行为是符合礼仪规范的，哪些是不符合礼仪规范的。

1. 九要

（1）要端正坐姿。

落座时，身体与桌子保持一定的距离。就餐时保持良好的姿势，双手不要撑在桌子上，不要伸展手脚，不要摇晃身体。

（2）要举止优雅。

在正式宴会时，举止优雅尤为重要，就餐时不要制造噪声，吃东西时尽量不要发出声音；咳嗽、打喷嚏时最好离开餐桌，或捂着嘴远离餐桌；另外，不要随意搬动桌椅，也不要敲打餐具。

（3）要正确使用餐具。

正确使用餐具。如果不会使用，巧妙的方式是模仿主人的使用方法。不宜主动指点别人，也不要嘲笑别人错误使用餐具。

（4）要吃相文雅。

在就餐时注意自己的个人形象，不要吃得嘴角、身上都有痕迹，也不要把餐具、餐桌弄得乱七八糟。

（5）要礼待主人。

在就餐时要时时帮助主人，以礼还礼，多加问候。

（6）要照顾宾客。

宾客之间也要互相关注，不要互不搭理，以免现场的气氛变得不融洽。就餐时，可以互相帮助存取外套，拿调料、碗筷等。男士要体现自己的绅士风度，对女士多照顾。

（7）要尊重服务者。

在一些宴会和聚餐中，要尊重服务者，不要轻易埋怨或责备，要体现自身的素质修养。

（8）要积极交流。

宴会和会餐的主要目的是交流感情或工作，所以就餐时要记得适当进行交际活动，坐下来，主动与他人交流，主动向他人请教。

（9）要自我控制。

控制情绪、适度行动是就餐时尤其重要的方面。要学会控制情绪，尤其是愤怒、委屈等情绪，避免给领导或主人带来麻烦，损害自身的形象和组织的形象。在就餐时也不要表达对他人的不满情绪。适度行动，主要是指在就餐时不要狼吞虎咽，不要一见到自己喜欢的菜肴就将其移至自己附近或立刻站起来夹，要有礼貌。

2. 十不要

不违食俗，不坏吃相，不乱布菜，不乱挑菜，不争抢菜，不玩餐具，不抽烟，不频繁清嗓子，不在餐桌前化妆，不乱走动。

（三）饮酒礼仪

在中华文明的历史长河中，酒和酒文化一直占据着重要地位，是浓墨重彩的一笔。亘古至今，在比较正式的场合，饮酒颇有讲究。

1. 斟酒礼仪

通常情况下，酒水应当在饮用前斟入酒杯，有时候主人为表示对来宾的尊重会亲自斟酒，有时候是服务者斟酒，有些特殊时候需要客人斟酒。在此过程中需要注意如下3点。

（1）如果主人为了表示尊重而自己斟酒，这时一般情况下大家需要举杯行礼，必要时，还要起身点头回礼。

（2）在服务者斟酒时，不要忘记道谢，一般情况下是不需要拿酒杯的，可用手指在餐桌上轻叩，以示感谢。

（3）如果为大家斟酒，要注意以下三点。第一，要面面俱到，一视同仁，不要只为个别人斟酒。第二，要注意顺序。可以从自己坐的地方顺时针开始斟酒，也可以依次给长辈、上司、客人斟酒。第三，斟酒要适量。无论是白酒还是啤酒，都要斟八分满，让酒溢出显然是不合适的。

2. 敬酒礼仪

敬酒，又称祝酒，是指在正式的宴会中，因工作或生活中的某些原因而饮酒的行为，敬酒时，通常会表达一些祝愿、祝福。敬酒可以随时发生在用餐过程中，频频举杯，可以使现场气氛热烈愉快。通常情况下敬酒时，其他在座者应停止饮食和饮酒，坐在自己的座位上，面朝对方，认真听，不要谈论他人表达的祝福。

3. 适度饮酒

适度饮酒也是一种饮酒礼仪，无论在什么场合喝酒，都要了解自己，并适可而止，努力保持风度，做到"饮酒不醉真君子"。醉酒不仅会伤身，还会出丑或失态，适度饮酒是对他人和自己的尊重，也是一种礼仪。

4. 以礼拒酒

假如因为各种原因不能饮酒，可以采用合乎礼仪的方式拒绝他人的劝酒，如讲明不能饮酒的客观原因，如酒精过敏、驾车、生病吃药等；或主动以其他饮料代酒。不得在他人为自己斟酒时推酒瓶、藏酒杯，或者把酒偷偷倒掉、倒入他人酒杯。

在职场宴会中不要强行劝酒，以免让对方觉得尴尬或不满。

（四）其他注意事项

1. 口内如有食物，应避免说话。
2. 小口进食。
3. 吃进口的食物，不可随意吐出来。如食物滚烫，可喝凉水或果汁。
4. 切忌用手指剔牙，应用牙签或牙线，并以手或纸巾遮挡。
5. 如餐具不慎坠地，可找服务者重领一副，不要不顾形象地弯腰拾捡。
6. 不能在餐桌上抽烟及大声接听电话。

👁 **案例分析**

案例一：

某天，一位男士问金教授："请问你一个月能挣多少钱？"

金教授答："挣得跟别的教授差不多。"所答非所问，就是不想跟对方深入探讨。

没想到这位男士追问："那别的教授一般挣多少钱？"

金教授说："单位给多少就是多少。"

对方又问："单位到底给你多少？"

于是场面一度尴尬。

分析：

过度好奇或者过度关心都会给别人带来烦恼，最终招致别人反感。

案例二：

一日公司聚餐，A和B去给领导敬酒。谁知领导一直说两位平时工作要积极一些，不要老是被动地工作，于是A敬完后扭头就走，剩下B一个人在那里非常尴尬。

分析：

初入职场，可以讲个性，但讲个性的前提是要遵守职场规则，特别要分清楚场合。聚餐时的批评和办公室里的批评不是一个概念，在这种情况下不必紧张，更不要有负面情绪。只需要感谢领导的批评和指正。

• 本章小结

1. 职场着装影响着个人形象，而个人形象又将对事业的发展产生影响，我们要注意职场着装。

2. 职场商务礼仪是从业人员在商务交往活动中应遵循的行为规范。在职场中，职场人士应该遵循黄金法则、白金法则。

3. 掌握职场社交礼仪可以促进人们进行心灵沟通，建立深厚的友谊，获得更多支持与帮助。

• 课后练习

1. 打电话时，应该注意哪些细节。

2. 乘坐电梯，偶遇领导时，怎么做才能给他/她留下好印象？

3. 在公司内部聚餐时，有哪些餐时礼仪？

附：扩展文件

职场形象打造

第九章

职场蜕变

　　大学生在毕业前面临多种选择：就业，考取研究生，等等。无论选择什么方向，每个人最终都要走向社会，通过就业实现理想。因此，大学生在走向工作岗位的过程中，都必须面对角色转换的问题，或早或晚都要实现从学生到职业人的转变。根据社会心理学的角色理论研究，在从学生向职业人转换的过程中，必然会经历角色冲突、角色学习和角色协调。为了平稳度过职业过渡期，学生在到岗之前，应该学习一些相关的知识，如认识自我、了解社会、做好职业探索、做好岗前准备等，以便顺利地实现角色转换，实现职场蜕变。

第一节　职业角色转换

一、角色转换概述

（一）角色转换的含义

一个演员在不同的场景下会扮演不同的角色，每个人所处的家庭环境不同、社会地位不同、从事的社会职业不同，在面对不同的人群时，阶段性任务也不同，也就是说，处于不同的情境，每个人都需要扮演不同的社会角色。社会角色就是个人在社会系统中与一定位置相关联的符合社会要求的一套行为模式。大学生的主要角色是学生，主要职责是学习，进入职场的主要角色是职场人，主要职责是完成各项工作任务。

一个人在不同的场合面向不同的对象时会经常变换自己的角色，如上级与下级、领导与父母、老师与学生、主人与客人等的变换，这就是角色转换。家庭成员增减、职务升迁、职业变化等，都会伴随角色转换。角色转换必然伴随着角色定位、角色功能、角色要求的变化，也必然伴随着新旧角色的冲突。

角色冲突是必然存在的。我们可以通过角色认知与角色协调，达到每个角色的要求，减小角色冲突的影响。协调角色冲突的有效方法是角色认知与学习，也就是通过角色认知和技能培养，提高角色实现能力，更好地完成角色的要求，实现角色转换。

（二）学校与职场的区别

个人的发展离不开周围环境的影响。因此，要区别大学生与职业人，首先要了解学校与职场的不同。

1. 任务不同

学校，是一个为社会输送人才的组织，根本任务是培养人才。职场，是一个创造利润的组织。任何企业都有自己的使命，可以肯定的是大部分企业的首要目标都是获得利润，是完成任务，实现经济利益。成员共同遵守规则，共同努力，推动企业与个人共同发展。

2. 环境不同

学校是一个相对稳定的社会，更多表现为一个互助的团体，竞争不那么激烈。而职场中存在为实现企业利润和个人利益而集合在一起的群体，职业人与企业、职业人与职业人交往，有时候以利益交换为目标和基础。职场在不断变化，市场在变、同事在变。应届毕业生需要经过一段适应期，才能较好地适应职场的环境。

3. 工作方式不同

在工作中，许多任务都需要团队协作才能完成，所以在职场上要善于团结合作，通过交流、沟通，实现人与人之间的认同，只有共同努力才能取得好的工作业绩。在学校学习的开展主要依靠个人努力，在学校可以自己闷头读书，也可以通过考试取得好成绩。学生之间有互相帮助，但多数情况下学习成绩只考察个人，基本不会考察小组或班级，学生要独立完成作业、基本独立完成毕业设计等。在学校，学生可以选择自己习惯的学习方式，只要最后取得的学习成绩好就行。然而在职场中，企业通过制度和权力要求每个成员用特定的方式去完成任务。如果我们没有与领导和同事事先沟通，或者没有向领导和同事请教的习惯，不仅很难完成工作任务，还有可能出现问题，为自己和企业带来损失。

（三）大学生和职业人的区别

大学生和职业人在人际关系和权利义务等方面有着较大的不同，除此之外在下列几个方面也存在较大区别。

1. 所受的社会规范不同

大学生以学习、探索为主要任务，被鼓励去创新、去尝试。对大学生而言，社会对他们的规范内容主要体现在教育部出台的《高等学校学生行为规则》和各个高校制订的《学生手册》中，规范大学生行为的手段主要是说服、引导、教育。

而对职业人来说，需要自己为自己在职场的任何行为负责，违背了相关社会规范就要承担一定的社会责任，甚至法律责任。一旦出现错误，就很有可能对整个职业生涯产生影响。

2. 活动方式不同

学生更多的是在接受外界的给予。通过多年的学习，学生往往养成了"要"的心态和习惯。

职业人则充分利用自己的资源和技能创造价值和财富，向社会提供自己的劳动成果，即"给"。当然职业人并不是完全地付出，为了更好地创造价值和提升自我价值，职业人在"给"的同时会注意"要"，不仅要为社会、为家庭创造价值，同时要向优秀的同事、领导等不断学习，增强自己的能力。

3. 生存环境不同

学生时代学生主要在教室、宿舍和食堂活动；而职业人则完全不同，所面临的社会环境中生活节奏较快和任务繁重，灵活支配的时间不多。

二、职业角色转换的过程及常见问题

应届毕业生从学校走向社会，由学生转变为职业人，学生这一角色有单一性，而社会角色比较复杂，在角色转换的过程中角色任务和要求不同，必然伴随着新旧角色冲突。应届毕业生只有尽早做好准备，转变职业角色认知观念，增强职业角色专业技能，提高执行能力，才可能有一个良好的职业生涯开端。

（一）职业角色转换的过程

1. 实习期前的角色转换

我国大学本科应届毕业生一般在每年5月到6月毕业答辩，7月初毕业后就正式进入就业市场，奔赴工作岗位。但是学校准备就业工作有的从大三就开始了，较晚的一般从大四上学期就开始了，也就是说，从准备就业到实际就业，至少有半年多的时间，这一阶段对应届毕业生进行角色转变至关重要。

毕业前夕是择业的黄金时间。应届毕业生通过与用人单位"双向选择"的过程，加强对用人单位的了解，进而通过签订就业协议书来确定自己的职业角色。

应届毕业生在求职过程中，通过与用人单位接触，了解到用人单位的基本情况，选择合适的职业，同时根据用人单位反馈，获悉社会对自己的认可程度，并不断调整职业预期，通过与职场优秀人士沟通，实事求是地进行职业定位。这是应届毕业生进行职业角色转换的关键步骤，能为未来的职业生涯确定一个基本的方向。

一般来说，在校学习期间的学习环境、学习条件都是较为理想的。因此，从就业协议书签订到毕业离校这段时间，是有针对性地学习知识、培养能力进而转换角色的最佳时期。在这段时间内，除了按照学校正常教学计划完成课程的学习、实践和毕业论文，还应该进行如下学习和训练。

（1）掌握与工作相关的知识与技能

为了适应工作需要，大学生在毕业前夕，应当抓住各种机会，利用各种资源，学习未来工作岗位所需的专业知识和专业技能，不断提高自身的专业能力，最终符合工作岗位的要求。同时，通过深入研究和不断训练，加深对即将从事职业的认同。

（2）进行职场关键能力的训练

大学生要善于并敢于展现自我，杜绝在公众场合"怕出丑"和"怕丢人"等心理，增强自我展现的意识，要善于展示自己，不断提高口头表达能力和书面表达能力。同时，拓展自己的人际关系，与人交往要诚恳诚信，不急不躁，善于赞美他人。

（3）做好必要的心理准备

实际中，并非所有应届毕业生都能在工作岗位上取得成功。究其原因可发现，良好的专业技能和学习能力对事业成功非常重要，心理准备更是必不可少。一般来说，每个人的事业不会一帆风顺，或者因为环境，或者因为人际关系，或者因为生活压力，常会出现事业受阻的情况，如果没有充分的思想准备，就会产生过激或负面情绪，导致过激或负面行为，最终埋没自己的才华。因此，充分的思想准备尤其是受挫准备尤其重要。其应在工作顺利的时候能平常心对待，在工作不顺时调整情绪，不懈追求。在平凡的岗位上积累经验、奋发图强，终将有一天会一鸣惊人。

2. 实习期内的角色转换

实习期指大学生参加工作半年内的工作阶段，实习结束表现合格才能转正为正式员工。实习期是一个应届毕业生走向职场的必由之路，是一个大学生了解职场、适应职场进而取得事业成功的必然途径。与大学生活相比，工作节奏快、要求高，规章制度也越来越严格，竞争更加激烈。这些变化，都会引发角色冲突。因此，大学生在实习期间，为了更好地适应职场，要加强学习，适应人际关系和环境变化，提升个人技能。

概括地讲，应届毕业生要想取得工作成绩，并获得领导的肯定、同事的认同，可以从以下3个层面展现和提升自己。

（1）要善于展现自己的学识

大学生经过多年的学习，具备一定的专业知识，而且在大学里接触的都是新的知识，所以会受到同事的青睐和尊重，但也会与新同事之间产生一定的距离感。因此，实习期的大学生要表现出随和与谦虚的态度，尊重同事，多与同事交流，在适当的时候适度展现自己的学识。

充分利用工作之余积极参与与同事的交流，在交流中加深对同事的了解，拉近与同事的距离。

内向的学生要对内向有正确的认识。一般认为，内向者不善于表达，根据心理学家荣格的学说，内外向是指"注意力的指向"，与表达无关。内向者更关注自己的内心世界，如自身的思想、情感；外向者则把心理能量指向外在环境和他人。应届毕业生应从个人特点和岗位要求两方面考量，清楚地回答"我的行为风格是什么？"这一问题。在准确认识自己的兴趣、价值观和准备程度后，再结合工作岗位的要求，利用工作机会，特别是当同事在工作中遇到麻烦时，以谦虚诚恳的态度提出自己的见解，一起商讨，一起解决问题，进而发挥自己的优势。

（2）要树立责任意识

每一个大学生都希望在工作岗位上取得一番成就，都对未来有着美好的憧憬，但是，大学生在走向工作岗位的时候，一般从事基础的工作，从简单的事情做起。这样的工作往往不符合大学生的心理预期，但大学生要充分认识到，从事基础工作或辅助工作是建立一个人职业品牌的根本途径，单位通过考察一个新员工的表现来确定新员工的可信任程度，了解新员工的基本技能和工作态度，进而在实习期结束时为新员工定岗。但是，有部分大学生认为自己没有被重用，自己的宝贵时光不应该浪费在小事上，不愿意做工作，没有足够的工作热情，这些都是不成熟的表现，是不负责任的表现，对个人的成长有百害而无一利。因此，应届毕业生在实习期，无论岗位分工如何，都要以饱满的热情投入工作，以高度的责任心圆满完成领导交办的任务。

（3）要培养实事求是的工作作风

大学生普遍具有较强的自我意识和自尊心，希望在工作岗位上快速开展工作，独当一面，有所作为。有这种想法，说明大学生积极上进，但由于实际工作经验的缺乏，在工作中还是难免出现失误。失误很正常，只要能认识到自己在工作中的不足，就可以想办法改正错误。大学生要避免眼高手低，要勇于向领导和同事承认自己的错误和不足，勇于开展批评与自我批评，更要勇于承担责任，对领导安排的工作无论大小、轻重都要认真对待。实习期的工作可以反映新员工的素质和技能高低，对能否转正成为正式员工至关重要。事实证明，许多优秀的人才都在实习期间展露了自己的才华，最终被单位发现并在以后的工作中成绩斐然。

（二）职业角色转换的常见问题

应届毕业生从学校走向职场，由学生身份转变为员工身份，身份不同、角色不同、要求不同、行为方式也会不同，但应届毕业生面对角色转换，由于社会因素、家庭教育、个人能力、思想认知、情感因素等的影响，往往会面临新旧角色的冲突。正确认识新旧角色，完成由学生到职业人的转换，是每一个应届毕业生必须面对的难关。在转换过程中，要正确处理以下几个方面的问题。

1. 对学生角色的依恋

人的行为方式和思维方式受过往习惯的影响，当环境出现变化时，大部分人都会有一些不适应。应届毕业生对学生角色体验深刻，已经形成了固定的思维和行为习惯。进入职场后，应届毕业生的思维方式和行为方式并不会随着环境的改变而马上发生改变，而会继续以学生时代的思维和行为方式看待问题和处理问题。

2. 对职业角色的恐惧

第一次走进职场，面对新同事、新环境，以及不同于以往的工作方式和要求，许多应届毕业生不知道应该从什么地方入手，不知道如何应对复杂的人际关系，不知道如何将所学知识运用到工作中去，害怕出现问题，害怕承担责任，害怕上司与同事不满，害怕造成不良的影响。这些造成应届毕业生不能放开手脚工作，也就得不到成长和锻炼。

3. 主观思想上的自傲

部分应届毕业生对自身和工作认识不足，认为自己能力强，是不可多得的人才，应该在重要岗位承担重要工作。因而看不起基层岗位，认为到基层工作是大材小用，是浪费人才，导致基层工作做不好，琐碎工作不好好做，最后得不到公司和领导的认可，还耽误了个人前程。

4. 客观工作上的浮躁

部分应届毕业生刚刚参加工作，急于表现自己，希望做出成绩，不知不觉间就浮躁起来。要知道，做工作的决定因素有很多，如客观环境、个人能力、资源状况，应届毕业生越是急于求成，越是容易一事无成，甚至造成重大失误，失误又会导致应届毕业生出现较大的情绪波动。不能踏踏实实在本职岗位上深入研究的人，就没办法深入了解工作性质，不能持续不断地努力和重复锻炼自己的专业技能，就无法形成自己独有的工作技巧。在这个过程中，应届毕业生就会产生畏难情绪，通过不断调动工作岗位来逃避现实，最后认为单位有问题，不能给自己合适的岗位，如果这样，不管什么工作单位、什么工作岗位都不合适，最终只能一事无成。

三、职业角色转换的关键原则

角色转换是一个艰苦而长期的过程，需要坚持努力。同时，在学生角色向职业角色转换的过程中需要遵循以下3个关键原则。

（一）热爱本职工作，培养职业兴趣

应届毕业生刚刚走上工作岗位，对未来有无限的憧憬，对一切都感到好奇，有强烈的探索欲望。作为职场新人，许多应届毕业生会压抑自己的探索欲望，害怕失败。要知道，只有探索才会成长，只有探索才会进步，只有探索才能发现自己的不足，只有探索才能有所成就，只有成就才能激励自己采取行动，才能培养职业兴趣，才能热爱本职工作。

（二）虚心学习知识，提高工作能力

应届毕业生通过大学期间的学习，掌握了一定的知识和技能，但知识宽泛而专业性不足，重理论而轻实操，同时，现代科技发展迅速，新知识层出不穷。因此，应届毕业生在工作实践中应不断学习，向领导学习、向工程技术人员学习、向老员工学习、向同行学习，通过实践操作积累自己的专业知识，不断提升专业技能。

（三）勤于观察思考，乐于无私奉献

工作就是完成任务，完成任务就是解决工作中各种各样的问题，应届毕业生要不断通过学习和实践，掌握观察问题、分析问题和解决问题的方法，运用自身掌握的知识研究工作规律，培养独立思考能力，努力解决问题。

应届毕业生第一次工作，主要目标就是尽快提高自己的专业能力和综合素养，能力只有在工作中、只有在实践中、只有在克服困难的过程中才能得到提升。承担责任、解决问题、突破个人舒适圈、提升个人专业能力，能加快实现从学生到职业人的转换。

第二节　准备赢得一切

一、个人准备的过程

（一）自我调节与适应的方法

第一份工作对应届毕业生来说影响是深远的。理想与现实总是有差距的，这让很多怀揣理想的应届毕业生很难接受。在现实面前低头，失去奋斗的动力，因此，情绪受到了影响。

当务之急是要在理想与现实之间搭起一座桥梁，让理想照进现实，即把理想转化为职业目标，并采取行之有效的方式方法，去实现职业目标。"搭桥"是有技巧的，需结合自身情况。

（二）摆脱浮躁的心态，踏实努力地工作

企业会留给应届毕业生一定的时间来与企业磨合，积累工作经验，从而成长起来并具备核心竞争力。但应届毕业生不能以此为借口不努力，越是这样，越要摆脱浮躁的心态，让自己尽快成为符合企业要求的人才。

重视实习经验。实习阶段是一个大学生走向社会的阶段，如果实习时谦虚谨慎、好学上进、勤奋努力，把理想落到实处，树立应有的责任观，兢兢业业地对待实习，最后留在实习单位的可能性很大。因为企业更看重的是胜任力模型冰山下的、那些隐藏起来的能力。但现实情况是很多应届毕业生在实习时敷衍了事，对领导布置的工作不能及时完成，结果不如人意。

（三）从学校、家庭呵护向自我保护转换

一般来说，对应届毕业生来说，第一份工作影响深远，它能影响职业规划和职业心态。因此，切忌选择一个自己根本不了解的公司，这是一种冒险，更是一种对自己不负责的行为。切不可迫于压力，匆匆与自己并不满意的公司签订就业协议书。

毕业后，脱离了学校和家庭的呵护，作为一个具有独立行为能力的个体，应届毕业生应学会在社会中保护自己，特别是当一些用人单位侵犯了自身合法权益时，要懂得拿起法律武器维权。

二、职场角色转换方法

（一）度过职场适应期，找到职业契合点

（1）每位学生从学校走向职场，都要经历职场适应期。有的学生在短期内不能适应工作环境，不能很快进行角色转换，在很多时候的表现不成熟，这时还不能称为真正的职业人士。

即将步入职场的应届毕业生应尽快适应职业人士这个新身份，使自己能够快速融入社会。上海某职业介绍分中心的朱老师建议，应届毕业生如想缩短职场适应期，应从以下几个方面做准备。

① 心理准备。应届毕业生无论在校期间有多优秀，毕业之后初入职场，大多从基层岗位做起，一定要学会学习，切勿眼高手低。

② 做事要积极主动。在工作中不断地积累工作经验，为自己的职业生涯良性发展打下坚实的基础。

（2）从踏入职场的那一刻开始，就要树立从学生转换成职业人士的意识，在校形成的许多生活习惯都得随之改变。步入职场之后，每一个失误都可能导致自己错失一次绝好的机会，带来意想不到的严重后果。

和很多应届毕业生沟通，有些人有这样的困惑：自己在入职前也做了相应的准备，可是为什么入职后仍感觉无所适从、力不从心呢？尤其感觉在所学专业与所服务的岗位之间找不到一个契合点。其实这与应届毕业生涉世未深有关，容易将事情看得简单化、理想化，过分乐观估计了自己对新岗位的认知。对岗位仅从书本上去理解，这是远远不够的。

避免以上情况的发生不是没有办法。第一，明确自己的社会定位，即"我该做什么"。第二，明确职业定位，即明确"怎么做"。有了明确的定位之后，积极主动地面对工作中遇到的各种琐碎之事，分清主次，并逐渐形成良好的习惯。

（二）处理职场人际关系

新到一个公司，崭新的生活方式、陌生的社会环境、复杂的人际关系，都会让人感到不习惯，没有耐心去思考一些细节问题。因此，难以适应、四处碰壁。

初入职场，不要过于自我，要低调做人。刚迈入工作岗位的应届毕业生一定要低调做人，多做事，尽快熟悉公司的人际关系，并找到接入点融入这个大家庭。要锐于胸中，义施于人、才见于事。对上司更要以尊重为第一原则，对同事多予理解、帮助，对朋友要勤于沟通联络。要想应对职场复杂的人际关系，避免摩擦，就要学习基本礼仪。职场有职场的规则，言行要符合职场要求。在职场中失礼会使自己成为众人关注的焦点，并给人留下一个不懂礼的不良印象，所以对很多人，尤其是应届毕业生来说，礼仪是步入职场前的必学知识。

（三）结合实际的职场角色转换

到岗后，不像在学校里，学习的是系统理论。上岗后，很多人不知所措，做事没有了目标和方法，或者偏离了目标，不知道从哪儿入手。工作中的知识积累大多靠自己在平时实际动手、练习中培养和探索。

其实为了帮助应届毕业生尽快了解企业、融入企业，企业一般都会对新入职员工进行培训，应届毕业生在培训中要像海绵一样，尽可能多学多看，不懂就问，虚心向那些有工作经验的人请教，切忌不懂装懂。放下姿态，以谦虚的态度请教别人，你会发现，每个人身上都有很多值得挖掘的闪光点，在不断请教、学习、实践中既能取得进步，还可以尽快融入团队，可谓一举两得。

（四）改变生活节奏，适应高要求的工作

面对紧张的职场环境，应届毕业生受到时间、规章制度的约束，肯定会感到浑身不自在。

新员工进入企业会为企业带来新的活力、新的生机，同时也会带来一些新的问题。除了工作能力，应届毕业生还要具备实干精神，不但要能出色完成本职工作，还要承担起自己不太擅长的工作。学会担当是一个人成熟的标志，也是一个人在本专业领域有所建树所需的重要能力。

◉ **案例分析**

小马，某学院20××级工程管理专业学生，现就职于用友网络科技股份有限公司，担任ERP（Enterprise Resource Planning，企业资源计划）软件实施工程师。工作范围为财务核算、预算，负责企业财务信息化的实施、培训以及业务指导。其踏实的工作作风、扎实的业务能力获得领导的一致肯定，在实习期间就已独立负责中等难度项目。

一、养精蓄锐：模拟职场新人

"在学习之初，各个企业来学院招聘，我发现没有一个适合自己的岗位，越发觉得适应职场的重要性，因为技术相对薄弱，选择了对技术要求不是很高的岗位，在准备简历的过程中也补习了数据方面的知识，并不断向同学、老师们请教职场知识，针对企业要求为自己充电。在职场中技术是自己站稳脚跟的关键，我在空闲时间也不断地进行综合学习，弥补职场技能方面的缺失。"

　　"用友网络科技股份有限公司重庆分公司来学校招聘，为了了解这家企业，我通过请教老师和学长、网上查询等方式了解到这是一家平台非常大、机会非常多的企业。我感觉自己很适合软件实施工程师这一岗位，我有着较强的逻辑思维，性格开朗，善于表达，有较强的学习能力，了解数据库知识，有财务知识基础。通过在学院对数据库等技术知识的学习，同时训练自己对职场能力的理解与应用，在面试中获得面试官的一致好评，在实习期间从50多位实习员工中脱颖而出，成为成功转正的三人之一，这是对自己的肯定，也不断激励着自己前行！"

　　二、踏踏实实工作，时刻不忘充电

　　"结业之后，我开启了实习之旅，报到第一天被安排到重庆某集团全面预算项目组，开始进行数据库的安装调试，虽然对数据库知识有很多了解，但是第一次在职场环境中进行安装调试，压力可想而知。我通过不断询问、查找资料很快完成了此项任务。我的财务水平仅限于了解会计基础知识，为了能更好地与客户交流，我在实践过程中不断向客户学习，下班后更是不忘为自己充电。我很庆幸在企业中能遇到学长学姐，他们在职场中给了我很多指导，每每遇到困难他们都能给予我极大的帮助。因为有他们的指引，我解决一切问题都变得游刃有余，不断成长。"

　　"一直都觉得自己在职场中一直非常幸运，既有名师指路，也有同路人一并前行。"

　　综上所述，对刚进入职场的应届毕业生来说，组织能力、演讲能力、表达能力、团队协作能力十分重要，其应努力做好从应届毕业生到职业人角色的转换，不断提升自身的专业技能与职业技能，结合自身情况选择一条适合自己的道路，加快职业目标实现进程，靠自己的实力赢得一切！

本章小结

　　1. 应届毕业生进入职场前，应该对自我、职场、岗位进行深入探索，做好岗前的各项准备，顺利地实现角色转换。

　　2. 从学生到社会人角色转换时应当热爱本职工作，培养职业兴趣；虚心学习知识，提高工作能力；勤于观察思考，乐于无私奉献。

　　3. 角色转换的过程是蜕变的过程，需学会接受及改变，不断提升专业及职业技能。

课后练习

　　1. 请简述学生和职业人的区别。

　　2. 请简述职场角色转换过程中容易出现的问题并思考应该如何克服。

　　3. 请谈谈应届毕业生进入职场后，如何尽快度过职业适应期。

　　附：扩展文件

职场新人如何
向领导提问

企业评价 1

职场关键能力课程对学生未来工作有极大的促进作用。在本公司实习期间，学习过该课程的实习生展现了极强的执行力，能把工作当成自己的事业，在业务紧迫时毫无怨言，并且能与同事相处和睦，迅速融入团队，合作共事，体现了较高的德育和智育水平。

——重庆中联信息产业有限责任公司副总经理　熊莉

企业评价 2

2018年招聘了20名实习生进入公司，发现这批学生在系统学习了职场关键能力课程后，在工作中有极强的目标感，同时有创造性、建设性地独立开展工作的思维，具有一定的开拓和创新精神，接受新事物较快，涉猎面较宽，在计算机领域不断地探索，有自己的思路和设想，能够做到服从指挥、认真敬业、责任心强，工作效率高，坚决执行公司指令。在时间紧迫的情况下，保质保量完成工作任务。在不到一年的时间，有9名学生升任项目经理。

——北京世纪安图数码科技发展有限责任公司人事部经理　李庆根

企业评价 3

对研发型企业来讲，很多人都存在一个误区：认为程序员只需要写好程序就行了。其实并不是，在实际工作中，研发人员需要大量对接业务部门、职能部门，随时需要召开会议调整方案，所以沟通协调能力、领悟能力、语言表达能力以及应变能力都显得尤为重要。具备职场关键能力的大学生，到了企业之后，会很有分寸感，并且目标感、计划性、执行能力、人际交往能力都强过许多同届大学生，我们非常欢迎这样的大学生加入企业，与我们共同进步，共同成长。

——上海高性能集成电路设计中心研发部　冯烁

企业评价 4

系统学习过职场关键能力课程的实习生在工作中有目标感、有创造性，一点就通。同时，非常有礼貌，也能很快适应新环境，跟办公室的同事们都相处和谐。接受新事物较快，涉猎面较宽，在计算机领域不断探索，有自己的思路、设想。能够做到服从指挥，责任心强，工作效率高，执行公司指令坚决。在公司业务繁忙的时候，保质保量完成工作任务。在年底的时候，这部分实习生全部被评为优秀实习生。这也给了我一些启发，我也决定在公司内部，让员工加强职场能力方面的学习和探索。

——重庆高乐贸易发展有限公司副总经理　钱莹莹

企业评价 5

沟通障碍是现在许多应届毕业生在工作中普遍存在的现象。我们发现学习了职场关键能力课程的学生在工作中展现的沟通协调能力明显优于其他学生，能出色完成各项工作。

——重庆春之翼信息科技有限公司副总经理　李龙顺

企业评价 6

在我们的工作中无时无刻不需要沟通，沟通是连接人与人之间的纽带，一个职场新人如果不能很好地沟通，可能引发误解和争执。我们录用的学习了职场关键能力课程的员工在工作中充分展现了高效沟通带来的工作效率和成效。

——重庆传音通讯技术有限公司人力资源总监　陈蓉

企业评价 7

每年我们都会选拔部分学生进入我司工作，我们发现仅具备专业知识的人才与企业用人要求存在较大差异。善于沟通、懂得团队协作、能快速适应新团队工作氛围的复合型人才更受企业青睐。这一切与职场能力的前置训练密不可分。

——北京中农信达信息技术有限公司人力资源部　王瑞

企业评价 8

职场关键能力课程非常实用，我能够很明显地感受到经过该课程培养的学生的服从意识好、执行能力高、做事有条理，能快速融入新团队，能与同事进行良好的分工协作，从而做出令上级满意的结果。目前已经有部分学生逐渐成为公司的骨干，也有部分学生走上了基层管理岗位，这些都与职场关键能力课程息息相关。同时祝《职场关键能力》一书成功再版。

——汽车街发展有限公司首席技术官　关志勇